T0208742

Lecture Notes in Computer Science

Lecture Notes in Computer Science

Edited by G. Goos, Karlsruhe and J. Hartmanis, Ithaca

7

GI
Gesellschaft für Informatik e.V.

3. Fachtagung über Programmiersprachen

Kiel, 5.–7. März 1974

Herausgegeben von Bodo Schlender und Wolfgang Frielinghaus

Springer-Verlag
Berlin · Heidelberg · New York 1974

Professor Dr. Bodo Schlender
Institut für Informatik und
Praktische Mathematik
Universität Kiel

Wolfgang Frielinghaus
Telefunken GmbH Konstanz

AMS Subject Classifications (1970): 00 A10, 02 G05, 68-02, 68 A05, 68 A10, 68 A20, 68 A30

ISBN 3-540-06666-7 Springer-Verlag Berlin · Heidelberg · New York
ISBN 0-387-06666-7 Springer-Verlag New York · Heidelberg · Berlin

Vorwort

Unter den Fachtagungen der Gesellschaft für Informatik
ist dies die dritte, die speziell den Programmiersprachen
gewidmet ist. Die Vorgängertagungen fanden im März 1971
in München*) und im März 1972 in Saarbrücken**) statt.

Während die Jahrestagungen der GI versuchen, einen Überblick
über alle wesentlichen Bereiche der Informatik und einen
wissenschaftlichen Gedankenaustausch zwischen verschiedenen
Fachgebieten zu vermitteln, ist es der Zweck der Fachtagungen,
den wissenschaftlichen Fortschritt in einem Spezialgebiet
in Vortrag und Diskussion der Öffentlichkeit darzustellen.

Zur Entwicklung des Fachgebietes ist es einmal notwendig,
in regelmäßigen Zeitabständen Gelegenheit zu geben, über
die letzten wissenschaftlichen Forschungsergebnisse zu
berichten, zum anderen müssen Arbeiten aus den Anwendungen
vorgestellt werden können, um die erforderliche gegenseitige
Anregung von Theorie und Praxis Wirklichkeit werden zu lassen.

Um eine vernünftige Gliederung der Tagung zu ermöglichen,
ist es zweckmäßig, daß der Programmausschuß in der Einladung
zur Anmeldung von Vorträgen spezielle Schwerpunkte setzt.
Für die gegenwärtige Fachtagung waren dies die Gebiete
Semantik von Programmiersprachen, Übersetzerbau, Dialogsprachen und Programmiersprachen für Prozeßrechner. Der
Programmausschuß war bei der Zusammenstellung des Tagungs-
programmes bemüht, diejenigen Vorträge auszuwählen, die den
oben genannten Zielen einer Fachtagung am besten entsprachen.
Überdies war es möglich, eine Reihe von international
bekannten Wissenschaftlern zu einführenden Hauptvorträgen
zu gewinnen.

---

*) Lecture Notes in Economics and Mathematical Systems, Band 75,
   Springer-Verlag, Berlin . Heidelberg . New York 1972
**) Gesellschaft für Informatik e.V., Bericht Nr. 4, ver-
   öffentlicht durch die Gesellschaft für Mathematik und
   Datenverarbeitung mbH, 5205 St. Augustin 1, 1972

Dem Programmausschuß gehörten an:
    Prof. Dr. K. Alber, Braunschweig
    W. Frielinghaus, Konstanz
    Prof. Dr. H. Langmaack, Saarbrücken
    Prof. Dr. M. Paul, München
    Prof. Dr. B. Schlender, Kiel
    Prof. Dr. G. Seegmüller, München.

Allen, die am Zustandekommen der Tagung mitgewirkt oder ihre
Durchführung unterstützt haben, möchten wir an dieser Stelle
Dank sagen, besonders
    den Vortragenden, den Sitzungsleitern und den
        Diskussionsrednern,
    den Mitgliedern des Programmausschusses,
    dem Bundesministerium für Forschung und Technologie und
    der Universität Kiel, insbesondere dem Institut
        für Informatik und Praktische Mathematik.

Besonderer Dank gebührt dem Springer-Verlag, der die
Veröffentlichung dieses Tagungsbandes in so kurzer Frist
ermöglichte, so daß er noch zu Beginn der Tagung bereitge-
stellt werden konnte.

Frau G. Rasch, Kiel, sei an dieser Stelle für ihre
Sekretariatsarbeiten, die meist unter Zeitdruck abgewickelt
werden mußten, herzlich gedankt.

Wir wünschen allen Tagungsteilnehmern einen anregenden
Verlauf der Tagung und einen angenehmen Aufenthalt in Kiel.

Kiel, im Januar 1974   W. Frielinghaus
                              B. Schlender

Inhaltsverzeichnis

---

*) Manuskript konnte vom Verfasser nicht fertiggestellt
werden.

ZUM BEGRIFF DER MODULARITÄT VON

PROGRAMMIERSPRACHEN

H. LANGMAACK

1. Modulares Programmieren

Die gegenwärtige Arbeit schließt an Überlegungen an, die J.B. Dennis in
seiner Schrift "Modularity" [3] angestellt hat. Er hebt dort die folgenden Ziele modularen Programmierens hervor:
1. Man muß sich von der Korrektheit eines Programmmoduls unabhängig vom
Kontext in größeren Softwareeinheiten überzeugen können.
2. Man muß Programmmodule ohne Kenntnis ihrer internen Arbeitsweisen
zusammensetzen können.
Diese Ziele verkörpern auch den Begriff der Kontextunabhängigkeit bei
W.E. Boebert [2] .

In ALGOL-artigen Programmiersprachen sind es offensichtlich die Prozeduren, die für die Betrachtung als Programmmodule in Frage kommen. Dabei muß man sich aber auf diejenigen Prozeduren beschränken, die keine
nicht lokalen (globalen) Parameter haben, da ihre Verwendung in einem
Programmmodul das Konzept der Modularität verletzen würde. Lediglich das
Auftreten globaler Standardidentifikatoren darf erlaubt sein, die wir
der Einfachheit halber zu den Grundgrößen der Programmiersprache hin-
zuzählen.

Wir nennen ein Programm modular, wenn in ihm nur Prozeduren ohne globale Parameter Verwendung finden. Nach Dennis ist Modularität aber nicht
bloß eine Eigenschaft einzelner Programme, vielmehr sollte Modularität
vor allem als Eigenschaft einer Programmiersprache selbst angesehen werden. Für Programmiersprachen erhebt sich nämlich die Frage, ob jedes
Programm in ein äquivalentes modulares Programm der gleichen Sprache

verwandelt werden kann. Wenn das zutrifft, dann wollen wir eine Programmiersprache modular nennen.

Bislang ist der Begriff der Modularität von Programmiersprachen noch nicht vollständig umrissen. Noch hängt er von einer präzisen Fassung des Begriffs Äquivalenz ab. Die funktionale Äquivalenz, bei der zwei Programme äquivalent heißen, wenn sie das gleiche Ein-Ausgabeverhalten zeigen, ist wenig sinnvoll. Denn sonst gäbe es zu jedem Programm einer ALGOL-artigen Programmiersprache ein äquivalentes prozedurloses, also modulares Programm, und jede ALGOL-artige Programmiersprache wäre trivialerweise modular.

Bei der Umwandlung eines Programms in ein äquivalentes modulares sollte die Prozedurstruktur im wesentlichen erhalten bleiben. Modularität sollte vornehmlich dadurch erzielt werden können, daß globale Parameter in lokale verwandelt werden. Versierte Programmierer kennen diesen Prozess sehr gut, und oft hört man die Meinung, die Verwandlung in lokale Parameter sei doch stets möglich. Auf dabei sich zeigende Probleme weist bereits Dennis in [3] hin, und wir werden sehen, daß dieser Verwandlung Grenzen gesetzt sind (Satz 3 und 4).

2. Formale Äquivalenz von Programmen

Um dem Erfordernis nach Erhaltung der Prozedurstruktur entgegenzukommen, führen wir den Begriff der formalen Äquivalenz ein. Dabei stützen wir uns auf die Programmiersprache ALGOL 60, die wir zum Zwecke präziser Formulierungen zu ALGOL 60-P nur unwesentlich modifizieren. ALGOL 60-P ist gegenüber ALGOL 60 in folgender Weise abgewandelt [5] :
a) Es sind nur eigentliche Prozeduren, keine Funktionsprozeduren zugelassen.
b) Wertaufruflisten und Spezifikationen in Prozedurdeklarationen fehlen.
c) Es sind nur Identifikatoren als aktuelle Parameter in Prozeduranweisungen erlaubt.
d) Neben begin und end haben wir ein zusätzliches Paar von Anweisungsklammern { }. Sie wirken wie Block-begin und Block-end. Wir verlangen, daß alle Prozedurrümpfe in diese Klammern eingeschlossen sind, und wir nennen sie in diesem Kontext Rumpfklammern. In anderem Kontext heißen sie Aufrufklammern. Wir benötigen diese Klammern, um originale Programme, die der Programmierer geschrieben hat, von Programmen zu unterscheiden, die durch Anwenden der Kopierregel entstanden sind.

Es dürfte klar sein, was ein <u>syntaktisches</u> ALGOL 60-P-Programm Π ist. Π heißt darüber hinaus formal, wenn zu jedem Vorkommen eines Identifikators genau ein definierendes Vorkommen gehört. Formale Programme, die durch zulässige Umbenennung von Identifikatoren auseinander hervorgehen, sehen wir als <u>identisch</u> an. O.B.d.A. darf jedes formale Programm als <u>ausgezeichnet</u> angenommen werden, d.h. verschiedene definierende Vorkommen von Identifikatoren sind durch verschiedene Identifikatoren benannt. Ein formales Programm heißt <u>kompilierbar</u> (oder <u>eigentlich</u> wie im ALGOL 68-Bericht [7]), wenn jeder Identifikator gemäß seines definierenden Vorkommens vernünftig angewandt ist. Kompilierbare Programme sind diejenigen, die von einem Kompiler akzeptiert und übersetzt werden können. Ein formales Programm Π heißt <u>partiell kompilierbar</u>, wenn nach Ersetzen aller Prozedurrümpfe $\{\wp\}$ durch leere Rümpfe $\{\ \}$ das resultierende Programm Π_e kompilierbar ist.

Π sei partiell kompilierbares Programm, und Π' sei formal. Dann heißt es von Π', es ergebe sich aus Π durch <u>Anwenden der Kopierregel</u> ($\Pi \longmapsto \Pi'$), wenn folgendes gilt: Sei $f(a_1,\ldots,a_n)$ eine Prozeduranweisung im Hauptprogramm von Π . Sei

$$\wp = \underline{\text{proc}}\ f(x_1,\ldots,x_n)\ ;\ \{\wp\};$$

die zugehörige Prozedurdeklaration $\wp$. Die partielle Kompilierbarkeit von Π garantiert die gleiche Anzahl n der aktuellen und formalen Parameter. Wir dürfen Π als ausgezeichnet voraussetzen. Dann entsteht Π' aus Π dadurch, daß $f(a_1,\ldots,a_n)$ durch einen modifizierten Rumpf $\{\wp_m\}$ von $\{\wp\}$, einen <u>erzeugten Block</u>, ersetzt wird, wobei die formalen Parameter x_i in $\{\wp\}$durch die entsprechenden aktuellen Parameter a_i ausgetauscht werden. Dabei sind die Rumpfklammern $\{\ \}$ um $\wp$ in Π zu Aufrufklammern $\{\ \}$ um $\wp_m$ in Π' geworden.

$\Pi = \ldots$ <u>proc</u> $f(x_1,\ldots,x_n);\{\wp\}\ ;\ldots;\ f(a_1,\ldots,a_n);\ldots$

$\Pi'= \ldots$ <u>proc</u> $f(x_1,\ldots,x_n);\ \{\wp\}\ ;\ldots;\ \{\quad \wp_m\quad\};\ldots$

$\longmapsto$, $\overset{+}{\longmapsto}$ und $\overset{*}{\longmapsto}$ sind Relationen in der Menge der formalen Programme. Ein formales Programm Π heißt <u>original</u>, wenn die Anweisungsklammern $\{\ \}$in Π nur als Rumpfklammern verwendet sind. Für ein originales Programm Π heißt die Menge

$$E_\Pi := \{\Pi' \,|\, \Pi \overset{*}{\longmapsto} \Pi'\}$$

die <u>Ausführung</u> von Π. Der <u>Ausführungsbaum</u> T_Π von Π besteht aus denjenigen Programmen in E_Π,die höchstens ein innerstes Aufrufklammernpaar besitzen. Jedes Programm (jeder Knoten) Π'' in T_Π besitzt höchstens einen unmittelbaren Vorgänger $\Pi' \longmapsto \Pi''$ in E_Π.

Um zum Begriff der formalen Äquivalenz von Programmen zu gelangen, führen wir den Begriff der reduzierten Ausführung ein. Wir bilden für jedes Programm $\Pi' \; \varepsilon \; E_\Pi$ das zugehörige Hauptprogramm Π'_m durch Streichen aller Prozedurdeklarationen, wir ersetzen jede verbliebene Prozeduranweisung in Π'_m durch ein Spezialsymbol, z.B. __call__, und wir nennen das Ergebnis das __reduzierte Hauptprogramm__ Π'_r von Π'.

$$E_{r\Pi} := \{\Pi'_r \,|\, \Pi' \; \varepsilon \; E_\Pi\}$$

heißt die __reduzierte Ausführung__,

$$T_{r\Pi} := \{\Pi'_r \,|\, \Pi' \; \varepsilon \; T_\Pi\}$$

der __reduzierte Ausführungsbaum__ von Π. Zwei originale Programme heißen nun __formal äquivalent__, wenn ihre reduzierten Ausführungen bzw. Ausführungsbäume identisch sind. Damit ist die formale Äquivalenz zweier Programme so eingeführt worden, daß sie im wesentlichen gleiche Prozedurstrukturen haben. Ferner gilt der

__Satz 1:__ Formal äquivalente Programme sind auch funktional äquivalent.

Von einem originalen Programm Π heißt es, es habe formal __korrekte Parameterübergaben__, wenn alle Programme $\Pi' \; \varepsilon \; E_\Pi$ bzw. T_Π partiell kompilierbar sind. Π heißt darüber hinaus __Makroprogramm__, wenn E_Π bzw. T_Π endlich ist. Makroprogramme sind diejenigen, die mit Makro- oder offener Unterprogrammtechnik implementiert werden können. Es gibt keinen Algorithmus, der für gegebenes originales Programm Π entscheidet, ob Π formal korrekte Parameterübergaben hat bzw. ob Π Makroprogramm ist. Wir haben jedoch den

__Satz 2:__ Formale Äquivalenz von Programmen ist invariant gegenüber den beiden Eigenschaften, formal korrekte Parameterübergaben zu haben bzw. Makroprogramm zu sein.

3. Die Nichtmodularität von ALGOL 60-P

Wir wollen nun der Frage nach der Modularität von ALGOL 60-P nachgehen. Diese Frage hängt sehr eng mit dem Entscheidungsproblem für formal korrekte Parameterübergaben zusammen. Für ALGOL 60-P-Programme Π ohne globale formale Parameter, d.h. für die Teilsprache ALGOL 60-P-0, ist nämlich entscheidbar, ob Π formal korrekte Parameterübergaben hat. Wenn wir nun ein effektives Verfahren hätten, das jedes originale Programm Π in ein formal äquivalentes modulares verwandelte, dann hätten wir

auch eine positive Lösung des genannten Entscheidungsproblems für
ALGOL 60-P. Daher gilt der manchen Programmierer überraschende

Satz 3: Es gibt kein effektives Verfahren, das jedes originale ALGOL-
60-P-Programm in ein formal äquivalentes modulares der gleichen Sprache
verwandelt.

Dieser Satz läßt zwar die Nichtmodularität von ALGOL 60-P vermuten, be-
weist sie jedoch noch nicht. Dazu müssen wir erst ein Programmbeispiel
konstruieren, das zu keinem modularen Programm formal äquivalent ist:

Π^1 = $\underline{begin}$ $\underline{proc}$ M(x,y);{ x(y) };
$\underline{proc}$ E(n); { };
$\underline{proc}$ L(x,y);
{$\underline{proc}$ A(n); {n(x,M) };
$\underline{proc}$ $\overline{A}(\xi,\alpha)$;{$\alpha(\xi,y)$ };
L(A,$\overline{A}$);M(A,$\overline{A}$) };
L(E,M) $\underline{end}$

...{...L(A',$\overline{A}$');M(A',$\overline{A}$') }...

...{A'($\overline{A}$') }...

...{ }...

...{...L(A$^{(\nu)}$,$\overline{A}^{(\nu)}$;M(A$^{(\nu)}$,$\overline{A}^{(\nu)}$)) }...

5 Knoten,
siehe unten
$\nu \geq 2$

...{A$^{(\nu)}$($\overline{A}^{(\nu)}$) }...

...{$\overline{A}^{(\nu)}$(A$^{(\nu-1)}$,M) }...

...{M(A$^{(\nu-1)}$,$\overline{A}^{(\nu-1)}$) }...

...{M(A',$\overline{A}$') }...

...{A'($\overline{A}$') }...

...{$\overline{A}$'(E,M) }...

...{M(E,M) }...

...{E(M) }...

...{ }...

$3 \cdot \nu$
Knoten

Die Identifikatoren $A^{(\nu)}$, $\bar{A}^{(\nu)}$ bezeichnen modifizierte Kopien der Prozeduren A, $\bar{A}$. Der Ausführungsbaum T_{π^1} ist offenbar unendlich, und zu jeder natürlichen Zahl ν existiert ein Knoten, z.B. $\ldots\{M(A^{(\nu)},\bar{A}^{(\nu)})\}\ldots$, derart daß der aufsitzende Teilbaum endlich ist und eine Tiefe $>\nu$ besitzt. Dann aber kann π^1 zu keinem modularen Programm formal äquivalent sein.

<u>Satz 4:</u> ALGOL 60-P ist nicht modular.

Dagegen gilt

<u>Satz 5:</u> ALGOL 60-P-O ist modular; es gibt ein effektives Verfahren, das jedes originale Programm in ein formal äquivalentes modulares verwandelt.

Das Verfahren werde am Beispiel π^2 demonstriert, um dort die globalen Parameter a und p der Prozedur q zu eliminieren:

$$\pi^2 = \underline{\text{begin}} \; \underline{\text{proc}} \; p(x);$$
$$\{\underline{\text{real}} \; a;$$
$$\underline{\text{proc}} \; q(y); \; \{a:= 2+a;p(q);y(p);q(y)\};$$
$$x(q);p(x)\};$$
$$p(p) \quad \underline{\text{end}}$$

Im transformierten Programm π^2_t haben die Prozeduren p und q zusätzliche <u>formale Begleitparameter</u> $\bar{p},\bar{\bar{p}},\bar{x},\bar{\bar{x}},\bar{q},\bar{\bar{q}},\bar{y},\bar{\bar{y}}$ erhalten:

$$\pi^2_t = \underline{\text{begin}} \; \underline{\text{proc}} \; p(\bar{p},\bar{\bar{p}},x,\bar{x},\bar{\bar{x}});$$
$$\{\underline{\text{real}} \; a;$$
$$\underline{\text{proc}} \; q(\bar{q},\bar{\bar{q}},y,\bar{y},\bar{\bar{y}});$$
$$\{\bar{q} := 2+\bar{q}; \; \bar{\bar{q}}(\; , \; ,q,\bar{q},\bar{\bar{q}});$$
$$y(\bar{y},\bar{\bar{y}},\bar{q}, \; , \;); \; q(\bar{q},\bar{\bar{q}},y,\bar{y},\bar{\bar{y}})\};$$
$$x(\bar{x},\bar{\bar{x}},q,a,p); \; p(\; , \; ,x,\bar{x},\bar{\bar{x}})\};$$
$$p(\; , \; ,p, \; , \;) \quad \underline{\text{end}}$$

In Prozeduranweisungen erhalten formale Identifikatoren x und y die <u>aktuellen Begleitparameter</u> $\bar{x},\bar{\bar{x}},\bar{y},\bar{\bar{y}}$. q erhält die aktuellen Begleitparameter a,p. Die aktuellen Begleitparameter anderer nicht formaler Identifikatoren sind unwichtig und können irgendwelche lokale Identifikatoren sein. Anschließend werden im Rumpf von q a,p durch $\bar{q},\bar{\bar{q}}$ ersetzt. Wer auf dem Standpunkt steht, selbst q sei globaler Parameter von q kann auch diesen Parameter in einen lokalen formalen verwandeln. Für das

Programmbeispiel

$$\pi^3 = \underline{begin} \ \underline{proc} \ q(r);$$
$$\{\underline{proc} \ f(x); \{r(x)\};$$
$$q(f); f(r)\};$$
$$q(q) \ \underline{end}$$

mit dem Aufrufbaum T_{π^3}

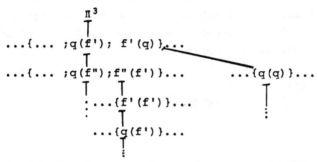

und dem globalen formalen Parameter r von f hätte ein analoges Verfahren
unendlich viele Begleitparameter benötigt. Die Identifikatoren
f',f",... bezeichnen modifizierte Kopien der Prozedur f.

4. Eine modulare Obersprache von ALGOL 60-P

Modulare Programme haben gegenüber anderen den Vorteil, daß man sie
formal äquivalent transformieren kann, indem man ihre Prozeduren heraus-
nimmt und der Reihe nach unmittelbar hinter das erste <u>begin</u> setzt. Auf
diese Weise wird vermieden, daß die Kopierregel neue Prozedurdeklarationen mit neuen Prozeduridentifikatoren schafft, die die Einsicht in
das Wirken der Kopierregel empfindlich stören. Daher rührt der Wunsch,
ALGOL 60-P zu einer modularen Programmiersprache ALGOL 60-P-G zu er-
weitern.

Prozedurdeklarationen in ALGOL 60-P-G haben die Form

$(\ast)$ <u>proc</u> $f\langle y_1,\ldots,y_{m_f}\rangle \ (x_1,\ldots x_{n_f});\{ \ \rho \ \};$.

Die Identifikatoren $y_1,\ldots,y_{m_f}$ heißen <u>formale Parameter neuer Art</u>,
$x_1,\ldots,x_{n_f}$ sind die <u>formalen Parameter alter Art</u>. Wenn m_f oder n_f Null
sind, schreiben wir die spitzen bzw. runden Klammern nicht. Alle übri-
gen Deklarationen sehen wie in ALGOL 60-P aus.

Ein <u>Term</u> ist eine endliche Zeichenreihe, die nach folgenden Regeln gebildet wird:

1. Identifikatoren sind Terme.

2. Wenn ψ Identifikator ist und $\tau_1,\ldots,\tau_m$, $m \geq 1$, Terme sind, dann ist
auch $\psi<\tau_1,\ldots,\tau_m>$ ein (echter) Term. τ_i ist <u>aktueller Parameter neuer</u>
<u>Art</u>.

Ein <u>syntaktisches</u> ALGOL 60-P-G-Programm π entsteht nun aus einem syntaktischen ALGOL 60-P-Programm π' dadurch, daß Prozedurköpfe in π' durch
neue Köpfe der obigen Form (*) ersetzt werden und daß man in π' angewandt vorkommende Identifikatoren durch Terme auswechselt. Auch alle
übrigen Begriffe lassen sich ohne Schwierigkeit auf ALGOL 60-P-G aus-
dehnen. Beispiel für das Wirken der Kopierregel:

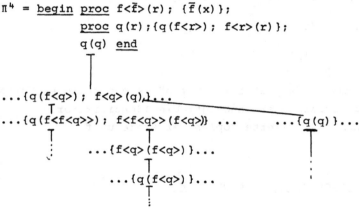

Satz 1 und 2 gelten auch für ALGOL 60-P-G. Die Sprachen ALGOL 60-P und
ALGOL 60-P-G sind nur unwesentlich verschieden, wenn man sich auf Programme ohne formale Prozeduranweisungen beschränkt. Der Unterschied
liegt in der Methode wie man Prozeduren f, die durch formale Prozeduranweisungen (1) aufgerufen werden, mit aktuellen Parametern versorgt.
In ALGOL 60-P werden alle aktuellen Parameter im Moment des Aufrufs
übergeben. In ALGOL 60-P-G werden die aktuellen Parameter alter Art
ebenfalls im Moment des Aufrufs übergeben, während die aktuellen Parameter neuer Art (2) so betrachtet werden können, als ob sie bereits
vorher übergeben worden wären, als der Prozeduridentifikator f als
aktueller Parameter eines vorangegangenen Aufrufs (3) auftrat. Beispiel:

$$\pi^5 = \underline{begin} \ \underline{real} \ a; \ \underline{proc} \ q(y); \{y(q)\}; \quad (1)$$
$$\underline{proc} \ f<r>(x); \{r := 2+r; \ x(f<r>)\};$$
$$(3) \quad q(f<a>) \ \underline{end}$$

$$(2) \quad \ldots \{f<a>(q)\} \ldots$$
$$\ldots \{a := 2+a; \ q(f<a>)\} \ldots$$

Aus der Wirksamkeit der Parameter neuer Art rührt der

Satz 6: ALGOL 60-P-G ist modular; es gibt ein effektives Verfahren, das jedes originale Programm in ein formal äquivalentes modulares umwandelt.

Die Anwendung dieses Verfahrens auf Programm π^3 liefert

$$\pi_t^3 = \underline{begin} \ \underline{proc} \ q(r);$$
$$\{\underline{proc} \ f<\bar{f}>(x);\{\bar{f}(x)\};$$
$$q(f<r>); \ f<r>(r)\};$$
$$q(q) \ \underline{end}$$

Hier bekommt nur die Prozedur f einen formalen Begleitparameter $\bar{f}$ neuer Art. Der aktuelle Begleitparameter neuer Art von f ist r. Anschließend wird im Rumpf von f r durch $\bar{f}$ ersetzt. π_t^3 und π^4 sind offensichtlich formal äquivalent.

Satz 7: Die in Satz 5 und 6 genannten Verfahren lassen die Eigenschaften einer Prozedur, formal erreichbar bzw. formal rekursiv zu sein, invariant.

Dabei heißt eine Prozedur φ in π **formal erreichbar**, falls ein Programm π' in T_π existiert, dessen innerster erzeugter Block modifizierter Rumpf einer (eventuell modifizierten) Kopie von φ ist. φ heißt **formal rekursiv**, falls Programme $\pi' \vdash^+ \pi''$ in T_π existieren, deren innerste erzeugte Blöcke modifizierte Rümpfe von Kopien von φ sind.

Erst die Einbettung von ALGOL 60-P in die modulare Sprache ALGOL 60-P-G hat einen durchsichtigen Beweis für die algorithmische Unlösbarkeit des Makroprogrammproblems für ALGOL 60-P geliefert [6]. Wegen Satz 2 genügt es nämlich, in ALGOL 60-P-G Programme ohne Prozedurschachtelungen zu betrachten.

Für die Teilsprache ALGOL 60-P-F von ALGOL 60-P-G derjenigen Programme ohne Parameter alter Art gilt aufgrund des in Satz 6 genannten Verfahrens

<u>Satz 8:</u> ALGOL 60-P-F ist modular.
$$\underbrace{\text{den Makrogram-}}_{\text{matiken von M.J.}}$$

Die ALGOL 60-P-F-Programme ohne Prozedurschachtelungen können mit Fischer [4] identifiziert werden. Deshalb sind das Problem der formal korrekten Parameterübergaben und das Makroprogrammproblem für ALGOL 60-P-F algorithmisch lösbar. Weil die beiden Sprachen ALGOL 60-P und ALGOL 60-P-F jeweils Randmengen von ALGOL 60-P-G darstellen, wird ihr gegensätzliches Verhalten verständlich.

5. Zur Implementierung von ALGOL 60-P-G

Nachteilig für die Implementierung von ALGOL 60-P-G ist zunächst, daß bei sukzessivem Anwenden der Kopierregel die aktuellen Parameter unvorhersehbar umfangreich werden können (siehe Π^4), so daß sie nicht mehr wie bei ALGOL 60-P in jeweils einer Zelle Platz finden. Selbst wenn ganze Ausdrücke wie in ALGOL 60 oder Anweisungen wie in ALGOL 68 als aktuelle Parameter zugelassen sind, kann man sich auf ALGOL 60-P zurückziehen, indem man "dicke" aktuelle Parameter zu Rümpfen parameterloser Prozeduren macht und die Parameter selbst durch die zugehörigen Prozeduridentifikatoren ersetzt. Dieser Weg führt bei ALGOL 60-P-G nicht weiter. Bei geeigneter Verweistechnik im Laufzeitkeller [1] kann man aber auch hier alle aktuellen Parameter in jeweils einer Zelle unterbringen.

Gewöhnliche und formale Prozeduranweisungen

$$f <b_1,\ldots,b_m >(a_1,\ldots,a_n)$$

bzw.
$$x(a_1,\ldots,a_n)$$

seien auf folgende Weise in Maschinencode übersetzt:

```
UNT Gew Proz Anw            bzw.   UNT  Form Proz Anw
     f                                  x
     <b
       1                                (a
     .                                    1,
     .                                  .
Bᵢ:  bᵢ,                               .
     .                                 aₙ);
     .
     bₘ>                          R:
     (a
       1
     .
     .
     aₙ);
R:
```

Das Laufzeitunterprogramm Gew Proz Anw arbeitet ähnlich wie bei ALGOL 60-P. In den Speicher für die neue Inkarnation I_f von f wird der Reihe nach eingetragen:

1. Der Identifikator f als Repräsentant für nötige Merkmale von f wie statisches Niveau, statischer Vorgänger, Startadresse, Parameterzahlen m_f und n_f, Festspeicherlänge;

2. die Rückkehradresse R;

3. das dynamische Niveau δ_V des dynamischen Vorgängers I_V von I_f;

4. das dynamische Niveau δ_S des statischen Vorgängers von f in der zu I_V gehörigen statischen Verweiskette K_{I_V};

5. für jeden aktuellen Parameter b_i wird eingetragen:

    a. b_i gekoppelt mit dem dynamischen Niveau δ_i der zu b_i gehörigen Prozedur in K_{I_V}, falls b_i gewöhnlicher Identifikator ist;

    b. der Inhalt der zu b_i gehörigen Speicherzelle in K_{I_V}, falls b_i formaler Identifikator ist;

    c. die Anfangsadresse B_i von b_i gekoppelt mit δ_V, falls b_i echter Term ist;

6. mit a_i wird wie in 5. verfahren.

Das Unterprogramm Form Proz Anw arbeitet so:

0. Der Inhalt $C \oplus \delta_S$ der zu x gehörigen Speicherzelle in K_{I_V} wird geholt.

a. C ist Prozeduridentifikator f. Es folgen die Schritte 1.-4.,6. wie oben.

b. C ist Anfangsadresse eines echten Terms

$$\text{C: } f$$
$$<b_1 ,$$
$$\vdots$$
$$b_m>$$

im Hauptteil der zu δ_S gehörigen Prozedur. Eingetragen wird der Reihe nach:

1.-3. Wie oben;

4. das dynamische Niveau δ_S des statischen Vorgängers von f in der zu δ_S gehörigen statischen Verweiskette K_{δ_S};

5. wie oben mit K_{δ_S} statt K_{I_V} und δ_S statt δ_V;

6. genau wie oben.

Die Implementierung der verallgemeinerten Sprache ist also kaum schwieriger als die von ALGOL 60. Hinzu kommt, daß Satz 6 einen klaren effektiven Weg bietet, Prozedurgebirge abzutragen, um das Fehlen genügend vieler Index- oder Displayregister auszugleichen.

Literatur

[1] Bauer, F.L., Goos, G.: Informatik, Zweiter Teil.
     Berlin - Heidelberg - New York: Springer 1971.

[2] Boebert, W.E.: Toward a Modular Programming System. In: Modular
     Programming: Proceedings of a National Symposium. Ed.: T.O. Bar-
     nett. Cambridge, Mass.: Information and Systems Press 1968.

[3] Dennis, J.B.: Modularity. In: Advanced Course on Software
     Engineering. Ed.: F.L. Bauer. Lecture Notes in Economics and
     Math. Syst. 81, 128 - 182, Berlin - Heidelberg - New York:
     Springer 1973.

[4] Fischer, M.J.: Grammars with Macro-like Productions. Report No.
     NSF - 22, Math. Ling. and Autom. Translation, Harvard Univ.,
     Cambridge, Mass. May 1968.

[5] Langmaack, H.: On Correct Procedure Parameter Transmission in
     Higher Programming Languages. Acta Informatica 2, 110-142 (1973).

[6] Langmaack, H.: On Procedures as Open Subroutines. Fachbereich
     Angew. Math. u. Informatik, Univ. d. Saarlandes, Bericht A 73/04
     (1973); erscheint in Acta Informatica.

[7] Wijngaarden, A. van, Mailloux, B.J., Peck, J.E.L., Koster, C.H.A.:
     Report on the Algorithmic Language ALGOL 68. Num. Math. 14,
     79 - 218 (1969).

Anschrift des Verfassers: Prof. Dr. Hans Langmaack, Fachbereich Angewandte Mathematik und Informatik der Universität des Saarlandes,
D-66 Saarbrücken, Bundesrepublik Deutschland.

ENTSCHEIDBARKEITSPROBLEME BEI DER ÜBERSETZUNG VON

PROGRAMMEN MIT EINPARAMETRIGEN PROZEDUREN

W. Lippe

1. Einleitung und Problemstellung

Um effiziente Zielprogramme bei der Übersetzung von Programmen ALGOL-ähnlicher Programmiersprachen mit Prozeduren zu erzeugen, sollte man folgende Fragen bereits zur Übersetzungszeit algorithmisch beantworten können:

1) Hat ein Programm formal korrekte Parameterübergaben?
2) Ist eine Prozedur formal erreichbar?
3) Ist eine Prozedur formal rekursiv?
4) Ist eine Prozedur stark rekursiv?
5) Hat ein Programm die Makro-Programm-Eigenschaft?

Für ALGOL 60-P sind die Eigenschaften 1)-5) unentscheidbar, ebenso 2)-5) für ALGOL 60-68, obwohl nur Identifikatoren als aktuelle Parameter zugelassen sind [4,5].

Zum Beweis der Unentscheidbarkeit der formalen Erreichbarkeit von Prozeduren wird in [4] für jedes Postsche Korrespondenzsystem $\mathcal{L}$ ein Programm $\Pi_{\mathcal{L}}$ mit einer Prozedur $M1$ effektiv konstruiert, so daß $\Pi_{\mathcal{L}}$ genau dann eine Lösung hat, wenn $M1$ in $\Pi_{\mathcal{L}}$ formal erreichbar ist. Es fällt auf, daß in $\Pi_{\mathcal{L}}$ nur solche Prozeduranweisungen $a_0(a_1,\ldots,a_n)$ auftreten, bei denen alle formalen Identifikatoren a_i paarweise verschieden sind.
Wir nennen nun ein Programm <u>monadisch</u>, wenn für die formalen Identifikatoren a_i, a_j in jeder Prozeduranweisung $a_0(a_1,\ldots,a_n)$ $a_i = a_j$ ist.
Damit stoßen wir auf die

<u>Vermutung 1</u>: Für monadische ALGOL 60-P Programme ist entscheidbar, ob eine Prozedur formal erreichbar ist.

Diese Vermutung ist dem bekannten Satz von Löwenheim und Skolem [7]ana-

log, welcher besagt, daß der Prädikatenkalkül erster Stufe mit nur monadischen Prädikaten entscheidbar ist. Die von Church bewiesene Unentscheidbarkeit des vollen Prädikatenkalküls erster Stufe entspricht der
Unentscheidbarkeit der Erreichbarkeit von Prozeduren in generellen
ALGOL 60-P-Programmen. Die formalen Identifikatoren entsprechen ge-
wissermaßen den Individuenvariablen, die zusammengefaßten gewöhnlichen
Identifikatoren in einer Prozeduranweisung entsprechen einer Prädika-
tenvariablen.

Durch ganz ähnliche Argumentation kommt man zu der

Vermutung 2: Für ALGOL 60-68-Programme mit endlichen Arten ist ent-
             scheidbar, ob eine Prozedur formal erreichbar ist.

Bislang ist es nicht gelungen, die beiden Vermutungen vollständig zu
beweisen. Für Programme, die der Einschränkung A unterliegen, sind die
Vermutungen jedoch richtig, wie wir zeigen werden.

Einschränkung A: Nur einparametrige Prozeduren und Prozedurschachtelungs-
                 tiefen ≤2 sind zugelassen.

2. Überführung in die Sprache ALGOL 60-P-G

Um die Beweise zu vereinfachen, machen wir ferner die unerhebliche Einschränkung, daß es neben Prozedurdeklarationen keine weiteren Deklarationen und neben einparametrigen Prozeduranweisungen keine weiteren Anweisungen geben soll. Programme mit diesen Einschränkungen besitzen die allgemeine Form:

begin **proc** $g_1(x_1)$; {**proc** $f_{11}(y_{11})$; $\underbrace{\{......\}}$;

                                    Hauptteil von f_{11}

        proc $f_{1m_1}(y_{1m_1})$; {.....};

                   ⋮   } Hauptteil

                   };   von g_1

  proc $g_2(x_2)$; {**proc** $f_{21}(y_{21})$; {.....};

                  ⋮

        proc $f_{2m_2}(y_{2m_2})$; {.....};

                  ⋮

                 };

  proc $g_n(x_n)$; {**proc** $f_{n1}(y_{n1})$; {.....};

                  ⋮

        proc $f_{nm_n}(y_{nm_n})$; {.....};

                  ⋮

                 };

  ⋮

  $g_i(g_{i'})$;   Hauptteil des

                     Hauptprogramms

  ⋮   ($1 \leq i, i' \leq n$)

end

Es ist klar, daß jedes originale Programm dieser Bauart formal korrekte Parameterübergaben hat.

Betrachten wir nun alle möglichen Arten von Prozeduranweisungen eines solchen Programms.

a) Im Hauptteil des Hauptprogramms können nur Anweisungen $g_i(g_{i'})$ stehen ($1 \leq i, i' \leq n$).

b) Im Hauptteil der Prozedur g_i (i fest) sind folgende Arten von Prozeduranweisungen möglich: ($1 \leq i, i' \leq n; 1 \leq j, j' \leq m_i$)

$$g_{i'}(g_{i''}) \qquad f_{ij}(g_{i''}) \qquad x_i(g_{i''})$$

$$g_{i'}(f_{ij'}) \qquad f_{ij}(f_{ij'}) \qquad x_i(f_{ij'})$$

$$g_{i'}(x_i) \qquad f_{ij}(x_i) \qquad x_i(x_i)$$

c) Im Hauptteil der Prozedur f_{ij} (i,j fest) sind folgende Arten von Prozeduranweisungen möglich: ($1 \le i, i', i'' \le n$; $1 \le j, j', j'' \le m_i$)

$$g_{i'}(g_{i''}) \qquad f_{ij'}(g_{i''}) \qquad x_i(g_{i''}) \qquad y_{ij}(g_{i''})$$

$$g_{i'}(f_{ij''}) \qquad f_{ij'}(f_{ij''}) \qquad x_i(f_{ij''}) \qquad y_{ij}(f_{ij''})$$

$$g_{i'}(x_i) \qquad f_{ij'}(x_i) \qquad x_i(x_i) \qquad y_{ij}(x_i)$$

$$g_{i'}(y_{ij}) \qquad f_{ij'}(y_{ij}) \qquad x_i(y_{ij}) \qquad y_{ij}(y_{ij})$$

Um die störenden Prozedurschachtelungen zu eliminieren, formen wir
unser ALGOL 60-P-Programm in ein formal äquivalentes ALGOL 60-P-G-Pro-
gramm ohne Prozedurschachtelung um. Es gilt nämlich folgender Satz:

Satz 1: Jedes ALGOL 60-P-Programm kann effektiv in ein formal äquivalentes ALGOL 60-P-G-Programm ohne Prozedurschachtelung transformiert werden.

Für die genaue Definition von ALGOL 60-P-G und den Beweis des Satzes
siehe [5].
Die allgemeine Form der betrachteten Programme ergibt sich nach der
Transformation in ALGOL 60-P-G zu:

begin proc $g_1(x_1)$; {.....};
$\qquad\qquad\qquad$ Hauptteil von g_1
$\quad$ proc $g_2(x_2)$; {.....};
$\qquad \vdots$
$\quad$ proc $g_n(x_n)$; {.....};
$\quad$ proc $f_{11}\langle x_1\rangle(y_{11})$; {.....};
$\qquad \vdots \qquad\qquad$ Hauptteil von f_{11}
$\quad$ proc $f_{1m_1}\langle x_1\rangle(y_{1m_1})$; {.....};
$\quad$ proc $f_{21}\langle x_2\rangle (y_{21})$; {.....};
$\qquad \vdots$
$\quad$ proc $f_{2m_2}\langle x_2\rangle(y_{2m_2})$; {.....};

$$\vdots$$

$\underline{proc}\ f_{n1}\langle x_n\rangle\ (y_{n1});\ \{.....\};$

$$\vdots$$

$\underline{proc}\ f_{nm_2}\ \langle x_n\rangle\ (y_{nm_n});\{.....\};$

$$\vdots$$

$g_i(g_{i'})$; $\left.\begin{array}{l}\\ \\ \end{array}\right\}$ Hauptteil des Hauptprogramms

$$\vdots$$

<u>end</u>

Die entsprechenden Prozeduranweisungen im ALGOL 60-P-G-Programm lauten:

a) Im Hauptteil des Hauptprogramms $(1 \le i,i' \le n)$: $g_i(g_{i'})$

b) Im Hauptteil von g_i (i fest; $1 \le i,i',i'' \le n$; $1 \le j,j' \le m_i$):

$g_{i'}(g_{i''})$ $f_{ij}\langle x_i\rangle(g_{i''})$ $x_i(g_{i''})$

$g_{i'}(f_{ij'}\langle x_i\rangle)$ $f_{ij}\langle x_i\rangle(f_{ij'}\langle x_i\rangle)$ $x_i(f_{ij'}\langle x_i\rangle)$

$g_{i'}(x_i)$ $f_{ij}\langle x_i\rangle(x_i)$ $x_i(x_i)$

c) Im Hauptteil von f_{ij} (i,j fest; $1 \le i,i',i'' \le n$; $1 \le j,j',j'' \le m_i$):

$g_{i'}(g_{i''})$ $f_{ij'}\langle x_i\rangle(g_{i''})$ $x_i(g_{i''})$ $y_{ij}(g_{i''})$

$g_{i'}(f_{ij''}\langle x_i\rangle)$ $f_{ij'}\langle x_i\rangle(f_{ij''}\langle x_i\rangle)$ $x_i(f_{ij''}\langle x_i\rangle)$ $y_{ij}(f_{ij''}\langle x_i\rangle)$

$g_{i'}(x_i)$ $f_{ij'}\langle x_i\rangle(x_i)$ $x_i(x_i)$ $y_{ij}(x_i)$

$g_{i'}(y_{ij})$ $f_{ij'}\langle x_i\rangle(y_{ij})$ $x_i(y_{ij})$ $y_{ij}(y_{ij})$

Bei allen Prozeduranweisungen $\alpha(\beta)$, die in Programmen Π' des Ausführungs- baums T_Π eines ALGOL 60-P-G-Programms Π auftreten können, haben jetzt die Terme α und β offenbar die Gestalt:

$$\alpha = f_{i_k j_k} \langle f_{i_{k-1} j_{k-1}} \langle \cdots \langle f_{i_1 j_1} \langle g_i \rangle\rangle \cdots\rangle\rangle;\ k \geq 0,$$

$$\beta = f_{i'_{k'} j'_{k'}} \langle f_{i'_{k'-1} j'_{k'-1}} \langle \cdots \langle f_{i'_1 j'_1} \langle g_{i'} \rangle\rangle \cdots\rangle\rangle;\ k' \geq 0.$$

<u>Satz 2</u>: Für alle Prozeduranweisungen $\alpha(\beta)$ gilt, daß der unmittelbare Teilterm u.T. des kürzeren Terms Teilterm des längeren Terms ist.

Die Anweisungen $\alpha(\beta)$ lassen sich somit in Form eines Speicherbandes mit zwei Zustandsköpfen veranschaulichen, wobei sich mindestens ein Zustandskopf immer am oberen Ende des Speicherbandes befindet. Die Bandinschrift ist hierbei der u.T. des längeren Terms von α und β.

Im linken Zustandskopf befindet sich das Anfangssymbol von α ,im rechten
Zustandskopf das Anfangssymbol von β ;z.B. :

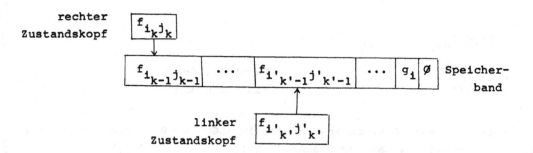

3.Monadische Programme

Wir untersuchen jetzt die monadischen Programme, d.h. solche mit der

Einschränkung B: Bei allen Proceduranweisungen $\alpha(\beta)$ gilt, daß $\alpha = \beta$
ist, falls α und β formal sind.

Diese Forderung bewirkt, daß im Hauptteil von f_{ij} (i,j fest) Proceduranweisungen der Arten $x_i(y_{ij})$ und $y_{ij}(x_i)$ nicht erlaubt sind. Mit dieser Einschränkung läßt sich für die Proceduranweisungen in T_{π} folgender Satz zeigen:

Satz 3: Für alle Proceduranweisungen $\alpha(\beta)$ gilt:

$$|\alpha| = 1 \quad \text{oder} \quad |\beta| = 1 \quad \text{oder} \quad ||\alpha| - |\beta|| \leq 1.$$

Dies bedeutet, daß für die Stellung der beiden Zustandsköpfe auf dem
Band nur folgende Konfigurationen erlaubt sind:

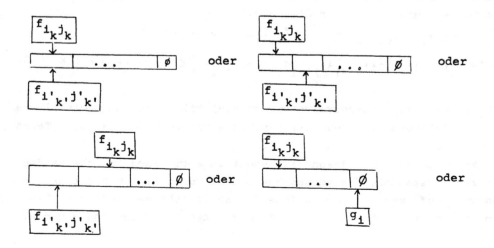

Da folglich keine Information aus dem Innern des Speicherbandes benötigt wird, liegt es nahe, die Erreichbarkeit einer Prozedur g_i oder f_{ij} in π über reguläre kanonische Systeme zu entscheiden.

<u>Definition:</u> Ein reguläres kanonisches System ist ein 4-tupel
$R = (\mathfrak{N}, \mathfrak{T}, S, \pi)$ mit

       (i) $\mathfrak{N}$ ist eine endliche, nicht leere Menge (nicht terminale Symbole).

      (ii) $\mathfrak{T}$ ist eine endliche, nicht leere Menge (terminale Symbole) mit $\mathfrak{N} \cap \mathfrak{T} = \emptyset$.

     (iii) $S \subset \mathfrak{T} \mathfrak{N}$ (Startworte).

     (iv) π ist eine endliche binäre Relation auf $\mathfrak{T}^* \mathfrak{N}$ (Produktionen ; für $(x,y) \in \pi$ schreiben wir $x \longrightarrow y$)

Die Arbeitsweise eines regulären kanonischen Systems, d.h. die Erzeugung von Worten ergibt sich aus folgender Definition:

<u>Definition:</u> Für $x,y \in \mathfrak{T}^*$, $\mathfrak{z}, \nu \in \mathfrak{N}$ gilt $x\mathfrak{z} \Longrightarrow y\nu$:⋇
        es existiert $x_1, x_2, y_1 \in \mathfrak{T}^*$, so daß $x = x_1 x_2$, $y = x_1 y_1$ und
        $x_2 \mathfrak{z} \longrightarrow y_1 \nu$
Mit $\overset{*}{\Longrightarrow}$ bezeichnen wir die transitive reflexive Hülle von $\Longrightarrow$.

Zu unserem Programm π konstruieren wir nun folgendes reguläres kanonisches System $\mathfrak{R}$

Sei $\mathcal{G} := \{g_i\}$, $1 \leq i \leq n$, und $\mathcal{F} = \{f_{ij}\}$, $1 \leq i \leq n$, $1 \leq j \leq m_i$.
Die terminalen Symbole des regulären kanonischen Systems sind
$\mathfrak{T} := \{\emptyset, g, f\}$ mit $g \in \mathcal{G}$ und $f \in \mathcal{F}$. Die nicht terminalen Symbole sind
$\mathfrak{N} := \{ (g,u,\bar{g},u), (g,u,\bar{g},u,L), (g,u,f,O), (f,O,g,u), (f,O,\bar{f},O), (f,u,\bar{f},O),$
      $(f,O,\bar{f},u) \}$ mit $g, \bar{g} \in \mathcal{G}$; $f, \bar{f} \in \mathcal{F}$ und $u, O, L \notin \mathfrak{N} \cup \mathfrak{T}$ drei verschiedene Symbole.

Für jede Anweisung $g_i(g_{i'})$ des Hauptprogramms wird genau ein Startwort $\emptyset (g_i, u, g_{i'}, u)$ konstruiert.

Für jede Anweisung im Rumpf von g_i werden genau zwei Produktionen konstruiert.

Anweisung (nichtterminales Symbol $η$ der linken Seite)	(g_i, u, g, u)	$(g_i, u, f, 0)$
$g_i, (g_{i''})$	$η → (g_{i'}, u, g_{i''}, u)$	$η → (g_{i'}, u, g_{i''}, u, L)$
$g_i, (f_{ij'}, <x_i>)$	$η →g (g_{i'}, u, f_{ij'}, 0)$	$η →f (g_{i'}, u, f_{ij'}, 0)$
$g_i, (x_i)$	$η → (g_{i'}, u, g, u)$	$η → (g_{i'}, u, f, 0)$
$f_{ij} <x_i> (g_{i''})$	$η →g (f_{ij}, 0, g_{i''}, u)$	$η →f (f_{ij}, 0, g_{i''}, u)$
$f_{ij} <x_i> (f_{ij'}, <x_i>)$	$η →g (f_{ij}, 0, f_{ij'}, 0)$	$η →f (f_{ij}, 0, f_{ij'}, 0)$
$f_{ij} <x_i> (x_i)$	$η →g (f_{ij}, 0, g, u)$	$η →f (f_{ij}, 0, f, u)$
$x_i (g_{i''})$	$η → (g, u, g_{i''}, 0)$	$η → (f, 0, g_{i''}, u)$
$x_i (f_{ij'}, <x_i>)$	$η →g (g, u, f_{ij'}, 0)$	$η →f (f, u, f_{ij'}, 0)$
$x_i (x_i)$	$η → (g, u, g, u)$	$η → (f, 0, f, 0)$

Für jede Anweisung im Rumpf von f_{ij} wird ebenfalls eine endliche Menge von Produktionen konstruiert (s. Tafel I).
Hierbei durchlaufen $\bar{f}, \tilde{f} \in \mathcal{F}$, g und y $\in \mathcal{G} \cup \mathcal{F}$. In der Matrix stehen die einzelnen Produktionen, wobei das nicht terminale Symbol der linken Seite sich am Kopf jeder Spalte befindet. Hinzu treten noch die Produktionen

$$y (\bar{\bar{g}}, u, \bar{g}, u, L) → (\bar{\bar{g}}, u, \bar{g}, u, L)$$

$$\emptyset (\bar{\bar{g}}, u, \bar{g}, u, L) → \emptyset (\bar{\bar{g}}, u, \bar{g}, u) \quad \text{mit } \bar{\bar{g}}, \bar{g} \in \mathcal{G}.$$

Man kann nun zeigen:

<u>Satz 4:</u> Eine Prozedur p in Π ist genau dann formal erreichbar, falls es ein Startwort s, ein terminales Wort t und ein nicht terminales Symbol (p, v, y, w) mit $v, w \in \{u, \emptyset\}$, $y \in \mathcal{G} \cup \mathcal{F}$ gibt mit $s \overset{*}{\Longrightarrow} t(p, v, y, v)$.

Da letzteres jedoch entschieden werden kann [1], gilt der

<u>Satz 5:</u> Es ist entscheidbar, ob eine Prozedur in einem ALGOL-60-P-Programm mit den Einschränkungen A und B formal erreichbar ist.

Anweisung (nichtterminales Symbol η der linksseit...)	(f_{1j},O,g,u)	(f_{1j},O,f,u)	(f_{1j},O,f,O)	(f_{1j},u,f,O)
$g_1,(g_1")$	$\eta \to (g_1,,u,g_1",u,L)$	$\eta \to (g_1,,u,g_1",u,L)$	$\eta \to (g_1,,u,g_1",u,L)$	$\eta \to (g_1,,u,g_1",u,L)$
$g_1,(f_{1j}"<x_1>)$	$\eta \to (g_1,,u,f_{1j}",O)$	$\eta \to (g_1,,u,f_{1j}",O)$	$\eta \to (g_1,,u,f_{1j}",O)$	$\eta \to (g_1,,u,f_{1j}",O)$
$g_1,(x_1)$	$\{\bar{f}\eta \to (g_1,,u,\bar{f},O)$	$\bar{f}\eta \to (g_1,,u,\bar{f},O)$	$\bar{f}\eta \to (g_1,,u,\bar{f},O)$	$\{\bar{f}\eta \to (g_1,,u,\tilde{f},O)$
$g_1,(y_{1j})$	$\bar{g}\eta \to (g_1,,u,\bar{g},u)\}$	$\bar{g}\eta \to (g_1,,u,\bar{g},u)$	$\bar{g}\eta \to (g_1,,u,\bar{g},u)$	$\bar{g}\bar{f}\eta \to (g_1,,u,\bar{g},u)\}$
	$\eta \to (g_1,,u,g,u,L)$	$\eta \to (g_1,,u,f,O)$	$\eta \to (g_1,,u,f,O)$	$\eta \to (g_1,,u,f,O)$
$f_{1j},<x_1>(g_1")$	$\eta \to (f_{1j},,O,g_1",u)$	$\eta \to (f_{1j},,O,g_1",u)$	$\eta \to (f_{1j},,O,g_1",u)$	$\bar{f}\eta \to (\bar{f},O,g_1",u)$
$f_{1j},<x_1>(f_{1j}"<x_1>)$	$\eta \to (f_{1j},,O,f_{1j}",O)$	$\eta \to (f_{1j},,O,f_{1j}",O)$	$\eta \to (f_{1j},,O,f_{1j}",O)$	$\bar{g}\eta \to (\bar{g},u,g_1",u)$
$f_{1j},<x_1>(x_1)$	$\bar{f}\eta \to \bar{f}(f_{1j},,O,f,u)$	$\bar{f}\eta \to \bar{f}(f_{1j},,O,f,u)$	$y\eta \to y(f_{1j},,O,y,u)$	$yf_{1j} \to y(f_{1j},,O,y,u)$
$f_{1j},<x_1>(y_{1j})$	$\eta \to (f_{1j},,O,f,u)$	$\eta \to (f_{1j},,O,f,u)$	$\eta \to (f_{1j},,O,f,O)$	$\eta \to (f_{1j},,u,f,O)$
$x_1,(g_1")$	$\bar{f}\eta \to (\bar{f},O,g_1",u)$	$\bar{f}\eta \to (\bar{f},O,g_1",u)$	$\{\bar{f}\eta \to (\bar{f},O,g_1",u)$	$\{\bar{f}\bar{f} \to (\tilde{f},O,g_1",u)$
$x_1,(f_{1j}"<x_1>)$	$\bar{g}\eta \to (\bar{g},u,g_1",u)$	$\bar{g}\eta \to (\bar{g},u,g_1",u)$	$\bar{g}\eta \to (\bar{g},u,g_1",u)\}$	$\bar{g}\bar{f} \to (\bar{g},u,g_1",u)\}$
$x_1,(x_1)$	$y\eta \to (y,u,f_{1j}",O)$	$\bar{f}\eta \to \bar{f}(\bar{f},u,f_{1j}",O)$	$y\eta \to y(y,u,f_{1j}",O)$	$yf_{1j} \to (y,u,f_{1j}",O)$
	$\{\bar{f}\eta \to (\bar{f},O,f,O)$	$\bar{f}\eta \to \bar{f}(\bar{f},O,f,O)$	$\{\bar{f}\eta \to (\bar{f},O,f,O)$	$\{\bar{f}\bar{f} \to (\tilde{f},O,f,O)$
$y_{1j},(g_1")$	$\bar{g}\eta \to (\bar{g},u,\bar{g},u)\}$		$\bar{g}\eta \to (\bar{g},u,\bar{g},u)\}$	$\bar{g}\bar{f} \to (\bar{g},u,\bar{g},u)\}$
$y_{1j},(f_{1j}"<x_1>)$	$\eta \to (g,u,g_1",u,L)$	$\eta \to (f,O,g_1",u)$	$\eta \to (f,O,g_1",u)$	$\eta \to (f,O,g_1",u)$
$y_{1j},(y_{1j})$	$\eta \to (g,u,f_{1j}",O)$	$\eta \to (f,u,f_{1j}",O)$	$\eta \to (f,O,f_{1j}",O)$	$\eta \to (f,O,f_{1j}",O)$
	$\eta \to (g,u,g,u,L)$	$\eta \to (f,O,f,O)$	$\eta \to (f,O,f,O)$	$\eta \to (f,O,f,O)$

(Tafel I)

4. Programme mit endlichen Arten

Im folgenden beschäftigen wir uns an Stelle von ALGOL 60-P mit ALGOL-60-68 bzw. ALGOL 60-68-G mit der

<u>Einschränkung C</u>: Alle Identifikatoren besitzen endliche Arten im Sinne von ALGOL 68.

Algorithmen, die diese Einschränkung abprüfen, werden in [3] und [6] behandelt.

Die Annahmen am Anfang von 2. zur Beweisvereinfachung sind hier zu scharf. Wir brauchen sie aber nur so wenig zu lockern, daß im Hauptprogramm von Π genau eine weitere Deklaration <u>real</u> d zugelassen ist. Da wir nur einparametrige Prozeduren zulassen, haben alle Arten die Form

$$\underbrace{\text{proc } (\underline{\text{proc}}(...(\underline{\text{proc}}(\underline{\text{real}}))...)).}_{\text{n-mal}}, \ n \geq 0$$

Mit der Einschränkung C schließen wir alle Anweisungen der Arten $x_i(x_i)$ und $y_{ij}(y_{ij})$ aus, da sie nur bei unendlichen Deklaratorbäumen von x_i und y_{ij} auftreten können. Dagegen sind nun Anweisungen der Arten $x_i(y_{ij})$ und $y_{ij}(x_i)$ erlaubt, die ein Auseinanderlaufen der beiden Zustandsköpfe bewirken. Es läßt sich jedoch zeigen, daß wegen der Einschränkung C die beiden Zustandsköpfe sich nicht beliebig auf dem Band bewegen können. Wir teilen die Anweisungen eines Programms Π in zwei Klassen ein: K_1 enthält die Anweisungen der Arten $x_i(y_{ij})$, $y_{ij}(x_i)$, $f_{ij},<x_i>(y_{ij})$, $y_{ij}(f_{ij}"<x_i>)$; K_2 enthält die übrigen Anweisungen. Solange nur Anweisungen aus K_2 zur Anwendung gelangen, gilt Satz 3. Selbst durch Anweisungen aus K1 werden die Konsequenzen aus Satz 3 nicht unbedingt verletzt. Die Konsequenz kann nur dann verletzt werden, wenn eine Anweisung der Art $x_i(y_{ij})$ oder $y_{ij}(x_i)$ auf $\alpha(\beta)$ mit $|\alpha| = |\beta| - 1$ folgt z.B.

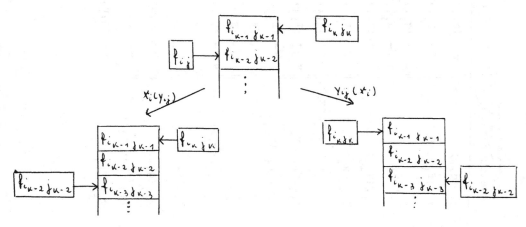

Weitere Anweisungen aus K1 verändern den Kellerinhalt nicht, die Köpfe sinken jediglich herunter, wobei sie ihre Positionen tauschen können. Stets aber resultiert $\alpha'(\beta')$ mit $|\beta| - 1 \leq \text{Max} (|\alpha'|, |\beta'|) \leq |\beta|$. Dies ist eine Folgerung aus der Einschränkung C. Sobald nun eine Anweisung aus K2 **erfolgt**, gilt wiederum Satz 3, wobei entweder an der Stelle des oberen Kopfes oder an der Stelle des mittleren Kopfes oder "ganz unten" fortgefahren wird.

Diese anschauliche Verhaltensweise legt es nahe, die formale Erreichbarkeit einer Prozedur durch Stack-Systeme zu entscheiden.

Definition: Ein Stack-System ist ein 4-tupel $S = (\mathfrak{N}, \mathfrak{T}, S, \Pi)$ mit

(i) $\mathfrak{N}$ ist eine endliche nicht leere Menge (nicht terminale Symbole),

(ii) $\mathfrak{T}$ ist eine endliche nicht leere Menge (terminale Symbole) mit $\mathfrak{N} \cap \mathfrak{T} = \emptyset$.

(iii) $S \subset \mathfrak{T}\mathfrak{N}$ (Startworte).

(iv) Π ist eine endliche Menge von Produktionsregeln der Formen (mit $S, S' \in \mathfrak{N}$; $A, B \in \mathfrak{T}$; Q_1, Q_1, Q_2 Variablen über $\mathfrak{T}^*$):

1) $QAS \rightarrow QABS'$

2) $QAS \rightarrow QAS'$

3) $QAS \rightarrow QS'$

4) $QASQ_2 \rightarrow Q_1AS'Q_2$

5) $Q_1ASQ_2 \rightarrow Q_1S'AQ_2$

6) $Q_1ASBQ_2 \rightarrow Q_1ABS'Q_2$

Wie bei den regulären kanonischen Systemen erklären wir die Arbeitsweise eines Stack-Systems mit

Definition: Wir schreiben $wy \Rightarrow wy' : \underset{\mathfrak{X}}{}$ falls $w \in \mathfrak{T}^*$, $y, y' \in \mathfrak{T}^*\mathfrak{N}$ und in Π eine Produktion $Qy \rightarrow Qy'$ existiert. Wir schreiben $wyw' \Rightarrow wy'w'$ $\underset{\mathfrak{X}}{}$ falls $w, w' \in \mathfrak{T}^*$, $y, y' \in \mathfrak{T}\mathfrak{N}\mathfrak{T}^*$ und in Π eine Produktion $Q_1yQ_2 \rightarrow Q_1y'Q_2$ existiert.

Mit $\overset{*}{\Rightarrow}$ bezeichnen wir wieder die transitive reflexive Hülle von $\Rightarrow$. Wie in 2. läßt sich zu Π ein Stack-System γ konstruieren mit der Eigenschaft

Satz 9: Eine Prozedur p in Π ist genau dann formal erreichbar, falls es in γ ein Startwort s, ein terminales Wort t und ein nicht terminales Symbol (p,v,y,w) mit v, w $\{u, O\}$ und $y \in \mathfrak{Q} \cup \mathfrak{T} \cup \{d\}$ gibt, so daß $s \overset{*}{\Rightarrow} t (p,v,y,w)$.

24

Da letzteres entschieden werden kann [2] gilt

<u>Satz 10:</u> Es ist entscheidbar, ob eine Prozedur in einem ALGOL 60-68-
Programm mit den Einschränkungen A und C formal erreichbar ist.

Literatur:

[1]   Büchi, J.R.: Regular canonical systems
       Arch. Math. Logik Grundlagenforschung 14(1961), 143-172

[2]   Ginsburg, S., Greibach S.A.and Harrison, M.A. :
       Stack automata and compiling, J. ACM 14,1 (Jan. 1967), 172-201

[3]   Koster, C.H.A.: On infinite modes, ALGOL Bulletin AB 30.3.3,
       Feb. 1969, pp. 61-69

[4]   Langmaack, H.: On correct procedure parameter transmission in
       higher programming languages, Acta Informatica, Vol. 2,1973

[5]   Langmaack, H.: On procedures as open subroutines, Bericht
       A 73/04, Institut für Angew. Math. und Informatik der Univ.
       des Saarlandes

[6]   Zosel, M. : A formal grammar for the representation of modes
       and it's application to ALGOL 68, Dissertation 1971, Univ. of
       Washington, Bericht Nr. TR 71-10-07

[7]   Hilbert, D. Ackermann, W.: Grundzüge der theoretischen Logik
       Springer Verlag 1972

Anschrift des Verfassers:

Dipl.-Inform. Wolfram Lippe

Fachbereich 10

Angewandte Mathematik und Informatik
der Universität des Saarlandes

66 Saarbrücken

Im Stadtwald

EINE AXIOMATISCHE STUDIE ZUR IDENTIFIKATION VON IDENTIFIKATOREN

F. Kröger

1. Einleitung

Die in Programmiersprachen vorhandene Möglichkeit, einunddenselben Identifikator mehrfach zu vereinbaren, schafft das Problem der "Identifikation eines definierenden Auftretens durch ein angewandtes Auftreten"
(in der Terminologie von ALGOL 68) eines solchen Identifikators.

Die vorliegende Arbeit gibt eine axiomatische Beschreibung der Identifikation. Unser Ziel ist es dabei, die nötigen Grundbegriffe klar her-
vortreten zu lassen und möglichst allgemein zu fassen.

Um die gewählte Axiomatisierung zu erläutern und zu motivieren, wollen
wir eine intuitive Betrachtung mit den zugrundegelegten Abstraktionen
voranstellen.

Der intuitive Sprachgebrauch - etwa die Phrase "das angewandte Auftreten des Identifikators x liegt im Gültigkeitsbereich der Deklaration
real x" - legt bereits die Wahl dreier Grundbegriffe nahe : Mit einem
angewandten Auftreten ist die *Stelle* dieses Auftretens, mit einem definierenden Auftreten ein *Bereich* verknüpft. Zwischen einer Stelle
und einem Bereich kann eine (Enthaltenseins-) *Relation* ρ erfüllt
sein. Die Möglichkeit mehrerer Deklarationen desselben Identifikators
verlangt schließlich als vierten Grundbegriff eine *Relation* γ zwischen Bereichen. Es scheint der Praxis angemessen, diese Relation als
partielle Ordnung und aus beschreibungstechnischen Gründen als *irre-*
flexiv vorauszusetzen.

Weiter soll die Relation ρ mit der Ordnung γ verträglich sein ; ist
also s eine Stelle und sind b_1 und b_2 Bereiche, so soll gelten :

$$s \; \rho \; b_1 \wedge b_1 \; \gamma \; b_2 \Rightarrow s \; \rho \; b_2 \; .$$

Der Vorgang der Identifikation sucht zu einem angewandten Auftreten eines Identifikators x unter den Bereichen von Deklarationen von x den "kleinsten" bezüglich der Ordnung γ .

2. Die axiomatische Beschreibung

Diese Vorstellungen sollen nun formalisiert werden:

Definition 1 : Ein *Bereichsystem* ist ein Quadrupel (B,S,γ,ρ) ,wobei B und S Mengen, γ eine irreflexive partielle Ordnung auf B und ρ eine Relation auf $S \times B$ sind, derart daß gilt :

(A0) $\quad \forall s \in S \, \forall b , b' \in B : \ s \, \rho \, b \wedge b \, \gamma \, b' \Rightarrow s \, \rho \, b'$.

Definition 2 : Es seien X eine Menge von *Identifikatoren* und (B,S,γ,ρ) ein Bereichsystem. Ein *Identifikationssystem* für X über (B,S,γ,ρ) ist ein Paar (D,A) mit $D \subset X \times B$ und $A \subset X \times S$. Ein Element $(x,b) \in D$ heißt *definierendes Auftreten* von x , ein Element $(x,s) \in A$ *angewandtes Auftreten* von x .

Definition 3 : (Gleichheit in D und A)

$$(x_1,b_1) = (x_2,b_2) \underset{df}{\Longleftrightarrow} x_1 = x_2 \wedge b_1 = b_2$$

$$(x_1,s_1) = (x_2,s_2) \underset{df}{\Longleftrightarrow} x_1 = x_2 \wedge s_1 = s_2$$

Definition 4 : Es sei (D,A) ein Identifikationssystem für X über (B,S,γ,ρ) . Für $(x,b) \in D$ sei dann

$$L_{x,b} \underset{df}{=} \{ b' \in B : \ b' \, \gamma \, b \wedge (x,b') \in D \}.$$

Definition 5 : Ein Identifikationssystem (D,A) für X über (B,S,γ,ρ) heißt *geeignet* , wenn gilt :

(A1) $\quad \forall (y,s) \in A \exists_1 (x,b) \in D: \ x = y \wedge s \, \rho \, b \wedge (b' \in L_{x,b} \Rightarrow \neg s \, \rho \, b')$.

Dieses Axiom fordert, daß es zu jedem angewandten Auftreten eines Identifikators genau ein *identifiziertes* definierendes Auftreten gibt.

Die <u>Identifikation</u> kann daher beschrieben werden durch eine Funktion

$$id : A \to D$$

mit

$$id(y,s) = (x,b) \underset{df}{<\Rightarrow>} [x = y \wedge s\rho b \wedge (b' \in L_{x,b} \Rightarrow \neg s\rho b')] .$$

id heißt *Identifikationsfunktion*.

Das Axiom (*A1*) und die Identifikationsfunktion sind formuliert mit Hilfe der Zuordnung L von Teilmengen von B zu definierenden Auftreten von Identifikatoren, genauer durch die Formel

$$(1) \qquad b' \in L_{x,b} \Rightarrow \neg \ s\rho b' \ .$$

Wir wollen noch kurz eine dazu äquivalente Formel angeben, die eine andere Zuordnung M von Teilmengen von B zu a n g e w a n d t e n Auftreten benützt. Daraus lassen sich äquivalente Formulierungen des Axioms (*A1*) und der Identifikation ableiten.

<u>Definition 6</u> : Es sei (D,A) ein Identifikationssystem für X über (B,S,γ,ρ). Für (x,s) $\in$ A sei dann

$$M_{x,s} \underset{df}{=} \{b \in B : s\rho b \wedge (x,b) \in D\} \ .$$

Die Formel (1) ist äquivalent mit

$$(2) \qquad b' \in M_{x,s} \Rightarrow \neg \ b'\gamma b \ .$$

Diese Behauptung ist leicht einzusehen. Gilt nämlich (1) und ist $b' \in M_{x,s}$, so ist $s\rho b'$ und $(x,b') \in D$, und aus der Annahme $b'\gamma b$ folgt dann $b' \in L_{x,b}$, mit (1) also der Widerspruch $\neg s\rho b'$. Gilt umgekehrt (2) und ist $b' \in L_{x,b}$, so ist $b'\gamma b$ und $(x,b') \in D$, und aus der Annahme $s\rho b'$ folgt dann $b' \in M_{x,b}$, mit (2) also der Widerspruch $\neg \ b'\gamma b$.

ä

3. Zwei Beispiele

Wir wollen in diesem Abschnitt zwei verschiedene Interpretationen für das eingeführte Axiomensystem angeben, die zeigen, wie das System die Identifikation in verschiedenen Sprachen beschreibt.

Als erstes Beispiel wählen wir ein beliebiges ALGOL 68-Programm. Die für die Identifikation benötigten Begriffe <u>range</u> und <u>to contain</u>

sind in der Sprachdefinition hinreichend formalisiert. Die Interpretation ist gegeben durch :

B = Menge der r̲a̲n̲g̲e̲s̲,

$S = B$,   in $(x,r) \in D$ bzw. $(x,r) \in A$ sei r der r̲a̲n̲g̲e̲ mit : r c̲o̲n̲t̲a̲i̲n̲s̲ the defining (applied) occurrence x ,

$r_1 \gamma r_2 \iff r_2$ c̲o̲n̲t̲a̲i̲n̲s̲ r_1 ,

$r_1 \rho r_2 \iff r_1 \gamma r_2 \quad \vee \quad r_1 = r_2$.

Als zweites Beispiel wählen wir die Identifikation von *controlled variables* in einem P L/1 - Programm. Ein Zählmechanismus ordne den im ablaufenden Prozeß ausgeführten Programmbefehlen fortlaufend natürliche Zahlen zu. Das liefert folgende Interpretation des Axiomensystems :

$S = \mathbb{N}$,   in $(x,s) \in A$ sei s die Nummer des Befehls, in dem x (angewandt) auftritt,

$B = \mathbb{N} \times (\mathbb{N} \cup \{\infty\})$,   in $(x, \langle n,m \rangle) \in D$ sei n die Nummer des ALLOCATE - Befehls für x . Bis zum Durchlaufen des zugehörigen FREE-Befehls sei $m = \infty$, dann werde m = Nummer des FREE-Befehls gesetzt,

$\langle n_1, m_1 \rangle \gamma \langle n_2, m_2 \rangle \iff n_1 > n_2 \wedge m_1 \leq m_2$,

$s \rho \langle n,m \rangle \iff n \leq s \leq m$.

(Dabei gelte $n < \infty$ für alle $n \in \mathbb{N}$.)

Die Identifikationsfunktion id beschreibt in der jeweiligen Interpretation gerade die Identifikationsvorschriften in den beiden Sprachen.

A̲n̲m̲e̲r̲k̲u̲n̲g̲ : An den beiden Beispielen erkennt man, daß unsere Formalisierung eigentlich noch nicht streng genug ist. Die im mathematischen Sinne *statischen* Mengen B und S werden hier dynamische *veränderbar* interpretiert. Wollte man ganz genau sein, müßte man ein Identifikationssystem als momentanen *Ausschnitt* im Ablauf der Programmelaboration auffassen und die Identifikation im gesamten Programmablauf durch eine *Folge* von derartigen Ausschnitten beschreiben. Da diese fehlende Genauigkeit jedoch keinen Einfluß auf die hier beabsichtigte Diskussion der Grundbegriffe hat, haben wir der Kürze halber auf letzte Strenge verzichtet.

4. Reduktion von Grundbegriffen

Eine der Absichten einer Axiomatisierung von intuitiven Vorstellungen muß es sein, gewisse in der unformalisierten Theorie auftretende Gesetzmäßigkeiten aus den Axiomen zu *beweisen* . Wir wollen dies an einem Beispiel vorführen.

In gewissen Sprachtypen kann man, wie etwa an dem Beispiel ALGOL 68 im vorigen Abschnitt zu sehen, die in das Axiomensystem eingebrachten Grundbegriffe B, S, γ, ρ auf B und γ reduzieren. In diesen Sprachen kann S durch

$$S = B$$

und ρ durch

$$s \rho b \iff s \gamma b \lor s = b$$

definiert werden.

Wir werden diese Sprachtypen durch drei weitere Axiome auszeichnen und die Möglichkeit der Begriffsreduktion mit Hilfe dieser Axiome beweisen.

Vorgegeben sei ein geeignetes Identifikationssystem (D, A) für eine Identifikationsmenge X über einem Bereichsystem (B, S, γ, ρ).

Wir können nun zunächst ohne Hinzufügung neuer Axiome ein Bereichsystem $(B, \overline{S}, \gamma, \overline{\rho})$ konstruieren, das - kurz gesagt - "dasselbe leistet" wie (B, S, γ, ρ). Dazu definieren wir auf S eine Relation $\cong$ wie folgt :

$$s_1 \cong s_2 \underset{df}{\iff} [\forall b \in B : s_1 \rho b \iff s_2 \rho b].$$

Wie leicht ersichtlich, ist $\cong$ eine Äquivalenzrelation. Es sei $\overline{S}$ die Menge der Äquivalenzklassen in S bezüglich $\cong$, die kanonische Projektion werde durch "‾" ausgedrückt, d.h. $\overline{s}$ sei die Äquivalenzklasse von s, s ein Repräsentant von $\overline{s}$.

Weiter definieren wir die Relation $\bar{\rho}$ auf $\bar{S} \times B$:

$$\bar{s}\bar{\rho}b \underset{df}{<=>} s\rho b .$$

Diese Definition ist unabhängig vom speziellen Repräsentanten s von $\bar{s}$.

Lemma 1 : $(B, \bar{S}, \gamma \, \bar{\rho})$ ist ein Bereichsystem.

Beweis : Wir müssen das Axiom (AO) verifizieren :

$$\bar{s}\bar{\rho}b \wedge b\gamma b' \Rightarrow s\rho b \wedge b\gamma b'$$

$$\Rightarrow s\rho b'$$

$$\Rightarrow \bar{s}\bar{\rho}b' .$$

Es sei nun $(D, \bar{A})$ dasjenige Identifikationssystem für X über $(B, \bar{S}, \gamma, \bar{\rho})$, das gegeben ist durch :

$$\bar{A} \subset X \times \bar{S} \qquad\qquad \text{und}$$

$$(x, \bar{s}) \in \bar{A} \underset{df}{<=>} [\exists t \in S : \bar{t} = \bar{s} \wedge (x, t) \in A] .$$

Lemma 2 : Das Identifikationssystem $(D, \bar{A})$ ist geeignet.

Beweis : Wir müssen das Axiom $(A1)$ verifizieren. Sei $(y, \bar{s}) \in \bar{A}$; dann gibt es $(y, t) \in A$, wobei $\bar{t} = \bar{s}$, und es gibt, da (D, A) geeignet ist, genau ein $(x, b) \in D$ mit

$$x = y \wedge t\rho b \wedge (b' \in L_{x,b} \Rightarrow \neg t\rho b') ,$$

d.h. es gibt genau ein $(x, b) \in D$ mit

$$x = y \wedge \bar{s}\bar{\rho}b \wedge (b' \in L_{x,b} \Rightarrow \neg \bar{s}\bar{\rho}b') .$$

Schließlich sei $\bar{id}$ die zum System $(D, \bar{A})$ gehörige Identifikations-funktion, d.h.

$$\bar{id} : \bar{A} \rightarrow D \qquad \text{mit}$$

$$\bar{id}(y, \bar{s}) = (x, b) <=> [x = y \wedge \bar{s}\bar{\rho}b \wedge (b' \in L_{x,b} \Rightarrow \neg \bar{s}\bar{\rho}b')] .$$

Lemma 3 : Für $(y,\bar{s}) \in \bar{A}$ und $(y,s) \in A$ gilt $\overline{id}(y,\bar{s}) = id(y,s)$.

Der Beweis verläuft ähnlich wie bei Lemma 2 und ist leicht einsichtig.

Damit haben wir also durch die Konstruktion eines neuen Bereichsystems ein neues geeignetes Identifikationssystem erhalten, dessen Identifikationsfunktion "dasselbe leistet" wie die im ursprünglichen System.

Wir führen nun drei weitere Axiome für das vorgegebene Bereichsystem (B,S,γ,ρ) ein :

$(A2)$ $\quad \forall s \in S \; \exists b \in B : s\rho b$

$(A3)$ $\quad \forall b \in B \; \exists s \in S : s\rho b \wedge (b'\gamma b \Rightarrow \neg s\rho b')$

$(A4)$ $\quad \forall s \in S : \{b : s\rho b\}$ ist wohlgeordnet bzgl. γ .

Anmerkung : Die Axiome $(A2)$ und $(A3)$ sind triviale Axiome, die einen "sinnvollen" Aufbau von B und S verlangen. $(A4)$ ist die für die Begriffsreduktion entscheidende Forderung.

Wir wollen zeigen : Unter der Voraussetzung dieser Axiome lassen sich B und $\bar{S}$ bijektiv aufeinander abbilden und $\bar{\rho}$ durch γ charakterisieren.

Dazu definieren wir eine Relation π auf $\bar{S} \times B$ durch

$$\bar{s}\pi b \;\underset{df}{\Longleftrightarrow}\; s\rho b \wedge (b'\gamma b \Rightarrow \neg s\rho b')$$

(unabhängig vom Repräsentanten) und beweisen :

Lemma 4 : $\quad$ a) $\;\forall \bar{s} \in \bar{S} \; \exists_1 b \in B : \bar{s}\pi b$

$\qquad\qquad$ b) $\;\forall b \in B \; \exists_1 s \in S : \bar{s}\pi b$

$\qquad\qquad$ c) Ist $\bar{s}\pi b^*$, so gilt :

$\qquad\qquad\qquad \bar{s}\bar{\rho}b \Longleftrightarrow b^*\gamma b \vee b^* = b$.

Beweis :

a) Existenz : Sei s Repräsentant von $\bar{s}$. Nach $(A2)$ gibt es $b \in B$ mit $s\rho b$. Wir konstruieren eine Folge $F = \{b_1, b_2, b_3, \ldots\} \subset B$. Es sei $b_1 = b$, und falls es ein b' gibt mit $b'\gamma b_n$ und $s\rho b'$, so sei $b_{n+1} = b'$. F ist nicht leer und besitzt wegen $(A4)$ ein letztes Element b^*. Für b^* gilt $s\rho b^*$ und

$$\neg \exists\, b' : b'\gamma b \wedge s\rho b'.$$

Folglich gilt $\bar{s}\pi b^*$.

Eindeutigkeit : Seien $b_1, b_2 \in B$ mit $\bar{s}\pi b_1$ und $s\pi b_2$. Dann ist $s\rho b_1$ und $s\rho b_2$, nach $(A4)$ also

$$b_1\gamma b_2 \qquad \text{oder} \qquad b_2\gamma b_1 \qquad \text{oder} \qquad b_1 = b_2 .$$

Aus $b_1\gamma b_2$ folgt wegen $\bar{s}\pi b_2$ der Widerspruch $\neg s\rho b_1$, ebenso führt $b_2\gamma b_1$ wegen $\bar{s}\pi b_1$ zum Widerspruch $\neg s\rho b_2$. Daraus folgt $b_1 = b_2$.

b) Existenz : folgt unmittelbar aus $(A3)$.

Eindeutigkeit : Seien $\bar{s}_1, \bar{s}_2 \in \bar{S}$ mit $\bar{s}_1\pi b$ und $\bar{s}_2\pi b$. Für die Repräsentanten s_1 und s_2 gilt dann $s_1\rho b$ und $s_2\rho b$. Sei nun $b' \in B$ und $s_1\rho b'$. Wegen $\bar{s}_1\pi b$ gilt $\neg b'\gamma b$ und mit $(A4)$ folgt $b\gamma b'$ oder $b = b'$. In beiden Fällen ist dann aber auch $s_2\rho b'$. Umgekehrt zeigt man genauso :

$$s_2\rho b' \implies s_1\rho b'.$$

Insgesamt hat man also für alle $b' \in B$:

$$s_1\rho b' \iff s_2\rho b'.$$

Somit ist $s_1 \hat{=} s_2$ und daher $\bar{s}_1 = \bar{s}_2$.

c) Es gelte $\bar{s}\pi b^*$, also

$$s\rho b^* \qquad\qquad \text{und}$$

$$b\gamma b^* \implies \neg s\rho b .$$

Gilt nun $\bar{s}\rho b$, so auch $s\rho b$, und mit $(A4)$ folgt

$$b\gamma b^* \vee b^*\gamma b \vee b^* = b .$$

Da $b\gamma b^*$ nach Voraussetzung auf den Widerspruch $\neg s\rho b$ führt, folgt also

$$b^* \gamma b \lor b^* = b .$$

Die umgekehrte Richtung der Äquivalenzbehauptung ist trivial.

Aufgrund dieses Lemmas können wir nun einfach $\overline{S}$ mit B und $\overline{\rho}$ mit der reflexiven Hülle γ_{refl} von γ gleichsetzen.

Die Abbildung

$$f : S \to B \qquad \text{mit}$$

$$f(s) \underset{df}{=} b \iff [s \rho b \land (b'\gamma b \Rightarrow \neg s \rho b')]$$

ist surjektiv, und wenn wir aus dem Identifikationssystem (D,A) das neue System $(D,\overline{A})$ mit

$$\overline{A} \subset (X,B) \qquad \text{und}$$

$$(x,b) \in \overline{A} \underset{df}{\iff} [\exists s \in S : f(s) = b \land (x,s) \in A]$$

konstruieren, so gilt schließlich :

Satz :   Sei $f(s) = b$. Für die zum Identifikationssystem $(D,\overline{A})$ für X über $(B,B,\gamma,\gamma_{refl})$ gehörige Identi- fikationsfunktion $\overline{id}$ gilt :

$$\overline{id}(x,b) = id(x,s) .$$

Die Identifikation kann also unter der Voraussetzung der Axiome $(A2)$, $(A3)$ und $(A4)$ allein durch die Begriffe B und γ be- schrieben werden.

Anschrift des Verfassers : Dr.Fred Kröger, Mathematisches Institut der Technischen Universität München, D-8000 München 2, Arcisstraße 21.

ZUR ÜBERSETZBARKEIT VON PROGRAMMIERSPRACHEN

H. JÜRGENSEN

1. Einleitung

Die erste Anregung zu den folgenden Überlegungen zur Übersetzbarkeit
von Programmiersprachen ergab sich aus Diskussionen im Zusammenhang
der Ausstattung des LISP-Systems für die ELECTROLOGICA X8 in Kiel mit
einem Compiler. Das bis dahin rein interpretativ arbeitende LISP-
System war dem Rechenzentrum der Universität Kiel 1968 von W. van der
Poel [11] zur Verfügung gestellt und 1968-71 von F. Simon [16] und dem
Verfasser [5] den Gegebenheiten der Kieler Anlage angepaßt und be-
trächtlich erweitert worden. 1971-72 wurde der Compiler von B. Kalhoff [6] hergestellt und im wesentlichen im "bootstrap"-Verfahren
implementiert.

Bekanntlich stehen dem Bau eines Übersetzers für das vollständige
LISP einige prinzipielle Hindernisse im Wege; üblicherweise werden
diese dadurch umgangen, daß die Sprache für den Übersetzer eingeschränkt wird [2,6,7,12,14,15] . Ist dieses Vorgehen auch unschön, so
wäre es noch tragbar, wenn die Einhaltung der Einschränkungen zum Zeitpunkt der Übersetzung, spätestens aber zum Zeitpunkt der Rechnung über-
prüfbar wäre; für LISP ist dies in einigen Fällen grundsätzlich unmög-
lich.

Wir wollen diese Aussage im folgenden präzisieren. Es wird sich zeigen,
daß die Schwierigkeiten allein auf Akzidenzien von LISP zurückzufüh-
ren sind, die die Sprache allerdings erst programmiergerecht machen.
Dadurch wird die Frage nach einem generellen Verfahren nahegelegt, mit
dessen Hilfe beim Entwurf einer ähnlich LISP universellen Programmiersprache diese Probleme vermieden werden könnten. Insofern sollten im
weiteren die aus LISP herangezogenen Beispiele nur als Erläuterungen
der allgemeineren Situation verstanden werden.

2. Spezifische (jedoch behebbare) Probleme eines LISP-Compilers

Von den bei der Konzeption eines Compilers für LISP auftretenden spe-
zifischen Problemen lassen sich einige unter Verzicht auf Rechenge-
schwindigkeit vermeiden, andere durch geringfügige Änderungen in der
"Implementationsvorschrift" des EVAL-APPLY-Zyklus [7] beseitigen

[8,9,13] . Es handelt sich dabei durchweg um Fragen im Zusammenhang
mit   (1) der Bindung freier Variabler,

            (2) der Kommunikation zwischen interpretierten und
                compilierten Funktionen

und   (3) der möglichen unterschiedlichen "Typenvereinbarung"
                (CSET, DEFINE, DEFPROP, REMPROP usw.) zum
                Compilations- und Rechenzeitpunkt.

Im einzelnen vergleiche man dazu Saunders [14] , S. 70 f. Die Schwierigkeiten entstehen, weil

            (1) die in LISP vorgeschriebene Variablenbehandlung eine
                einfache und effektive Kellerspeicherungstechnik im
                compilierten Programm verbietet

und   (2) die Unsicherheit über die aktuelle "Typenvereinbarung"
                aufwendige Tests zur Rechenzeit erforderlich macht.

In den bestehenden Compilern wird meist unter Verzicht auf vollständige Korrektheit eine Lösung vorgezogen, die sehr viel schnellere
Objektprogramme zuläßt [6,7,10,12,15] . Da sich die genannten Probleme,
wenn auch unter Effektivitätsverlusten, beseitigen lassen, wollen wir
diese Fragen im folgenden ausklammern und insbesondere in allen Beispielen voraussetzen, daß eine entsprechend bereinigte LISP-Version
mit idealem Compiler benutzt wird.

3. Sich selbst ändernde Programme

Sehr viel komplizierter als die bisher aufgezählten Probleme ist das
der sich zur Rechenzeit selbst ändernden Programme; solche Programme
sind in LISP formulierbar, aber auch z.B. in der Konzeption von
"ALGOL Y" [1] vorgesehen. Wir wollen die Frage, wie weit es wünschens-
wert ist, sich selbst ändernde Programme zuzulassen, hier nicht diskutieren[1]. Es kommt uns vielmehr darauf an, eine Reihe von Forderungen herauszuarbeiten, die man an eine Programmiersprache mit sich
selbst ändernden Programmen und an ihren Compiler mindestens stellen
sollte, um zu erreichen, daß alle "compilierbaren" Programme "korrekt
compilierbar" sind. Dabei lassen wir die Frage der Ökonomie des Compilers und der Objektprogramme vorerst völlig außer acht.

Die Korrektheitsforderung für den Compiler formulieren wir so schwach
wie möglich: Es seien L_1, L_2 Programmiersprachen, und für j = 1,2 sei
i_j eine Abbildung (Interpretation), die jedem Programm(text) $p \in L_j$
eine Funktion zuordnet. Ein Compiler (partielle Abbildung)
c: $L_1 \longrightarrow L_2$ heiße korrekt, wenn
         (1) Quelle(c) in L_1 entscheidbar ist

---

1) Zu allgemeinen Komplexitätsfragen in diesem Zusammenhang vgl.
   Buchberger [4] . Zu Realisierungen für ALGOL vgl. [17,18,19].

und   (2) für alle $p \in$ Quelle(c) gilt:

            (a) Quelle$(i_2(c(p))) \subseteq$ Quelle$(i_1(p))$ und

$$\forall x \in \text{Quelle}(i_2(c(p))) : i_2(c(p))(x) = i_1(p)(x)$$

und   (b) Quelle$(i_2(c(p)))$ ist in Quelle$(i_1(p))$ entscheidbar.

Wir fordern also, daß die Nicht-Compilierbarkeit eines Programmes zu einer Fehlermeldung führt (1); wir lassen zu, daß die durch den Objektcode definierte Funktion Einschränkung der durch das ursprüngliche Programm definierten Funktion ist (2a), und begnügen uns damit, daß wir diesen Unterschied eventuell erst zur Rechenzeit (durch Fehlermeldungen) erfahren (2b).

Die sich selbst ändernden Programme klassifizieren wir in solche mit expliziter Änderung (z.B. durch Deklaration) und solche mit impliziter Änderung (durch Textsubstitution). Während erstere einem Compiler keine prinzipiellen Schwierigkeiten bereiten dürften, müssen bei der zweiten Klasse in der Definition der Semantik der Programmiersprache Vorkehrungen getroffen werden, um eine, wenn auch noch so unökonomische, nicht-triviale Compilierbarkeit zu erreichen.

3.1. Explizite Änderungen

In LISP können explizite Programmänderungen zur Rechenzeit durch DEFPROP, DEFINE, CSET und ähnliche Funktionen durchgeführt werden. Statisch entsprechen diesen beispielsweise in ALGOL 60 die Deklarationen. Explizite Programmänderungen werden allgemein durch Anweisungen zustande kommen müssen, die aus

           (1) einer Definitions- oder Execute-Anweisung (XEQ),

           (2) dem Namen des zu definierenden Programmteiles

und   (3) dem definierenden Ausdruck

bestehen. In der Terminologie von ALGOL 60 kämen als änderbare Programmteile sicher Prozeduren, eventuell aber auch Typenvereinbarungen und Anweisungen mit Marken in Frage.

Beispiel 1:

```
DEFPROP (B1
        (LAMBDA (...)  (...(DEFPROP (GENSYM) (...) (QUOTE EXPR))
                ...))
        EXPR)
```

$\vdots$

B1 (...)

Ein derartiges Beispiel stellt für ein Compiler-orientiertes LISP-

System kein Problem dar; dabei ist es gleichgültig, ob der Compiler
nach der Funktionsdefinition innerhalb von B1 explizit aufgerufen
wird oder DEFPROP die Compilation übernimmt. In LISP sind DEFPROP-
Definitionen global wirksam. In Programmiersprachen mit statischer
Blockstruktur entsprechen der Funktion DEFPROP meist die Deklarationen; Neudefinitionen müßten also nur lokal wirksam sein. Das Beispiel
sähe in einer solchen Sprache etwa folgendermaßen aus:

```
begin
<type> procedure B1 (...);
    begin
    :

        begin
        computed <type> procedure (GENSYM; ...);

        :

        end;

    :

    end;

:

end
```

Daraus ergäben sich für einen Compiler keine besonderen Schwierigkeiten; selbstverständlich müßte er zur Rechenzeit aufrufbar sein; ferner
müßte er rekursive Aufrufe zulassen, um Deklarationen von <computed
procedure>s innerhalb des den Rmpf einer <computed procedure> definierenden Textes verarbeiten zu können.

In vielen Fällen könnte es erwünscht sein, eine in einem äußeren Block
deklarierte Prozedur in einem inneren Block neu, jedoch mit globaler
Wirkung, zu definieren (dies entspräche der globalen Wirkung von
DEFPROP). Einen sonst idealen Compiler vorausgesetzt, ließe sich dies
verhältnismäßig einfach durch grundsätzliche Trennung von Deklarationen und Definition erreichen[1]; z.B.:

---

1) Damit würden auch die in manchen Programmiersprachen (wie ALGOL 60)
   existierenden Unterschiede in der Behandlung von <identifier>s
   als Prozedurnamen und als sonstige Variablen-Namen beseitigt.

```
begin
list L;
  ⋮
L:= { ... } ;
  ⋮
  begin
  name X;
  for  X ∈ L do declare computed procedure X;
    ⋮
    begin
    for X ∈ L do define computed <type>  procedure(X; ...);
      ⋮
    end;
    ⋮
  end;
  ⋮
end
```

In diesem Lösungsvorschlag ist (ähnlich wie in LISP) nicht einmal mehr die Anzahl der dynamisch definierten Prozeduren statisch festgelegt.

An der Compilierbarkeit derartiger zur Rechenzeit explizit geänderter Programme ändert sich auch nichts, wenn man wie im Beispiel 2 Rekursivität zuläßt.

Beispiel 2:

```
DEFPROP (A2
         (LAMBDA (...) (...(A2 ...(B2 ...(A2 ...)...)
                           a            b

                    ...(A2 ...)...)...)...(A2 ...))
                       c                   d

         EXPR)
DEFPROP (B2
         (LAMBDA (...) (...(DEFPROP (QUOTE A2) (...)
                           (QUOTE EXPR))...))

         { EXPR  })
         { FEXPR }
A2 (...)
```

Die vier Aufrufe von A2 werden wie folgt bearbeitet:

  (a) Ursprüngliche Definition von A2.
  (b) (1) Falls B2 EXPR ist: Ursprüngliche Definition von A2.
      (2) Falls B2 FEXPR ist: In Abhängigkeit vom Zeitpunkt der Auswertung in B2; bei mehrfacher Auswertung also eventuell verschieden.
  (c,d)   Umdefinierte Version von A2.

Dies ergibt sich für

  (a) aus der Festlegung, daß bei Aufruf einer Prozedur F zuerst in F eingetreten wird und dann die aktuellen Parameter bestimmt werden.
  (b1) aus dem "call-by-value"-Prinzip.
  (b2) aus dem "call-by-name"-Prinzip.
  (c,d) aus der Festlegung, daß Argumente nacheinander von links nach rechts bestimmt werden.

(b,c,d) machen auch bei Benutzung eines Compilers (z.B. in DEFPROP) keine Schwierigkeiten, falls bei der Berechnung der Argumente dieser Aufrufe keine weiteren Änderungen der Definition von A2 erfolgen (sonst Behandlung entsprechend (a)); (c,d) sind auch dann unproblematisch, wenn eine andere sinnvolle Reihenfolge der Argumentauswertung festgelegt wird, sofern das Beispiel dann überhaupt ein zulässiges Programm ergibt. Wegen (a) muß von einem Compiler-orientierten System gefordert werden, daß Objekprogramme gekellert und eventuell von einem "garbage collector" mitbehandelt werden[1].

3.2. Implizite Änderungen

Implizite Programmänderungen kommen dadurch zustande, daß Teile des Programmtextes ohne ausdrückliche Neudefinition ihrer Einbettung in den Kontext ausgetauscht werden (z.B. durch Änderung des Textes einer Prozedur ohne erneute Deklaration); dazu ist notwendig und hinreichend, daß es möglich ist,

  (1) den Programmtext des ausgeführten Programmes zur Rechenzeit zu erreichen

und (2) Textstücke ohne Beeinflussung des Kontextes zu ersetzen.

In LISP erreicht man

  (1) durch GET bzw. ASSOC oder äquivalente Funktionen oder durch (explizite) Programmänderungen zur Rechenzeit (in LISP X8 auch durch Einlesen)

und (2) durch RPLACA, RPLACD und abgeleitete Funktionen.

---

[1] Bei LISP ist für die Kellerung speziell zu beachten, daß die Umdefinition von A2 in B2 global wirksam ist.

Geht man davon aus, daß die Operationen wie RPLACA und RPLACD nicht
auf Objektcode angewendet werden können, so wären diejenigen impliziten Programmänderungen, bei denen der zu ändernde Text mit GET oder
ASSOC erst nach der Compilation aufgesucht werden soll, unkritisch,
sofern - wie üblich - der ursprüngliche Programmtext nach der Compilierung vergessen werdan dürfte[1]. Diese verhältnismäßig einfache
Lösung ist jedoch in den übrigen Fällen impliziter Änderungen meist
nicht anwendbar. Typisch ist das folgende

Beispiel 3:

```
    DEFPROP (D3
            (LAMBDA (...) (PROG (V3 X3 Y3 ...)
                .
                .
                .
                (SETQ V3 (LIST ...))
                (SETQ X3 (LIST ...))
                (SETQ Y3 (LIST ...))
                (DEFPROP (QUOTE A3)
                         (LIST (QUOTE LAMBDA) V3 (APPEND X3 Y3))
                         (QUOTE EXPR))
                (CSETQ B3 Y3)
                .
                .
                .
                ))
            EXPR)
D3 (...)
```

Der kritische Punkt in diesem Beispiel ist, daß die in D3 neu definierte Funktion A3 und der Wert von B3 das Textstück Y3 gemeinsam
haben. Die Situation ist folgendermaßen:

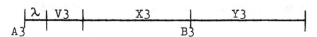

Jede Textsubstitution in B3, d.h. innerhalb Y3, ist gleichzeitig eine
implizite Änderung von A3. Bei interpretativem Rechnen wird dies
automatisch berücksichtigt. Durch Compilation wird die Textidentität
von A3 und B3 jedoch aufgehoben: Änderungen von B3 wirken sich nicht
mehr auf A3 aus.

Für LISP bedeutet das: Es gibt Programme, die in compilierter und

---

1) Ist die Referenz des Programmes auf seinen Text bereits vor der
   Compilation im Programmtext realisiert ("zirkuläre" S-expression),
   so kann der Compiler dies schon bemerken u. z.B. mit einer Fehlermeldung reagieren.

uncompilierter Version verschiedene Funktionen darstellen; oder: es
gibt keinen korrekten nicht-trivialen Compiler für LISP.

Das Beispiel ist jedoch keineswegs so unnatürlich, wie es in seiner
LISP-Version erscheinen mag; jede sinnvolle Realisierung des Konzep-
tes der <computed procedure>s müßte etwa das folgende dem Beispiel 3
entsprechende Programm zulassen:

> begin
> string X3, Y3;
> .
> .
> .
> X3:= ...;
> Y3:= ...;
> .
> .
> .
>
> > begin
> > computed <type> procedure (GENSYM; CONNECT(X3,Y3));
> > .
> > .
> > .
> > end;
>
> .
> .
> .
> end

Wir sehen die folgenden zwei Möglichkeiten, diese Schwierigkeiten zu
beseitigen: Verbot oder Explizit-Machen impliziter Änderungen.

3.2.1. Verbot impliziter Änderungen

Wir sahen, daß es kaum möglich sein wird, Situationen wie in Beispiel 3
zu vermeiden, wenn man in sinnvoller Weise die Möglichkeit zulassen
will, daß sich Programme zur Rechenzeit (auch nur explizit) ändern.
Ein Verbot impliziter Änderungen ist also damit gleichwertig, daß für
die Textmanipulation keine Substitutionsoperationen erlaubt werden[1];
dieses ist sicher für manche Anwendungen ziemlich unökonomisch.

3.2.2. Explizit-Machen impliziter Änderungen

Das Problem des Beispiels 3 wird noch dadurch kompliziert, daß die
Änderungen von B3 während der Ausführung von A3 stattfinden können.
Zur Zeit des Aufrufs von A3 liegt also die Interpretation von A3 als
Funktion noch nicht fest. Dies scheint inkonsequent, wenn man berück-

---

1) Eine unkritische "Quasi-Substitution" U = (A B C) $\longrightarrow$ U = (A D C)
   ist in LISP auch ohne RPLACA/RPLACD z.B. mit (LAMBDA (U D) (LIST
   (CAR U) D (CADDR U))) möglich - allerdings mit größerem Zeit-
   und Speicheraufwand.

sichtigt, daß gleichzeitig normalerweise die Parameter von A3 endgültig ausgewertet werden (dies gilt nicht für FEXPR's). Abhilfe bringt die folgende Festlegung zur Semantik:

> Der Prozeduraufruf F(X,Y,...) hat die Wirkung von f(X,Y,...); dabei ist f die durch den Ausdruck (Text) von F zum Zeitpunkt des Aufrufs definierte Funktion.

Die für z.B. <computed statement>s nötigen Modifikationen dieser Festlegung sind evident[1].

Für ein Compiler-orientiertes System hat das u.a. die folgenden Konsequenzen:

(1) Auch nach der Kompilation muß der ursprüngliche Programmtext erhalten bleiben; die Zuordnung "Name-Prozedurtext" bzw. "Name - Ausdruck" wird für das Programm selbst aufgehoben, bleibt aber für den Compiler bestehen; GET und ähnliche Funktionen erreichen den Text also nicht mehr.

(2) Substitutionen im ursprünglichen Programmtext müssen registriert werden.

(3) Vor Ausführung eines Programmstückes (Prozedur, Anweisung) muß geprüft werden, ob es seit seiner letzten Compilierung geändert wurde, und eventuell neu compiliert werden.

(4) Die verschiedenen Programmversionen im Quellcode und Objektcode müssen gekellert werden.

Ob sich dies brauchbar durchführen läßt, hängt wesentlich von der Realisierung von (2) ab. Für LISP dürfte das sehr aufwendig sein.

4. Konsequenzen für LISP

Die Forderungen von 3.2.2. ergeben ungefähr die folgende gegen [7] S. 70-71 geänderte Definition der Semantik von LISP[2]:

---

1) Interessanterweise reicht also die "copy rule" von ALGOL 60 für die Behandlung von sich selbst ändernden Programmen aus. S.auch [17]

2) Man beachte die folgenden Eigenschaften von copy für Argumente, die nicht S-expression sind:
(a) Die Identität von Listenteilen wird aufgehoben, z.B.

```
 ┌──┬──┐   ┌──┬──┐   ┌──┬──┐              ┌──┬──┐   ┌──┬──┐   ┌──┬──┐
 │  │  ├──▶│B │  ├──▶│C │╱ │   ══copy══▶  │  │  ├──▶│B │  ├──▶│C │╱ │
 └┬─┴──┘   └──┴──┘   └──┴──┘              └┬─┴──┘   └──┴──┘   └──┴──┘
  │                   ▲                    │         ┌──┬──┐
  └──▶┌──┬──┐         │                    └──▶│A │  ├──▶│C │╱ │
      │A │  ├─────────┘                        └──┴──┘   └──┴──┘
      └──┴──┘
```

(b) Auf "Kreisen" ist copy undefiniert (Fehlermeldungen); z.B. für

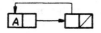

```
evalquote[fn;args] = [
    get[fn;FEXPR] ∨ get[fn;FSUBR] → eval[cons[fn;args];NIL];
    T → apply[copy[fn];args;NIL]]

apply[fn;args;a] = [
    null[fn] → NIL;
    atom[fn] → [
        get[fn;SUBR] → [get[fn;EXPR] ∧ changed[expr] →
                                        apply[copy[expr];args;a];
                        T → execute[subr;args;a]];
        get[fn;EXPR] → apply[copy[expr];args;a];
        T → apply[copy[cdr[sassoc[fn;a; λ[[];error[A2]]]]];args;a]];
    eq[car[fn];LABEL] → apply[copy[caddr[fn]];args;cons[cons[cadr[fn];
                                        caddr[fn]];a]];
    eq[car[fn];FUNARG] → apply[copy[caddr[fn]];args;caddr[fn]];
    eq[car[fn];LAMBDA] → eval[caddr[fn];nconc[pair[cadr[fn];args];a]];
    T → apply[copy[eval[fn;a]];args;a]]

eval[form;a] = [
    null[form] → NIL;
    numberp[form] → form;
    atom[form] → [get[form;APVAL] → car[apval];
                    T → cdr[sassoc[form;a; λ[[];error[A8]]]]];
    eq[car[form];QUOTE] → cadr[form];
    eq[car[form];FUNCTION] → list[FUNARG;cadr[form];a];
    eq[car[form];COND] → evcon[cdr[form];a];
    eq[car[form];PROG] → prog[cdr[form];a];
    atom[car[form]] → [
        get[car[form];SUBR] → [
            get[car[form];EXPR] ∧ changed[expr] → apply[copy[expr];
                                        evlis[cdr[form];a];a];
            T → execute[subr;evlis[cdr[form];a];a]];
        get[car[form];FSUBR] → [
            get[car[form];FEXPR] ∧ changed[fexpr] → apply[copy[fexpr];
                                        list[cdr[form];a];a];
            T → execute[fsubr;cdr[form];a]];
        get[car[form];EXPR] → apply[copy[expr];evlis[cdr[form];a];a];
        get[car[form];FEXPR] → apply[copy[fexpr];list[cdr[form];a];a];
        T → eval[cons[cdr[sassoc[car[form];a; λ[[];error[A9]]]];
                                        cdr[form]];a]];
    T → apply[copy[car[form]];evlis[cdr[form];a];a]]
```

Literatur:

[1]   ALGOL-Bulletin: 21.1 (1965), 22.3.10 (1965).

[2]   Asai, K., und Inami, Y.: Implementation of LISP-Compilers (japa-
       nisch). J. of the Inform. Processing Soc. of Japan 9, 253-260.
       Engl. Zusammenfassung in: Inform. Processing in Japan 9,103
       (1969).

[3]   Berkeley, E.C., und Bobrow, D.G., (Hrsg.): The Programming Lan-
       guage LISP: Its Operation and Applications. MIT Press, Cam-
       bridge, Mass., 1967 (3. Aufl.).

[4]   Buchberger, B., und Roider, B.: A Study on Universal Functions.
       Inst. f. Numer. Math. u. Elektron. Inform.-Verarb., Universi-
       tät Innsbruck, Bericht Nr. 72-5, 1972.

[5]   (Jürgensen, H.): LISP X8 - KIEL. Rechenzentrum der Universität
       Kiel, Dokumentation X8.22-1, 1970.

[6]   Kalhoff, B.: Ein Compiler für das System LISP 1.5 X8 KIEL. Di-
       plomarbeit, Kiel, 1972.

[7]   McCarthy, J., und andere (Hrsg.): LISP 1.5 Programmer's Manual.
       MIT Press, Cambridge, Mass., 1966 (2. Aufl.).

[8]   McCarthy, J.: A New Eval Function. MIT, Project MAC, A.I.Memo 34.

[9]   Moses, J.: The function of FUNCTION in LISP. SIGSAM Bull. 15,
       13-27 (1970).

[10]   PDP-6 LISP (LISP 1.6). MIT, Project MAC, A.I. Memo 116A (1967).

[11]   (van der Poel, W., und andere): PTT LISP-Interpreter voor EL X8.
       Dokumentation 1967-68.

[12]   Quam, L.H., und Diffie, W.: Stanford LISP 1.6 Manual. Stanford
       Artif. Intellig. Lab., Operating Note 28,7.

[13]   Sandewall, E.: A Proposed Solution to the FUNARG Problem. Uppsa-
       la Univ., Department of Comp.Sc., Rep. 29 (1970).

[14]   Saunders, R.A.: LISP - On the Programming System. [3], 50-72.

[15]   Saunders, R.A.: The LISP System for the Q-32 Computer. [3],
       220-238 und 290-317.

[16]   Simon, F.: Sekundärspeicher in LISP. Diplomarbeit, Kiel, 1970.

[17]   Buchberger, B.: An Extension of ALGOL 60. Comm. Joint Inst. Nucl.
       Res. E5-5787, Dubna, 1971.

[18]   Busse, H.G.: Eine mögliche Erweiterung der Programmiersprache
       ALGOL. Elektron. Rechenanl. 8, 81-83 (1966).

[19]   Kalmar, L.: Ist ALGOL wirklich eine algorithmische Sprache? In:
       Dörr, J., und Hotz, G., (Hrsg.): Automatentheorie und formale
       Sprachen. Bibl.Inst., Mannheim, 1970.

Anschrift des Verfassers: Dr. Helmut Jürgensen, Mathematisches Seminar
der Universität Kiel, D-2300 Kiel 1, Olshausenstraße 40-60.

ÜBER DIE SYNTAX VON DIALOGSPRACHEN

I. KUPKA UND N. WILSING

Summary: *A dialog is the interactive analogon of a program. The syntactical*
structur of dialogs consisting of free inputs and input-dependent outputs is
represented by means of a local syntax for describing these units and a global
syntax describing their global connection in a dialog. The external form of the
input syntax is a hierarchical syntactical partition of the whole set of input
words. Considerations on the consistency yield additional conditions for the local
syntax. Detailed examples explain the method of syntactically describing conversa-
tional languages.

1. Syntax und Kontextabhängigkeit der Eingaben

Die Beschreibung von Dialogsprachen erfolgte bislang meist in enger Anlehnung an
die Beschreibung von Programmiersprachen, z.B. unter Angabe einer Grammatik G,
so daß die von G erzeugte Sprache L (G) im wesentlichen die syntaktisch korrekten Eingabezeilen enthält. Im allgemeinen ist jedoch die syntaktische Korrektheit
einer Eingabezeile abhängig von der Dialogvergangenheit, d.h. vom aktuellen Zustand
des Systempartners. Dabei handelt es sich zunächst um Kontextabhängigkeiten, wie sie
auch bei Programmiersprachen für Stapelverarbeitung auftreten, etwa im Zusammenhang
mit expliziten oder impliziten Deklarationen. Darüber hinaus muß man oft mehrere
Klassen von Systemzuständen unterscheiden, derart daß die Zugehörigkeit zu verschiedenen Klassen gleichbedeutend ist mit einer unterschiedlichen Struktur der
syntaktisch korrekten Eingaben. Dies ist z.B. der Fall, wenn die Dialogsprache
einen sog. Modus der direkten und einen sog. der indirekten Ausführung besitzt
und der jeweilige Modus vom Zustand abhängt. So besteht nach Eröffnung einer Funktionsdefinition in APL\360 durch ∇ F X ein Zustand der indirekten Ausführung
(definition mode), in dem z.B. nicht alle mit ')' beginnenden Kommandos gegeben
werden dürfen, siehe Falkoff [2] . Andererseits sind jetzt Verzweigungen mit dem
GOTO-Pfeil ' → ' erlaubt, die im Modus direkter Ausführung nicht korrekt sind.
Vorprogrammierte Unterbrechungen von Funktionen oder Prozeduren können zu Systemzuständen während des Dialogs führen, in denen die Syntax der korrekten Eingaben
zusätzlichen Einschränkungen unterworfen ist oder völlig neu definiert ist. Nach
Aufruf der APL\360-Funktion

$$\nabla \quad F$$
$$[1] \quad \square \leftarrow 1 + \square$$
$$\nabla$$

sind z.B. außer der Betätigung der Unterbrechungstaste nur solche Eingaben korrekt,
die einen Operanden des dyadischen Additionsoperators beschreiben. Nach Aufruf der
Funktion

$$\nabla \quad G$$
$$[1] \quad \square \leftarrow \square$$
$$\nabla$$

wird jede Eingabe außer OUT (übereinander getippt) als Text interpretiert und
wieder ausgegeben. Es liegt also eine völlig veränderte syntaktische Situation vor.
Das letzte Beispiel zeigt zugleich einen Fall, in dem keine syntaktisch inkorrekten
Eingaben auftreten können. Aber auch sonst spielen die syntaktisch inkorrekten Eingaben im Dialog – anders als syntaktisch inkorrekte Programme im Bereich der Programmiersprachen – eine konstruktive Rolle, indem sie ebenfalls eine Fortsetzung
des Dialogs ermöglichen. Eine Ausnahme bilden hier Systeme mit syntaktisch gesteu-
ertem variablem Eingabealphabet wie etwa DIALOG, siehe Cameron [1] . Die Syntax
der Benutzereingaben dient   daher allgemein der Unterteilung einer vollständigen Wortmenge A^* über dem Eingabealphabet A in syntaktische Typen, und zwar
mindestens in einen durch eine Grammatik G_1 erklärten Teil $1_1 = L(G_1)$ und dessen
Komplement $1_o = A^* - 1_1$. Dabei sind Eingaben aus 1_o ebenso zu verarbeiten, z.B.
zwecks Erzeugung einer Fehlermeldung oder Aufforderung zur Korrektur, wie Eingaben
aus 1_1 . Da alle Eingaben den Systemzustand beeinflussen können und damit auch
dessen syntaktische Auswirkungen, ergibt sich eine weitere syntaktische Unterteilung der Eingaben im Hinblick auf diese Wirkung. Im Modus direkter Ausführung
(execution mode) haben wir z.B. in APL\360 die syntaktische Zerlegung

$$A^* = 1_o \cup 1_1 \cup 1_2 \ ,$$
$$1_1 = L(G_1), \quad 1_2 = L(G_2),$$

wobei G_1 die korrekten Eingaben zur unmittelbaren Ausführung und G_2 die modusver-
ändernden Kopfzeilen von Funktionsdefinitionen beschreibt. Es können auch syntaktische Unterteilungen auftreten, die durch Grammatiken G_1, G_2 mit $L(G_1) \supset L(G_2)$
beschrieben werden. Hierauf wird bei der nachfolgenden Analyse der syntaktischen
Globalstruktur näher eingegangen werden.

Die so skizzierte Unterteilung von A^* variiert in Abhängigkeit vom Systemzustand,
wie oben an Beispielen erläutert. Zu jedem Zustand S fassen wir die durch
Grammatiken beschriebenen Eingaben mittels einer vereinigten Grammatik G(S)

zusammen und definieren als Menge der regulären Eingaben:

$$l_{regulär} (S) = L (G (S))$$

und als Menge der irregulären Eingaben

$$l_{irregulär} (S) = A^* - l_{regulär} (S).$$

Naturgemäß beziehen sich die Kontextabhängigkeiten im Dialog auf die voraufgehenden Dialogschritte. Für den Benutzer kann sich jedoch auch eine Abhängigkeit von einem künftigen Dialogschritt ergeben, nämlich wenn im Modus indirekter Ausführung eine Anweisung geschrieben wird, deren syntaktische Korrektheit erst bei einem späteren Aufruf - dann im Modus direkter Ausführung - entschieden werden kann. Wegen seiner praktischen Bedeutung werde dieser Fall näher beleuchtet. $S_{indirekt}$ sei ein Zustand im Modus indirekter Ausführung. In diesem Zustand werde eine Eingabezeile unter einer Bezeichnung <name> abgelegt. In einem späteren Zustand S_{direkt} im Modus direkter Ausführung werde die abgelegte Eingabezeile durch einen Aufruf

Do   <name>

oder mittels einer semantisch dazu äquivalenten Formulierung zur Ausführung gebracht. (Zum Step-Part-Konzept, auf das hier Bezug genommen wird, siehe Smith [9].) Offenbar muß man im Zustand $S_{indirekt}$ alle solchen Eingaben als syntaktisch regulär ansehen, zu denen es einen auf $S_{indirekt}$ mittelbar folgenden Zustand S_{direkt} gibt, in dem diese Eingaben, wenn sie direkt gegeben werden, syntaktisch regulär sind. Dem kann durch

$$L (G (S_{indirekt})) = A^*$$

Rechnung getragen werden. In der Praxis würde dies die Verschiebung der syntaktischen Analyse auf den Aufrufzeitpunkt, mithin die Abspeicherung ungeprüfter Texte bedeuten. Im Fall

$$L (G (S_{indirekt})) \neq A^*$$

ist eine gröbere syntaktische Analyse zum Eingabezeitpunkt erforderlich, der eine feinere syntaktische Analyse im Aufrufzeitpunkt folgt. Letztere hat jedoch nichts mehr mit der konkreten Syntax eines Aufrufs wie   Do   <name> zu tun, sondern nur noch mit der Semantik dieses Aufrufs. Wir bezeichnen Eingaben aus $L(G(S_{indirekt}))$ als formal regulär, solche dem Komplement zugehörigen als formal irregulär. Beim Aufruf zerfällt die Menge der formal regulären Eingaben entsprechend der Zugehörigkeit zu $L(G(S_{direkt}))$ in aktuell reguläre und aktuell irreguläre. Für den Benutzer ist bei der Eingabe bereits die Kenntnis der aktuellen Regularität wichtig, für das System einzig die formale. Hier haben wir einen Fall, in dem Benutzer und System sich an jeweils verschiedener Syntax orientieren.

2. Die syntaktische Struktur der Ausgaben

Unter Ausgaben sind bei einem Dialog nicht nur programmierte Wertausgaben sondern
ganz allgemein alle Anteile des Systems am Gesamtdialog zu verstehen. Bei den der-
zeitigen Sprachen findet man unter anderem (Ausgaben hier und im folgenden unterstrichen)   durch Ausgabebefehle veranlaßte Wertbeschreibungen,

        Beispiele: <u>2.146381</u>

                  <u>ANSWER = 2.146381</u>

    Anfragen des Systems,

        Beispiel aus dem Sprachkonzept VENUS, siehe Matthews[7]:

        <u>? PLEASE DEFINE WHAT THE VARIABLE "X" =</u>

    Wiedergabe gespeicherter Zeilen, z.B. zwecks Korrektur durch

    den Benutzer,

    Statusmeldungen des Systems, z.B.

    <u>STOPPED AT LINE 7</u>,

    sowie Fehlermeldungen.

In einem Dialog, in dem auch das System aktiver, wenn auch zumeist deterministisch
reagierender Partner ist, etwa im Bereich des "Problem-Solving", muß die systemseitige Syntax dieselben internen Objekte beschreiben wie die benutzerseitige. Beide liefern dann externe Abbilder einer gemeinsamen internen abstrakten Syntax im
Sinne von Mc Carthy, siehe [8]. Verschiedenheiten bei der benutzerseitigen Syntax
einerseits und der systemseitigen andererseits ergeben sich aus den unterschiedlichen Aufgaben für beide Partner. Anders als bei der Eingabe brauchen bei der
Ausgabe keine Komplemente berücksichtigt zu werden. Entsprechend der zugrunde
gelegten abstrakten Syntax können die Ausgaben durch mehrere Grammatiken, etwa
eine für Wertbeschreibungen, eine für Fehlermeldungen usw., syntaktisch beschrieben und dadurch zu syntaktischen Typen zusammengefaßt werden. Dabei braucht der
syntaktische Typ einer Ausgabe nicht eindeutig durch den Text bestimmt zu sein.
Zum Beispiel könnte der Text einer Fehlermeldung zugleich der Text eines auszuge-
benden Strings sein. Eine syntaktische Mehrdeutigkeit anderer Art liegt vor, wenn
bei vorgegebenem Systemzustand und vorgegebener Eingabe der syntaktische Typ der
Ausgabe nur semantisch determiniert ist. So wird man oft neben Wertbeschreibungen
Fehlermeldungen erwarten müssen, z.B. nach Eingaben wie

    Type (sqrt (a + b - c)).

Es kann sein, daß eine Indeterminiertheit bezüglich des syntaktischen Typs der Ausgabe durch eine weitere Unterteilung der Eingabesyntax behebbar ist. Wir werden die
Konsequenzen hieraus im Zusammenhang mit der syntaktischen Globalstruktur erörtern.

Die syntaktische Beschreibung der Ausgaben dient sowohl der Orientierung des Benutzers über erreichbare bzw. zu erwartende Ausgaben als auch der Festlegung der

konkreten Ausgabesituationen für den Implementierer. Die Beschreibung des von den
Autoren entwickelten APL-Dialekts HDL, siehe [4], enthält z.B. unter anderem folgende Regeln der systemseitigen Syntax (" ↵ " bedeutet "neue Zeile"):

<output> := <answer> | <answer> ↵ <stop answer> |
            <answer> ↵ <semantical error message> |
            <stop answer> |<semantical error message>
<answer> := <ordinary answer> |<information answer>|
            <answer> ↵ <ordinary answer> |
            <answer> ↵ <information answer>
<ordinary answer> := <value description> |
                     ANSWER = <value description> |
                     <name> = <value description>
<value description> := <scalar constant> | <vector constant> |
                       <matrix description>
<information answer> :=
    NUMERICAL SCALAR <name> = <numerical scalar constant> |
    STRING <name> , LENGTH .<digits> |
    NOTHING IS NAMED WITH <name>
<stop answer> := STOPPED AT LINE <digits> of FUNKCTION <name>

Hierbei kennzeichnet die Unterstreichung, daß es sich um Zeichen bzw. Variable
("Nonterminals") der Ausgabe handelt. Dabei brauchen syntaktische Regeln für die
Ausgabe, die zu syntaktischen Regeln der Eingabe isomorph sind, nicht explizit aufgeführt zu werden. So werden z.B. für <name> , <scalar constant> , <digits> im-
plizit die Regeln vorausgesetzt, die zu den für <name>, <scalar constant>,
<digits> erklärten isomorph sind.

3. Lokale und globale Syntax

Die Eingabe- und die Ausgabesyntax strukturieren zwar wechselseitig die Worte (d.h.
Äußerungen jedes Partners) im Dialog, nicht jedoch den Dialog als Ganzes. Es wurde
bereits erwähnt, daß die syntaktische Strukturierung der Eingaben vom jeweiligen
Zustand abhängt. Das gleiche gilt für die Ausgaben.

Der globale Zusammenhang des Dialogs ist nun umso deutlicher beschrieben, je genauer
die Abhängigkeit der möglichen syntaktischen Typen für Ein- und Ausgaben von den
vorhergehenden syntaktischen Typen dargestellt wird. Erlaubt die Sprache z.B. Ausgaben zweier verschiedener syntaktischer Typen als Reaktion auf Eingaben eines syntaktischen Typs und kann diese Indeterminiertheit syntaktisch beseitigt werden, so
kann dies eingabenseitig zu Grammatiken G_1 und G_2 führen mit $L(G_1) \supset L(G_2)$,
nämlich wenn eine Ausgabereaktion genau auf Worte aus $L(G_1) - L(G_2)$ folgen können.

50

Wegen der Problematik der Konstruktion von Grammatiken für relative Komplemente – vgl. hierzu den Zusammenhang zwischen Sprachklassen und Komplementen bei Maurer [6], S. 63, – geben wir daher als allgemeine Form einer lokal, d.h. bei festem Zustand, gültigen Eingabesyntax die einer sog. <u>gestaffelten syntaktischen Partition</u> an mit Grammatiken $G_1, \ldots, G_n$, so daß (A = Eingabealphabet)

1. $L(G_i) \subsetneq A^*$, $\quad i = 1,2,\ldots,n$

2. $L(G_i) \cap L(G_j) = \begin{cases} L(G_i) \\ \text{oder } L(G_j) \\ \text{oder } \emptyset \end{cases} \quad \begin{array}{l} i = 1,2,\ldots,n \\ \\ j = 1,2,\ldots,n \end{array}$

3. $\displaystyle\bigcup_{L(G_j) \subsetneq L(G_i)} L(G_j) \neq L(G_i)$

$j = 1,\ldots,n$

$i = o,\ldots,n$, wobei $L(G_o) \equiv A^*$ sei.

Die syntaktischen Typen sind dann durch die Wortmengen

$$l_i = L(G_i) - \bigcup_{L(G_j) \subsetneq L(G_i)} L(G_j)$$

$$j = 1,\ldots,n$$

beschrieben. Die l_i, $i = 0,1,\ldots,n$, bilden gerade eine Partition von A^* in disjunkte Mengen, siehe [3] .

Die Mengen $L(G_i)$, $i = 0,1,\ldots,n$ erscheinen nun im allgemeinen Fall als Vereinigung disjunkter syntaktischer Typen.

Ein einfaches Beispiel:

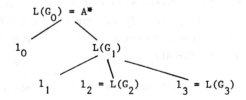

mit folgenden Grammatiken:

G_1 : <regular input> :: = <letter> = <expression>
             <expression> :: = <unit> | <unit> + <unit>
             <unit> :: = <letter> | <digit> | ?

```
<letter> :: = a|b|c|d|e|f|g|h|i|j
<digit > :: = 0|1|2|3|4|5|6|7|8|9
```

G_2 : `<incomplete input> :: = <letter> = ? + <unit> |`
$$\text{<letter> = <unit> + ?}$$

`<unit>`   wie bei G_1

G_3 : `<question> :: = <letter> = ?`

Bei diesem Beispiel wird davon ausgegangen, daß Eingaben aus l_1 Zuweisungen bedeuten, auf welche eine leere Ausgabe oder eine semantische Fehlermeldung folgt,
daß Eingaben aus l_2 Zuweisungen bedeuten, welche Rückfragen des Systems bewir-
ken, auf die mit Eingaben aus l_1 zu antworten ist, und daß Eingaben aus l_3
Wertausgaben hervorrufen.

Die Bildung relativer Komplemente macht bei Verwendung einer Backus-Notation die
Einführung eines zusätzlichen Symbols erforderlich. Ist $<s_1>$ das Startsymbol von
G_1 und $<s_2>$ das von G_2, so können wir

$$<c> :: = <s_1> - <s_2>$$

als Ableitungsregel für die im Komplement liegenden Worte verwenden: von $<c>$
leiten sich alle Worte über dem Basisalphabet A ab, die sich von $<s_1>$, nicht
aber von $<s_2>$ ableiten. (Vgl. die Metasprache der Beschreibung von HDL, [4] ,
S. 9). Zur Darstellung des Globalzusammenhangs im Dialog ist eine Formalisierung
des Dialogablaufs erforderlich. Hierzu eignen sich unendliche initiale Mealy-
Automaten mit

A* als Eingabemenge (A = Eingabealphabet),
B* als Ausgabemenge (B = Ausgabealphabet),
einer Zustandsmenge Σ ,
totalen Abbildungen
$\sigma : A* \times \Sigma \rightarrow \Sigma$, $\tau : A* \times \Sigma \rightarrow B*$
und einem Anfangszustand S_0.

Der Zusammenhang zwischen einer Folge $A_1, A_2, .., A_k$ von Eingaben und der resul-
tierenden Folge $B_1, B_2, ..., B_k$ von Ausgaben mit Start beim Zustand S_0 ist dann
durch

$$S_i = \sigma (A_i, S_{i-1}) \quad , \quad i = 1, ..., k-1$$

$$B_i = \tau (A_i, S_{i-1}) \quad , \quad i = 1, ..., k$$

gegeben. Siehe hierzu die ausführliche Darstellung in [3] , wo auch die Einbe-
ziehung gegenseitiger Unterbrechungen erörtert wird. Der Dialog ist dann formal
beschreibbar durch die Folge $A_1 B_1 A_2 B_2 , ..., A_n B_n$. Mit jedem Zustand $S \in \Sigma$

verbinden wir eine sog. <u>aktuelle lokale Syntax</u> bestehend aus den Grammatiken $G_1, \ldots G_n$ einer gestaffelten syntaktischen Partition für die Eingabe und einer Kollektion von Grammatiken $\underline{G}_1, \ldots, \underline{G}_m$ für die Ausgabe, welche den Bedingungen

1. $L(\underline{G}_i) \subset B^*$, $i = 1, \ldots, m$

2. $\tau(A^*, S) \subset \bigcup\limits_{j=1}^{m} L(\underline{G}_j)$

genügt. Äquivalenten Zuständen werde dieselbe aktuelle lokale Syntax zugeordnet. Die Kollektion aller in einer aktuellen lokalen Syntax auftretenden Grammatiken heiße <u>lokale Syntax</u> der Dialogsprache. Dabei beschränken wir uns auf den Fall <u>endlicher</u> solcher Kollektionen. Jede lokale Syntax definiert eine wiederum endliche Menge syntaktischer Typen für die Eingabe als Menge aller vorkommenden Komplemente $l_S(G_i)$ $\subseteq L(G_i)$, wobei S auf die eventuelle Abhängigkeit vom Zustand hinweist, und für die Ausgabe als Menge aller $L(\underline{G}_j)$. T_A sei eine Menge von Symbolen für die syntaktischen Typen der Eingabe, T_B eine solche in Bezug auf die Ausgaben. Die durch $t_A \in T_A$ bzw. $t_B \in T_B$ charakterisierte Wortmenge sei mit $w(t_A)$ bzw. $w(t_B)$ bezeichnet. Zu $t_A \in T_A$ gibt es also eine Grammatik G_i in der lokalen Syntax und einen Zustand S mit $w(t_A) = l_S(G_i)$ und zu $t_B \in T_B$ existiert eine Grammatik $\underline{G}_i$ mit $w(t_B) = L(\underline{G}_i)$.

Unter einer <u>globalen Syntax</u> einer Dialogsprache verstehen wir eine linkslineare Grammatik $G = (N, T_A \cup T_B, R, D)$ (N = Menge der Variablen, $T_A \cup T_B$ = Basisalphabet, R = Regelmenge, D = Startelement) mit folgenden Eigenschaften:

1. $L(G) \subset (T_A \, T_B)^*$

2. $x \in (T_A \, T_B)^*$, $t_A \in T_A$, $t_B \in T_B$, $x \, t_A t_B \in L(G)$
   $\Rightarrow x \in L(G)$

3. Zu jedem Dialog $A_1 \, B_1 \, A_2 \, B_2 \ldots A_k \, B_k$ existiert

   ein Wort $t_A^1 \, t_B^1 \, t_A^2 \, t_B^2 \ldots t_A^k \, t_B^k \in L(G)$

   mit $A_i \in w(t_A^i)$, $B_i \in w(t_B^i)$, $i = 1, \ldots, k$.

Bei Vorgabe einer lokalen Syntax kann eine globale Syntax konstruiert werden mit Hilfe einer auf der Menge der Eingabefolgen zu definierenden'Partition mit Substitutionseigenschaft' im Sinne von Hartmanis und Stearns, siehe [3], S. 57.

Eine vorgegebene Dialogsprache ist im allgemeinen durch verschiedene Kombinationen aus globaler und lokaler Syntax darstellbar. Je mehr syntaktische Typen die lokale Syntax vorsieht, um so mehr können die einseitig bestehenden Kontextabhängigkeiten zwischen verschiedenen Eingabeworten über die globale Syntax erfaßt werden. Auf der anderen Seite darf aber die Übersichtlichkeit der <u>globalen</u> Syntax nicht verlorenge-

53

hen. Man kann das aus lokaler und globaler Syntax bestehende System als eine zwei-
schichtige Grammatik, vgl. Maurer [6] S.71, auffassen. Dabei können jedoch spezifisch
interaktive Aspekte verlorengehen, z.B. wird die semantisch bedingte Variation der
aktuellen globalen Syntax nicht erfaßt.
Der Beschreibung des APL-Dialekts HDL liegt eine lokale Syntax mit 12 syntaktischen Typen zugrunde, die das folgende Aussehen hat:

Benutzerseitige lokale Syntax: (Elemente von T_A)

1. für normale Eingaben im Modus direkter Ausführung: regular-mode-0-statement
2. zum Einschalten des Modus indirekter Ausführung: mode-change-to-1-statement
3. für Antworten des Benutzers auf Fragen des Systems: regular answer
4. für normale Eingaben im Modus indirekter Ausführung: regular-mode-1-statement
5. zum Einschalten des Modus direkter Ausführung: mode-change-to-0-step
6. relativ zu 1. und 2. fehlerhafte Eingaben: irregular-mode-0-statement
7. relativ zu 3. fehlerhafte Eingaben: irregular answer
8. relativ zu 4. und 5. fehlerhafte Eingaben: irregular - mode-1-statement

Systemseitige lokale Syntax: (Elemente von T_B)

1. für reguläre Ausgaben und semantische Fehlermeldungen: output
2. für Syntaxfehler-Meldungen: error message
3. für Fragen des Systems: question
4. leere Ausgaben: empty

Globale Syntax von HDL :

Die Grammatik der globalen Syntax lautet
G = ({DIALOG, MODE-0, MODE-1, OPEN-MODE}, $T_A \cup T_B$,
     R,DIALOG)
wobei
R aus den folgenden Produktionen besteht:

1. DIALOG → MODE-0, DIALOG MODE-1, DIALOG OPEN-MODE
2. MODE-0 →
3.

MODE-0 → MODE-0	regular-mode-0-statement	output ,
MODE-0 → MODE-0	irregular-mode-0-statement	error-message ,
MODE-1 → MODE-0	change-mode-from-0-to-1-step	empty ,
OPEN-MODE → MODE-0	regular-mode-0-statement	question ,
MODE-0 → MODE-1	change-mode-from1-to-0-step	empty ,
MODE-1 → MODE-1	regular-mode- tatement	empty ,
MODE-1 → MODE-1	irregular-mode-1-statement	error-message ,
MODE-0 → OPEN-MODE	regular-answer	output ,
OPEN-MODE → OPEN-MODE	regular-answer	question ,
OPEN-MODE → OPEN-MODE	irregular-answer	error-message .

Eine entsprechende Dokumentation von Sprachen wie APL\360, JOSS u.a. wäre mit ähnlichen Grammatiken möglich. Eine weitere Anwendung besteht in der Gewinnung eines
Rahmens für spezielle syntaktische Probleme. So ergeben sich beim Entwurf von Dialogsprachen Bedingungen an die syntaktische Strukturierung im Bereich der lokalen
Syntax, die aus Forderungen nach Konsistenz, Effizienz, Kompaktheit der Notation
und anderen resultieren. Das syntaktische Konzept von APL erweist sich als ein
Ansatzpunkt für eine Erfüllung verschiedener solcher Forderungen. In [5] wird hierzu
von den Autoren u.a. dargelegt, daß sich die gesamte benutzerseitige lokale Syntax
von APL-ähnlichen Sprachen im wesentlichen durch zwei Ableitungsregeln darstellen
läßt, in denen sowohl verschiedene Datentypen als auch dialogrelevante Kontrollstrukturen auf formal gleiche Weise durch Metavariable erfaßt werden.

Literatur:

[1] Cameron, S.H., Ewing, D., and Liveright, M.: DIALOG: A Conversational Programming System with a Graphical Orientation, CACM,10, No.6,pp. 349-357 (1967)
[2] Falkoff, A.D., Iverson, K.E.: APL\360 Users Manual, IBM (1968)
[3] Kupka, I., Wilsing, N.: A formal framework for dialog languages,
Ber. d. Inst. f. Informatik d. Univ. Hamburg, 2 (1972)
[4] Kupka, I., Wilsing, N.: Syntax und Semantik des Dialogsprachen-Konzepts HDL,
Ber. d. Inst. f. Informatik d. Univ. Hamburg, 3 (1973)
[5] Kupka, I., Wilsing, N.: An APL-based syntax form for dialog languages,
"APL Congress 73", (Gjerløv, P., Helms, H.J., Nielsen, J., eds.) North-Holland,
Amsterdam etc.,pp. 269-273 (1973)
[6] Maurer, H.: Theoretische Grundlagen der Programmiersprachen, Theorie der Syntax,
Bibl. Inst., Mannheim etc. (1969)
[7] Matthews, H.F.: VENUS: A small Interactive Nonprocedural Language, "Interactive
Systems for Experimental Applied Mathematics", (Klerer, M., Reinfelds, J., eds.),
Academic Press, New York, London, pp. 97-100 (1968)
[8] Mc Carthy, J.: Towards a Mathematical Science of Computation, "Information Processing 1962", Proc. IFIP Congress 1962 (Popplewell, C.M., ed.) North-Holland,
Amsterdam, pp. 21-28 (1963)
[9] Smith, J.W.: JOSS-II: Design Philosophy, Am.Rev. in Autom. Progr., 6, 4, Perga-
mon Press, Oxford etc., pp. 183-256 (1970)

Anschrift der Verfasser: Dr. Ingbert Kupka und Dipl.-Math. Norbert Wilsing,
Institut für Informatik, Universität Hamburg, D-2000 Hamburg 13, Schlüterstraße 70

DEFINITION UND IMPLEMENTIERUNG EINES DIALOGSYSTEMS

H. ROHLFING

1. Einleitung

Die vorliegende Arbeit diskutiert einige Eigenschaften des Dialogsystems KANDIS. Das System entstand durch die Fortführung der in [1]
vorgestellten Arbeit und wird auf der Rechenanlage Burroughs B6700 des
Informatik-Rechenzentrums der Universität Karlsruhe implementiert.

Der Kern des Dialogsystems ist eine höhere Programmiersprache mit
Daten- und Kontrollstrukturen zur Formulierung numerischer und nicht-
numerischer Probleme und mit Möglichkeiten der unmittelbaren Kommunikation zwischen Programmierer und Rechenanlage über eine Benutzerstation. Das System ermöglicht die interaktive Definition, Ausführung und
Manipulation von Programmen und ihre Speicherung als Segmente oder
Moduln in einem Arbeitsbereich.

Abschnitt 2 gibt eine Charakterisierung der Tätigkeiten, die mit
diesem Dialogsystem durchführbar sind. Abschnitt 3, 4 und 5 diskutieren
drei fundamentale Systemeigenschaften zur Verwirklichung dieser Aufgaben, Abschnitt 6 gibt einen Überblick über die Dialogsprache und Abschnitt 7 beschäftigt sich mit einem Implementierungsmodell.

2. Aufgaben des Dialogs

Typische Aufgaben des Dialogs sind:

1. die Tischrechnerfunktion,
2. das interaktive Erlernen des Programmierens,
3. die interaktive Entwicklung von Programmen,
4. die interaktive Ausführung von Programmen,
5. der (interaktive) Verkehr mit dem Betriebssystem
   einer Rechenanlage.

Der Begriff "Tischrechnerfunktion" bezeichnet im allgemeinen die
Fähigkeit eines Dialogsystems, ein Sprachelement - eine Vereinbarung
oder eine Anweisung - unmittelbar nach der Eingabe auszuführen. Dabei
handelt es sich meistens um kurze und einfach strukturierte Programmieraufgaben.

Charakteristische Problemstellungen sind:

1a. die Berechnung der Quadratwurzel einer Zahl:

  sqrt(7.5)

1b. die Berechnung der ersten n Zweier-Potenzen:

  for i to n do write(i,2**i):

1c. die Lösung eines linearen Gleichungssystems.

  In diesem Fall existiert oft ein Programm, das herangezogen wird:

  [1:n] real werte := >>n Koeffizienten des Gleichungssystems<<

  gauss(n, werte)

  Dem Begriff "Tischrechnerfunktion" wird im folgenden der Begriff "direkte Programmierung" bzw. "Programmieren im Direktmodus" vorgezogen.
Die Speicherung von Programmen mit der Möglichkeit des späteren und wiederholten Ausführens wird mit "Programmieren im Speichermodus" bezeichnet(siehe Abschnitt 4 und 5).
  Das in den nächsten vier Klassifizierungen auftretende Attribut "interaktiv" verdeutlicht die Rolle des Benutzers einer Rechenanlage:Im Gegensatz zum Stapelverarbeitungsbetrieb, der ihm eine passive Rolle zuordnet, wird er in der Dialogprogrammierung in den Prozeß der Programmierung unmittelbar einbezogen. Es findet ein fortlaufender Informationsaustausch zwischen den Programmen des Benutzers und ihm selbst über Benutzerstationen ("Konsolen") statt, der es ihm gestattet, auf bestimmte Ereignisse sofort zu reagieren.
  Das interaktive Erlernen des Programmierens beginnt im allgemeinen mit Aufgabenstellungen, die charakteristisch für die direkte Programmierung sind. Erst später wendet man sich umfangreicheren Problemstellungen zu, die in Abschnitt 4 und 5 angesprochen sind. In jedem Fall benötigt der Programmierer Hilfsmittel zur Formulierung von Programmen, zur Erkennung und Korrektur syntaktischer und semantischer Fehler und zur Überwachung von Programmausführungen.
  Es gibt unterschiedliche Theorien darüber, wie Programme und Programmsysteme entwickelt werden sollen. Allgemein anerkannte Methoden sind "strukturiertes Programmieren" [2] mit "schrittweiser Programmkomposition durch Verfeinerung" [3], "modulares Programmieren" [4] und "hierarchische Programmstrukturierung" [5].
  Diese Programmiermethoden finden besondere Bedeutung in der interaktiven Programmierung, sofern hier

a. die Definition, die Ausführung und das Testen von unvollständigen
   Programmteilen möglich ist und der Programmierer interaktiv zur
   Vervollständigung beitragen kann.
b. die Zusammensetzung von Programmen aus schon vorhandenen Programmen
   möglich ist und sich dies nicht nur auf die textuelle Substitution
   beschränkt.

Dabei kann im allgemeinen angenommen werden, daß der Programmierer
den Programmaufbau und die Datenstrukturen umfangreicherer Programme
vor dem Dialog festlegt, d.h. dieser Teil der Programmdefinition erfolgt problemorientiert und im wesentlichen unabhängig von Programmiersprache und -mittel.

Die interaktive Ausführung von Programmen weist dem Programmierer
eine aktive Rolle zu. Typische Aktionen sind

a. das Unterbrechen der Ausführung aus dem Programm heraus, um Daten
   einzugeben oder eine Fehlersituation zu bereinigen.
b. das Unterbrechen der Ausführung von außen, um sie zu beenden, an
   einer anderen Programmstelle oder zu einem späteren Zeitpunkt fort-
   zusetzen.

Die Definition und Implementierung eines Dialogsystems wie KANDIS für
eine bestimmte Rechenanlage setzt die Existenz eines Betriebssystems
voraus, das unter anderem die permanente Haltung, den zeilenweisen
Transport und die Manipulation von Daten ermöglicht. Hierzu gehören
beispielsweise Gesprächssysteme ("time-sharing"-Systeme). Die Kommando-
sprachen solcher Systeme bieten dem Benutzer gewisse Möglichkeiten des
Dialogs, der dadurch gekennzeichnet ist, daß die Kommandofolge während
des Gesprächs in Abhängigkeit von bisherigen Ereignissen definiert wird.
Bestimmte Tätigkeiten wie die Verwaltung von Dateien sind auch für den
Benutzer eines Dialogsystems interessant, so daß eine Einbettung der
betreffenden Kommandos in das Dialogsystem wünschenwert ist.

3. Arbeitsbereiche

Am Anfang der Betrachtungen steht der Begriff des "Arbeitsbereiches", dem eine zentrale Bedeutung zukommt. Wie im Fall des Dialogsystems APL/360 ist ein Arbeitsbereich (engl.: workspace) der Kommunika-
tionsbereich zwischen Programmierer und Dialogsystem. Er bildet standardmäßig eine Programmierumgebung für alle Aktionen des Programmierers.

Ein Arbeitsbereich wird entweder durch das Kommando
>create <Arbeitsbereichsbenennung>

neu geschaffen und standardmäßig initialisiert oder ein schon existie-
render (passiver) Arbeitsbereich wird durch
>get <Arbeitsbereichsbenennung>

aktiviert. Der alte Zustand dieses Arbeitsbereiches wird wieder hergestellt.

Die in einem Arbeitsbereich verfügbaren Kommandos lassen sich zu
drei Gruppen zusammenfassen:

1. Systemkommandos dienen zur Herstellung und Lösung von Verbindungen
   zur Rechenanlage und zu der Benutzerstation.
2. Bereichskommandos dienen zur Manipulation von Programmen sowie zur
   Definition, Erweiterung und Veränderung des Arbeitsbereichs als Programmierumgebung dieser Programme.
3. Sprachkommandos sind Anweisungen und Vereinbarungen der Dialogsprache. Dieser Begriff wird jedoch nur im Fall des Direktmodus verwendet.

Bereichskommandos ermöglichen unter anderem folgende Tätigkeiten:

1. Definition und Ausführung von Segmenten, die zur Speicherung von
   Kommandos dienen, und von Moduln als in sich abgeschlossenen Programmeinheiten der Dialogsprache.
2. Hinzufügen, Löschen und Umbenennen von Objekten, Arten und Operationen in der Standardprogrammierumgebung.
3. Übernahme von Elementen passiver Arbeitsbereiche.
4. Sicherstellen des Zustands eines Arbeitsbereichs durch die Schaffung
   einer Kopie.

4. Segmente und Segmentelemente

Die interaktive Entwicklung und Ausführung von Programmen ist nur dann
möglich, wenn Programme oder Programmteile gespeichert werden können.
Neben dem Direktmodus wird ein "Speichermodus" benötigt, in dem alle
Eingabezeichen in ein "Segment" eingetragen werden:

```
segm t
1.1 proc fac = (int n) int:
1.2 if n=1 then 1 else n*fac(n-1) fi;
```

```
2.1 write("Tabelle der Fakultäten");
2.5 for i to n do write (i,fac(i)) done;
endsegm
```

Im allgemeinen Fall besteht ein Segment aus einer linearen Folge von
"Segmentelementen" (Inkrementen) . Dabei ist mit einem Segmentelement
eine Vereinbarung oder Anweisung der Dialogsprache gemeint, die selbst
in keiner Anweisung oder Vereinbarung enthalten ist.

Die "Adresse eines Segmentelements" ergibt sich aus der Segment-
bezeichnung und der (ersten) Zeilennummer des Elements. Demnach besteht
das obige Segment t aus den Elementen

$$t[1.1], t[2.1], t[2.5] .$$

Auf dieser textuellen Ebene können
--die Segmentzeilen neu numeriert werden.
--Segmentelemente gelöscht und hinzugefügt werden.
--Segmentelemente textuell manipuliert werden.

Der Eingabe oder textuellen Änderung des Segments folgt gewöhnlich die
Ausführung aller oder einzelner Elemente des Segments.

Ein Segmentelement heißt "syntaktisch korrekt", wenn
1. das Element - syntaktisch gesehen - eine Vereinbarung oder Anweisung der Dialogsprache ist.
2. von jeder in dem Element auftretenden Benennung feststeht, was sie
   benennt: ein Objekt, einen Operator oder eine Art.

Tritt ein syntaktischer Fehler auf oder fehlt die in (2) verlangte
Information, wird der Analysevorgang unterbrochen und der Programmierer
kann interaktiv die notwendigen Angaben und Korrekturen eingeben.

Der Syntaxanalyse folgt die Ausführung des Segmentelements unabhängig von anderen Elementen ("inkrementelle Ausführung") . Da "freie
Benennungen", für die es im Segmentelement keine Vereinbarung gibt,
erst zum Zeitpunkt der Ausführung des Elements gebunden werden, kann
die Ausführung nur interpretativ erfolgen.

Die Elemente eines Segments können zusammen, einzeln oder in be-
liebiger Reihenfolge ausgeführt werden:

```
exec t
exec t[1.1]
```

$$\underline{exec}\ t[2.1],\ t[1.1],\ t[2.3]\ .$$

Zu jedem Segment gehört eine Programmierumgebung, "Segmentumgebung" genannt, in der die Elemente des Segments ausgeführt werden und in der
freie Benennungen gebunden werden. Diese Umgebung enthält unter anderem:

a. die Standardprogrammierumgebung des Arbeitsbereichs, d.h. alle zu
   einem bestimmten Zeitpunkt standardmäßig bekannten Objekte, Operationen und Arten.
b. einen lokalen Speicher zur Aufnahme der durch die Segmentelemente
   definierten Objekte.
c. einen Keller zur Ausführung von Operationen.

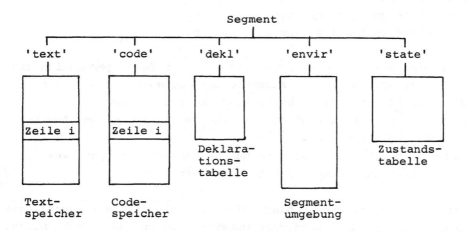

Die Zustandstabelle gibt Auskunft, ob
--ein Segmentelement textuell geändert ist.
--ein Segmentelement syntaktisch oder semantisch korrekt ist.
--ob syntaktische oder semantische Fehler eines Segmentelements abgefragt sind.
--ob die Syntaxanalyse, Übersetzung oder Ausführung eines Segmentelements unterbrochen ist und welche Ursache vorliegt.

Das "Zusammensetzen" von Segmenten aus vorhandenen Segmenten kann
auf zweierlei Weise geschehen:

a. durch textuelle Substitution.
   Hat ein Segmentelement die Form
                     copy <Segmentelemente> ,
   so wird dieses Element durch die angegebenen Segmentelemente ersetzt,
   möglicherweise auch durch das gesamte Segment. Eine Ersetzungsliste
   regelt den Austausch von Benennungen (Parametrisierung des Kopier-
   aufrufs) :
                copy <Segmentelemente> with <Benennung1> = <Benennung2>

b. durch Aufruf:
   Hat ein Segmentelement die Form
                     exec <Segmentelemente> ,
   so werden diese Elemente, möglicherweise das gesamte Segment, an
   dieser Stelle in der Segmentumgebung des aufrufenden Segments ausgeführt.

5. Moduln

Im Gegensatz zu den im vorherigen Abschnitt beschriebenen Segmenten und Segmentelementen sind "Moduln" umfangreichere Programmstücke
mit einem wesentlich stärkeren Zusammenhalt der einzelnen Teile und
einer größeren Abgeschlossenheit nach außen hin. Sie ergeben sich oft
aus der Zusammensetzung mehrerer Segmente und/oder Moduln, die voneinander unabhängig entwickelt wurden, um bestimmte Teilprobleme zu lösen, und nun eine neue, größere Programmeinheit bilden. Die Definition
des Modulbegriffs folgt im wesentlichen den Vorstellungen von J.B.
Dennis [4] über "program modules".
Syntaktisch gesehen hat ein Modul den folgenden Aufbau:

```
modul <Modulbenennung>(<formale Parameter>):
<Vereinbarung1>;
. . . . . . .
<Vereinbarung n>;
<Anweisung 1> ;
. . . . . . .
<Anweisung m>
endmodul
```

Dabei können alle Vereinbarungen, alle Anweisungen oder alle formalen Parameter fehlen.

Jeder Modul erhält Daten über Eingabeparameter, transformiert sie in einer bestimmten Weise und sendet Daten über Ausgabeparameter anderen Moduln zu. Eingabe- und Ausgabeparameter sind formale Parameter eines Moduls.

Wegen dieser Festlegung gibt eine nicht-lokale Benennung eines Moduls, die keine Standardbenennung ist, eine Art, ein Element einer Art oder einen Operator an. Die Bindung solcher Benennungen erfolgt durch den Modulaufruf

call <Modulbenennung>(<aktuelle Parameter>) .

Ein solcher Aufruf bewirkt folgendes:

1. Die Programmierumgebung wird festgestellt.
2. Ist der Modul noch nicht übersetzt, wird dies abhängig von der speziellen Programmierumgebung nachgeholt, wobei der umgebungsabhängige Code parametrisiert wird, um ihn auch außerhalb dieser Umgebung verwenden zu können, andernfalls erfolgt die Bindung nicht-lokaler Benennungen des Moduls in der speziellen Programmierumgebung.
3. Der Modul wird ausgeführt.

Da die Ausführung eines Moduls interaktiv unterbrochen werden kann, ist es möglich, daß gleichzeitig mehrere Inkarnationen eines Moduls existieren, die sich durch die Art der Bindung nicht-lokaler Benennungen unterscheiden.

Neben dem obigen Modulaufruf call...., der - syntaktisch gesehen - eine Anweisung ist, kann an der Stelle einer Vereinbarung der Modulaufruf

envir <Modulbenennung>(<aktuelle Parameter>)

stehen, der die gleiche Wirkung hat. Zusätzlich wird die Programmierumgebung dieses Modulaufrufs um die globalen Komponenten des aufgerufenen Moduls erweitert, sofern keine Kollision von Benennungen auftritt. Globale Komponenten sind durch Vereinbarungen des Moduls eingeführte Objekte, für die der Modul eine globale Spezifikation enthält:

global a,b,def .

Ein solcher Aufruf kann nur an bestimmten, syntaktisch festgelegten Stellen erfolgen, beispielsweise:

```
modul m1(...):
 <Vereinbarungen> ;
 <Anweisungen> ;
  level a1 begin
          envir m2(...);
          envir m3(...);
           <Vereinbarungen> ;
           <Anweisungen> ;
          end;
  level a2 begin ... end;
 <Anweisungen> ;
 endmodul
```

Diese Verwendung von Moduln unterstützt den modularen und hierar-
chischen Aufbau von Programmen wie er bsp. in [5] beschrieben ist. Ein
ähnlicher Ansatz findet sich auch in der Sprache SIMULA [6].

Das folgende Beispiel zeigt den groben Aufbau eines Programmier-
systems für eine LISP-ähnliche Sprache:

```
modul speicherverwaltung(int n):

mode link = struct(ref el cdr);
mode el   = link struct(ref link car);
mode atomt= link struct(text t);
new [1:n] el freispeicher;
proc dealloc = (el m): >>Freigabe eines Speicherplatzes<< ;
proc alloc = el: >>Belegen eines Speicherplatzes<<;
global link, el, atomt, dealloc, alloc;
..........
endmodul;

modul system:

new el keller := nil;
proc push = (el m): >>Keller erhöhen<< ;
proc pop = link: >>Keller erniedrigen<< ;
proc cons = (link lk, el list) el: ..... ;
proc atom = (link lk) bool : ... ;
..........
global push, pop, cons, atom, head, tail, null;
..........
endmodul;
```

```
modul syntaxanalyse:
..........
global sanw, saus, sbed, .... ;
..........
endmodul;
modul interpreter:
..........
global ianw, iaus, ibed, ... ;
..........
endmodul
```

Mit Hilfe dieser Moduln läßt sich folgender Modul aufbauen:

```
modul ps:
..........
    level a begin
            envir speicherverwaltung(1000);
            ..........
            level b begin
                    envir system;
                    ..........
                    level c begin
                            envir syntaxanalyse;
                            envir interpreter;
                            ..........
                            end;
                    end;
            end;
..........
endmodul .
```

Die textuelle Änderung eines Segmentelementes und die Manipulation der Segmentumgebung wirkt sich wegen der inkrementellen Interpretation erst während der Ausführung eines Elementes aus. Die
Ausführung eines Moduls dagegen setzt die Übersetzung des Moduls in
eine geeignete Zwischensprache und die statische Bindung von Benennungen zur Übersetzungszeit voraus. Die textuelle Änderung eines Moduls
und die Manipulation der Modulumgebung wirkt sich daher auf den erzeugten Code aus. Um eine erneute Übersetzung des gesamten Moduls zu vermeiden, wird in Abhängigkeit von der Art der Tätigkeit ein minimaler
Kontext bestimmt, in dem sich die Änderung auswirkt. Dies gilt beispielsweise auch dann, wenn während der Modulausführung ein seman-

tischer Fehler auftritt und von dem Programmierer interaktiv behoben
wird.

6. Einige Eigenschaften der Dialogsprache KANDIS

Zwei Klassen von Forderungen beeinflussen die Definition der Dialogsprache. Die Forderungen der ersten Klasse stehen im Zusammenhang mit
Stapelverarbeitungssprachen wie ALGOL 68, SIMULA und PASCAL und betreffen Programmierstil, Lesbarkeit und Dokumentation von Programmen,
Kontrollstrukturen und Datenstrukturen. Die Forderungen der zweiten
Klasse beziehen sich auf die Formulierung interaktiver Tätigkeiten und
betreffen Definition und Ausführung von Programmen, Korrektur syntaktischer und semantischer Fehler, die Möglichkeit der Überwachung der
Definitions- und Ausführungsphase sowie die Manipulation von Daten
und Programmierumgebungen.

Die wichtigsten Kontrollstrukturen sind Wiederholungsanweisungen,
Laufanweisungen, bedingte Anweisungen, Fallunterscheidungen, Unter-
brechungsanweisungen, Sprunganweisungen, usw. Sprunganweisungen sind
nur lokal gestattet. Prozeduren und Koroutinen sind weitere Mittel
zur Strukturierung eines Programms.

Wie in ALGOL 68 und PASCAL ist es möglich, neue Datentypen und
zugehörige Operationen zu definieren. Der Vorrang zwischen Operatoren
ist aufgehoben. Verbundarten werden ähnlich wie Klassen in SIMULA
definiert und das union - Konzept von ALGOL 68 ist auf diese Arten
eingeschränkt.

7. Einige Implementierungseigenschaften

Das Dialogsystem setzt sich aus einer Anzahl von "Systemmoduln"
zur Durchführung der verschiedenen Aufgaben des Dialogs zusammen. Diese
Systemmoduln sind in der Sprache Extended ALGOL geschrieben, die als
Implementierungssprache auf der Rechenanlage Burroughs B6700 vorhanden
ist, und sind als Koroutinen organisiert. Solche Systemmoduln sind
unter anderem

-- ein Leseprogramm
-- ein Syntaxanalysator
-- ein Übersetzer
-- ein Interpreter
-- ein Textmanipulationsprogramm
-- ein Dateiverwaltungsprogramm

Die Transformation des Textes einer Segmentzeile oder einer Modul-
zeile durch das Leseprogramm besteht in der Erkennung von Grundsymbolen
wie Benennungen, Wortsymbolen, Zahlen, Zeichenreihen oder Kommentaren.
Das Syntaxanalyseprogramm arbeitet nach einer 'top-down' Methode und
hat im Fall eines Segementelementes bzw. eines Moduls das Zielaxiom
<Inkrement> bzw. <Modul>.

Für die Elemente eines Segments erzeugt der Übersetzer ein Code-
stück in einer Zwischensprache ohne Berücksichtigung des Kontextes
dieser Elemente. Die Codestücke werden von dem Interpreter verarbeitet,
der zudem die dynamische Bindung in der Segmentumgebung vornehmen muß.

Für einen Modul kann der Übersetzer wesentlich effizienteren Code
erzeugen, da ihm wegen der Abgeschlossenheit des Moduls mehr Information zur Verfügung steht. Während der Interpreter im Fall eines Segmentelementes mit einer binären Operation zuerst die Art der Operanden
bestimmen muß, mit deren Kenntnis der Operator identifiziert wird, sind
bei einem Modul Art der Operanden und der Operator meistens bekannt.

Es ist an dieser Stelle nicht sinnvoll, auf den Aufbau und die
Funktion der einzelnen Systemmoduln näher einzugehen. Es zeigt sich
immer wieder die Notwendigkeit, einzelne Moduln neu zu definieren, um
eine größere Effizienz des Gesamtsystems zu erhalten. Die Modularität
des Systems und die Hierarchisierung der Systemmoduln im Sinne von
[4] und [5] erleichtert diese Aufgabe.

Literaturverzeichnis

[1] H. Rohlfing: "DIALIS - Ein einfaches Dialogsystem für eine Listensprache",
     2. GI-Jahrestagung 1972, Lecture Notes in Economics and Mathematical Systems,
     BD 78, Springer Verlag

[2] E.W. Dijkstra: "Notes on Structured Programming" in O.J.Dahl et al
     "Structured Programming", Academic Press, Bd 8, 1972

[3] N. Wirth: "Program Development by Stepwise Refinement", CACM 14,4, pp 221-227

[4] J.D. Dennis: "Modularity" in "Advanced Course on Software Engineering",
     Lecture Notes in Economics and Mathematical Systems, Bd 81, Springer Verlag,
     pp 128-182

[5] G. Goos: "Hierarchies", wie in [4], pp 29-46

[6] O.J. Dahl et al: "SIMULA 67 Common Base Language", Norwegian Computing Center,
     Forskningsveien 1b, Oslo 3

Dipl.-Math. Helmut Rohlfing
Fakultät für Informatik
der Universität Karlsruhe
7500 Karlsruhe
Postfach 6380

A PROJECT ORIENTED SUPPORT LIBRARY

R.W. FRIDAY

ABSTRACT

Ample evidence supports the fact that the use of
structured programming (SP) results in extraordinary successes in system design
and implementation. But as has been pointed out a most basic and critical tool
needed for development of a system based on SP is a program support library; at
system integration time the system montage is assembled from the various
components.

The latest versions of all components making up the
current state of the system are maintained in the program support library. A
program librarian not only maintains the library but also develops, updates, and
maintains complete records regarding all parts of the system. The work connected
with such a library is complex because of the large number of components arising
out of the top down method basic to SP.

POSL (project oriented support library) is a new library
and documentation system which supports the development of systems designed on the
principles of SP. With POSL information normally produced by the librarian is
gathered automatically; clerical tasks and safeguard procedures are automated as
well and can be specified for either individual components or entire software
levels.

POSL is unique in that the library contains not only
components but the entire program tree as well. All components are cataloged
according to their place in the tree as well as by name.

As the project grows, that is, as more and more components
are created by the top down method, the tree grows to accommodate them.

A new node for the tree is created by inventing a name for
it and then informing POSL. Components can then be attached to the node. The exact
position of the new node in the tree is determined as soon as a component from
another node refers to a component in the new node.

Nodes can be attached to a tree temporarily, thus allowing
testing or simulation of new features, or they can replace already existing nodes
so that levels of software can be interchanged. In any case the program tree
always reflects the total system structure and content at any time.

INTRODUCTION

The exact definition of exactly what constitutes a
structured program is still being debated.[1,2] Nevertheless the use of certain
common programming practices making up the current definition of SP has resulted
in great success in system design and implementation[3] But the top down method of
programming native to SP gives rise to a large number of components; a program
librarian must be employed to organize and maintain them.

The program librarian can be placed in a position which
isolates the programmer from the computer, as shown in figure 1.

Figure 1

Position of the program librarian

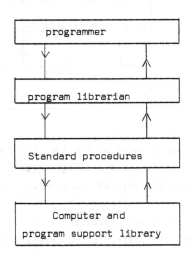

The programmer requests a test run or update from the program librarian. The program librarian performs the requested task and gives the output back to the programmer after having documented changes to libraries, and having noted which other components are affected.

In order to perform the requested task the program librarian makes use of certain standard procedures. These can be understood to be cataloged procedures[4] or other files of control cards; these standard procedures are the links between the program librarian and the computer, and the program support library.

An alternative position for the program librarian would be between the standard procedures and the machine, as shown in figure 2, and not directly after the programmer. The programmer would have direct access to the standard procedures rather than having to direct the librarian what to do.

Figure 2

Alternative position for the program librarian

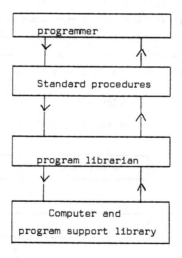

This arrangement implies that the program librarian is a program rather than a machine. The following question can be raised: is it possible to automate the work of the program librarian thus making the arrangement shown in figure 2 possible?

Careful consideration of the steps involved in system implementation show there are certain common steps where an automatic program librarian can be employed. These common processes are described below, and then POSL is introduced as a realization of the concept of an automatic librarian.

VIRTUAL MACHINES AND THE PROGRAM TREE

One of the central concepts in SP is that of the virtual machine. By a machine (either virtual or real) is meant any piece of equipment which, given well defined input, manipulates it to produce well defined output.

A programmer faced with a problem to solve generally has a specific machine to work with. This machine manipulates data only very remotely related to the data which interests him. But yet he is able to solve his problem; he invents other ideal or virtual machines which will perform those tasks needed to accomplish the central task. These new virtual machines do not exist and so others are invented which perform tasks for the last set. This process is repeated until a set of virtual machines is designed which makes use of the functions available on the actual machine available.

When a system has been implemented in this way it is possible to draw a tree structure which represents the system. At the root of the tree is the original task to be performed. The various branches represent the expansion of the problem into tasks to be performed by other virtual machines. Finally, the actual machine is represented at the highest level in the tree. A portion of such a tree is shown in figure 3.

Figure 3

A possible program tree

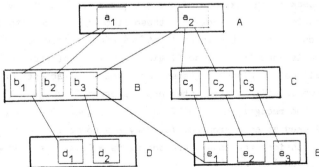

"A" represents the virtual machine which solves the original problem and provides services or functions a_1 and a_2. These functions can be accomplished in terms of functions provided by the virtual machines "B" and "C". These two virtual machines in turn require the use of services from the virtual machines "D" and "E". Additional virtual machines used by "D" and "E" are not shown.

72

The various virtual machines need not all be written in the same language. For example, A might be a source program and B,C,D, and E might be macros. Or A might be a load module, with B,C,D, and E being sets of object modules (relocatable modules). These various types of components can all be present during the implementation of any system.

THE SYSTEM INTEGRATOR

It is clear that a system integrator (SI) is needed to construct the resultant virtual machine from the input functions. That is, it is not sufficient for virtual machines to exist; they must be combined. To give a more concrete example, it is not sufficient that a motor and a steering wheel exist and that an auto need them; in order for the auto to run a mechanic must put them together. If a programming system is being implemented this is the task of the system integrator.

It is also clear that there must be various types of SIs, each SI accepting a different type of virtual machine as input. Typical SIs used in system implementation are macro processors, linkage editors, and compilers.

THE SYSTEM INTEGRATION PROGRAM

Granted that the SI is capable of creating the output virtual machine from the input functions, it must still be informed how to perform this task. Referring back to the example of the motor and the steering wheel, the mechanic who assembles the car must know that these items do not go into the back seat. Exact information as to how the input functions are combined to produce the output virtual machine is specified to the SI via the System integration program (SIP). Although it will not be discussed here, each type of SI accepts only those SIPs written in its own specific system integration program language (SIPL).

The recognition of a SIP as such is generally not easy because it is never looked at as a program. Yet they are common.

Consider the case where the SI is a linkage editor which belongs to IBM OS. Then the SIP consists of

1. the set of DD statements defining the object libraries
2. any INCLUDE cards specifying additional object modules to be used
3. any possible cards defining an overlay structure
4. information specified via the PARM parameter
5. ESD and RLD card contained in the input object modules.

Consider another case in which the SI is a macro processor. Then the SIP is the program containing the various macro calls.

73

The SI uses the SIP then to construct the output virtual machine. This output virtual machine may serve as an input virtual machine to another type of SI.

Finally the SI produces listings which summarize the construction process.

POSL

POSL consists of

1. a library
2. an access method
3. a documentation system
4. services and safeguards.

THE POSL LIBRARY

Virtual machines are cataloged in the POSL library. Each virtual machine is given a unique name which can be referred to in SIPs. Cataloging of a virtual machine is equivalent to creating an empty box like those shown in figure 3, but containing no functions. Cataloging of a virtual machine does not imply that it is being used by any other virtual machine, and it does not associate any functions with the virtual machine.

After a virtual machine has been cataloged functions may be associated with it. Note that the association of a function with a virtual machine (a cataloging process) does not imply that the function is being used by any other virtual machine.

POSL libraries look the same for all types of virtual machines. It is a restriction however that any particular POSL library contain only virtual machines of the same type (i.e., written in the same language).

Current libraries do not have structures like that of POSL. All members are cataloged together in a big pot, with clumsy naming conventions taking the place of a real subsystem cataloging facility.

BUILDING THE PROGRAM TREE

Links between the various virtual machines present in the library are made explicit by one of two methods. The first method is indirectly as a side effect of the POSL access method. The second method is directly through the use of the POSL documentation system.

THE POSL ACCESS METHOD

The POSL access method is a central building block for the implementation of any SI. It provides access to any part of the library, and as a side effect produces a default level of automatic documentation. The POSL access method can also be used as a building block for utility programs which service the library.

The most important function of the POSL access method is the ability to allow explicit references to any specific function of any virtual machine in the library. The SI can request access to any specific virtual machine function by name. Input of statements then proceeds automatically. The POSL access method also provides output into any existing virtual machine. Other library systems provide the ability to concatenate libraries but there are still difficulties when there are naming collisions. Furthermore the POSL access method recognizes the standard set of system components as a special case, so that mixing of POSL libraries and other libraries is possible. Without this ability the supporting operating system could not fit into the program tree.

When the SI creates an output function the first task it must perform is to specify the name of the output function and the virtual machine to which it belongs. This effectively defines the root node in the program tree, and automatically gathered documentation information is built into a tree structure anchored at that node. Note that since all input virtual machines are accessed by the SI via the POSL access method, it is in a perfect position to know which ones were needed by the output function. As was stated above, the definition of the output function establishes the root of the tree.

The first set of functions specified in the SIP are those which belong on the second level. The links between levels are established as soon as a function on one level requires the services of another function.

The default level of documentation or program tree obtained in this manner contains virtual machine names, function names, and pointers between levels. In addition to this information it is clear which version of a function was used in making the output function.

It is important to point out that not only does the output function "know" which functions it uses, but also each input function "knows" which output virtual machines it is a component of .

THE POSL DOCUMENTATION SYSTEM

In certain cases it is not feasible to write a new SI. If one has a macro processor or linkage editor already available it can be difficult to rewrite it just to include the POSL access method. In this case the POSL documentation system can be used to build the program tree.

In the case where the POSL documentiation system is to be used a special preprocessor must be written which scans the SIP before it goes to the SI. This preprocessor calls the documentation system directly; however in this case the preprocessor can extract additional information from the SIP which can be stored in the program tree along with the usual information. The preprocessor can even use the POSL access method, but with its documentation facilities turned off.

Note that in the previous case, when the POSL access method is being used, a programmer need do nothing extra. When the POSL documentation system is used in a preprocessor the linkage between the user and a SI must be via some standard procedure (i.e. cataloged procedures or job macros) which invoke the preprocessor for him.

POSL SERVICES AND SAFEGUARDS

The POSL services and safeguards are a set of facilities and utilities designed to complement the other POSL components. Utility routines can be used to exhibit any part of the program tree as well as any member of it. Updating facilities are integrated with the POSL documentation system so that if a function is changed in any way the program tree is altered to reflect that change. Virtual machines affected by changes can be quickly located by a special POSL service routine.

A special feature of POSL is the ability to interchange software layers. Such a need is basic to the idea of SP where virtual machines are being constantly redefined and extended. In POSL this process proceeds without the need to rewrite any virtual machine or SIP. One simply informs the POSL library via a service routine, and the access routines and documentation system take the appropriate actions.

POSL also provides a range of freedom in the choices of safeguards and services for each virtual machine or individual function. For example, one can prohibit any reference to a specific function or virtual machine until it has been tested and officially released. That is, there is a RELEASE VIRTUAL MACHINE type of facility available in POSL. Conversely, a virtual machine can be taken out of service.

Even the documentation system can be turned on or off for various virtual machines. This is useful when one does not want to include finished virtual machines in the program tree.

POSL allows multiple versions of a specific function to be present in the library. The number of older versions to be retained is optional. If one chooses to always retain two copies then the newest version can be tested and developed while the older version is being used.

CURRENT USE OF POSL

At the present time POSL is being used in connection with a special purpose macro processor. The POSL library contains macro sets, each macro set being identified with a specific virtual machine. The SIP is a mixture of language statements which are ignored and the special preprocessor statements. The resultant source program is compiled by a compiler (for example PL/1 or assembler). The entire system runs under IBM OS.

The program tree becomes quite complex since there are several levels of virtual machines, all implemented in terms of macro definitions.

A special purpose text editor , developed independently of POSL was easily integrated into the POSL system by writing a special preprocessor which uses the POSL documentation system. The special preprocessor is linked to the text editor by means of a cataloged procedure, so that to the user the preprocessor is invisible.

It has been the experience of the author that the implementation of a preprocessor for various types of SIPs presents no great difficulties. In cases where the SIPL is particularily difficult a post-processor has been used which processes the listing output from the SI and uses this as the source of information to be given to the POSL documentation system.

SUMMARY

POSL is a versatile automatic documentation system which is independent of any language. As such it can be used as an automatic librarian for systems implementation using languages which are currently available. The result is that information usually produced in a variety of forms can be unified. Although there is no claim that POSL is the only, or best possible form of the project oriented system library it is hoped that it will provide a basis for further work in this area.

REFERENCES

1 . Schroeder, M.D. "A Brief Report on the SIGPLAN/SIGOPS Interface Meeting",
Operating Systems Review. 7,No.3, 4-9 (July 1973)

2. Peterson, W.W., Kasami, T., and Tokura, N. " On the Capabilities of While,
Repeat, and Exit Statements", Comm. ACM 16, No.8, 503-512 (August 1973)

3. Baker, F.T. "Chief Programmer Team Management of Production Programming",
IBM Systems Journal M, No.1, 56-73 (1972)

4. IBM System/360 Operating System : Job Control Language Reference

Address of the author:

Dr. Richard W. Friday, softwarelabor, 8 München 2, Mozartstr. 17

FEEDBACK-FREE MODULARIZATION OF COMPILERS

W. M. MCKEEMAN
F. L. DEREMER

1. Introduction

In an earlier paper[1] we discussed the matching of modular programming
techniques to the inherent structure of the compilation process. In
this paper we discuss processing associated with tree representations
of the source program, making explicit the coordination of the processing modules in the horizontal fragmentation of the synthesis module. As in the earlier paper, the highly structured translation algorithms suggested are useful only if the language being translated is
equally structured to permit the isolation of the processing of different classes of information.

The organization presented here is essentially that of a translator
writing system being implemented under the direction of DeRemer. As
will be apparent to the reader, this paper is a progress report, not
a final statement. Among DeRemer's goals, one is particularly relevant to this paper: to isolate subprocesses in translation that can
be fully specified in simple forms such as via grammars or tables.
The immediate result is to eliminate much use of general purpose
programming languages in compiler construction. The presumption is
that restricting the compiler writer to limited, but adequate languages
will reduce his efforts and improve his product.

2. Processing Tree Representations

The parse tree is a well defined representation for any text described
by an unambiguous context-free grammar. It contains all the information originally present in the source text of the program. In
addition, it contains explicit representation of all of the information
that is inherent in the grammatical description. The parse tree is the
first of a sequence of trees used here as intermodular data structures.
Each module leaves a tree which is closer to the target text while,
perhaps, discarding some information not needed to accomplish further
translation steps.

Each tree processing module, except the first, has an input tree, and each, except the last, has an output tree. The input tree is regarded as a static, read-only data structure to be examined via its leafward pointing links; the output tree is regarded as a write-only data structure under construction. The implementor is free to use techniques for modification-in-place only when equivalent to the above stated restrictions; that is, only when the result is a feedback-free flow of information. The reasons behind this restriction are:
  (1) The modules are easier to understand, specify, implement and test.
  (2) The restrictions, while perhaps increasing the work some, are not unreasonable demands to make.
  (3) Feed-back free processing allows (but does not demand) sequential processing, hence allows (but does not demand) a multi-pass organization convenient for compiler execution memory management.

Trees can be partially described by simple grammars (Tables 2.1a and 2.1b). The first grammar describes the connectivity of the tree; the second grammar describes the tree as a data object. The grammar notation is that of reference [1]. The symbols "name", "integer", etc., are left undefined because their representation is of little importance on this level of specification. The symbol "terminal", on the other hand, will be specified in some detail in subsequent paragraphs.

        program = tree;
        tree = node;
        node = terminal | name node$^+$;

Tree Connectivity
        Table 2.1a
----
        program = tree;
        tree = node$^+$;
        node = terminal | name descendant_count link$^+$;
        descendant_count = integer;
        link = pointer_into_tree;

Tree Representation
        Table 2.1b

Starting with the parse tree we suggest a sequence of seven trees as noted in Table 2.2.

PT	parse tree
AST	abstract syntax tree
ST	standard tree
ACT	attribute collected tree
ADT	attribute distributed tree
SET	sequential expression tree
SCT	sequential control tree

Tree Representations of the Source Program
Table 2.2

In a very rough sense, the tree transforming process consists of reshaping the tree, pruning information from the tree, and recording information in tabular terminal nodes. At each stage the remaining tree structure represents work yet to be done. In the end, of course, the entire program becomes a purely tabular structure (sequential code for a conventional computer).

3. The Transformation PT → AST

An AST is a condensed, renamed version of the PT. Most superfluous structure is discarded, leaving a more convenient computational object. Because the PT is so voluminous, we always specify the transformation PT → AST as a part of the algorithm that deduces the PT itself, avoiding ever forming the PT. This is accomplished by the use of a transduction grammar [2,3]. The range of possibilities for an AST is therefore defined to be that set of trees that can be specified by transduction grammars. An example is given in Table 3.1 and Figures 3.1a and 3.1b.

```
E = E '+' T          =>         'ADD'
                                 E   T
  | E '-' T          =>         'SUB'
                                 E   T
  | T                =>          T;

T = T '*' P          =>         'MUL'
                                 E   T
  | P                =>          P;

P = '(' E ')'        =>          E
  | V                =>         'VAR'
                                 V      ;
V = 'x'              =>         'x'
  | 'y'              =>         'y'
  | 'z'              =>         'z'    ;
```

A Transduction Grammar for Expressions

Table 3.1

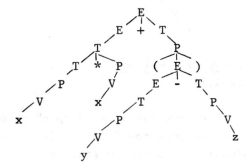

A Parse Tree for x*x + (y-z)

Figure 3.1a

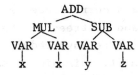

An Abstract Syntax Tree for x*x + (y-z)

Figure 3.1b

4.   The Transformation AST → ST

Programming languages sometimes allow more than one way to specify the
same result. For example, attributes in PL/1 may or may not be fac-
tored; certain expressions may or may not be parenthesized, etc. Some
are more subtle, such as the assignment implied by parameter passing.
The result is that there are classes of ASTs known to the language
designer to be equivalent. The transformation AST → ST [4] is designed
to reduce members of the classes to single standard members, when it
can be done by local renaming and reordering of tree nodes.

The semantic equivalence of two constructs can be precisely stated
(not the semantics, but the equivalence) by mapping one construct into
the other. For example, in the language PAL[5] we can write either

E1 where x = E2

or

let x = E2 in E1

where E1 and E2 are expressions. We state the equivalence of the
constructs by the mapping in Figure 4.1[6].

A Local Tree Transformation
Figure 4.1

Each transformation rule consists of two parts, an "input" template
and an· "output" template. These two correspond to the left and right
parts, respectively, or a production of a type 0 grammar. However,
in this case the intent is to reorder, expand, and/or contract a local
portion of a tree, rather than a local portion of a string.

To "apply" a transformation we first find a subtree that the input
template matches. This establishes a correspondence between the
"variables" in the input template and subtrees of the matched one.
Then we restructure the part of the tree involved in the match, so
that the output template will match it, maintaining the correspondence
between variables and trees established by the input template match.
In general, this will involve reordering, duplicating, and deleting
the subtrees as dictated by the number and position of occurrences of
each distinct variable in the input and output templates.

5.   The Transformation ST → ACT

The attributes of variables are where you find them. From the compiler writer's viewpoint, they are best found collected in declaration statements clustered at the head of a variable scope. More generally attributes may depend upon the context in which variables are used or even more subtle conditions. In any case they must be gathered and tabulated before the translation of the corresponding executable portions of the program can proceed. Upon completion, the ACT may have the form defined in Table 5.1.

```
program = ACT;
ACT = scope;
scope = symbol_table scope* command*;
symbol_table = (name attributes)*;
attributes = explicit_attributes
            | implicit_attributes;
```

Attribute-collected Tree
Table 5.1

Within a scope we first have the table of local symbols, then an arbitrary sequence of nested scopes, and finally the executable (scope-free) commands. The transformation AST → ST may have been required to bring the tree into this form if a scope can be delimited by begin-blocks (as in Algol-60) as opposed to being exclusively identified with procedure declarations. Or the ACT can be more generally defined to allow for the less structured use of scopes.

Some attributes are explicitly supplied by the programmer. Other attributes are implicit. In particular, machine related attributes such as addresses are to be derived by the compiler as one of its major purposes. An important presumption is that there are no necessary attributes that cannot be derived prior to the processing of executable machine code. That is, properties of the machine, such as the relative location of certain instructions, are not allowed to effect the attributes of variables.

The algorithm can be implemented, of course, as an ad hoc tree searching algorithm along the lines commonly found in contemporary compilers. Some work has been done, however, on applying Knuth's concept of functions over trees[7,8] to this problem. It is a particularly

84

attractive direction since declarative information is defined to be evaluable prior to the "main"computation (i.e., execution of the program). Knuth's functions can therefore be presumed to be evaluable for declaration processing without any great amount of iteration, hence efficiently.

The approach is to specify ST → ACT as a set of symbol-table-valued functions over the ST (as opposed to Knuth's functions over the PT) together with a standard ACT building process. We suspect that a reasonable restriction to put on declarative linguistic constructs is that they can be processed by Knuth's functions in one pass over the ST; i.e., going down the tree via function calls and then back up the tree via function returns.

To apply the functions to the tree we must be able to describe the nodes. Knuth used the names of the non-terminal symbols, numbering only for a repeated use of a name. When regular expressions are used it is simpler to use a purely numeric scheme. Zero designates the left part of a rule; 1, 2, ... the items in the right part; -1, -2, ... the same items numbered from right to left; (k,1), (k,2), ... the items in each repeated term on the right, etc. For example, suppose we have a declarative subtree of the form shown in Figure 5.1.

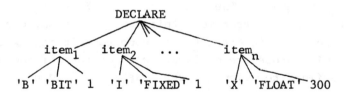

A Declarative Subtree of a ST for
DECLARE B BIT, I FIXED, ... X(300) FLOAT;

Figure 5.1

The objective is to compute two functions, A and S, giving the relative offset and number of bits for each item. The grammar and functions in Table 5.2 define A and S. Terminal nodes (name, type and dimension) have intrinsic values provided by a primitive function val.

$$\text{DECLARE} = \text{item}^{+} \quad \Rightarrow \quad A(1,1) = 0,$$
$$A(1,I+1) = A(1,I) + S(1,I),$$
$$S(0) = A(1,-1) + S(1,-1);$$
$$\text{item} = \text{name type dim} \quad \Rightarrow \quad S(0) = T(2)*\text{val}(3)$$
$$T(2) = \begin{cases} \text{val}(2) = \text{'BIT'}: 1 \\ \text{val}(2) = \text{'FIXED'} : 16 \\ \text{val}(2) = \text{'FLOAT'} : 32 \end{cases}$$

Declarative Functions over a ST

Table 5.2

6. The Transformation ACT → ADT

The implicit links by name between the leaves of the ACT and its symbol tables must be replaced by explicit attachment of the important attributes to the leaves themselves. The scope rules of most popular programming languages are identical, from the viewpoint of trees, thus the destination of the distributed information need not be specified by the compiler writer. What does need to be specified is which attributes are needed by the later modules.

If the distribution is to be accomplished by simply replacing the leaf names with pointers into the symbol tables, the transformations ST → ACT → ADT may as well be accomplished as one step. If the leaf names are to be replaced with attributes, the transformations need to be kept separate. A before-and-after view of a variable node is given in Figure 6.1.

Attribute Distribution for a Variable
of Type FIXED and Address Offset 40.

Figure 6.1

The symbol table nodes are no longer needed and can be deleted.

7. The Transformation ADT → SET

The ADT is an executable form; that is, if we had tree executing hardware. But we do not, so we must reform the tree into equivalent sequential code. We expect rather long sequences of sequential code to be branch free. In particular, expressions (not including Algol-60 conditional expressions) have this property. We can replace each subtree representing an expression with its Polish form, say. Or we can go directly to single address code. Figure 7.1 shows an example of such a transformation.

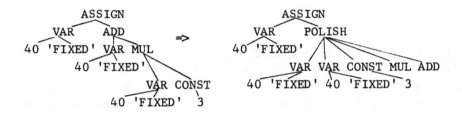

Expression Flattening
Figure 7.1

Note that assignments are not included in the expression flattening, but this adds only one tier to the flattened expression trees. The reason assignments are left alone is two-fold: it avoids the ambiguity between variable addresses and values, and assignments need to be synchronized with some types of branching (parameters, returned values, index control for loops, etc.).

8. The Transformation SET → SCT

Having flattened the trees for everything except control constructs, we must finally provide a sequential representation for branch commands. There may be two kinds: implicit and labelled. The implicit branches (if-then-else, loops, case, etc.) merely require the replacement of tree links with branch links. Labels, on the other hand, must be found before the linking can be done. While ST → ACT could have collected this information, it is safely deferred to this stage. Most of the tree has been pruned, hence the search will not be over a very large data structure. For example, suppose we have been processing a procedure call

CALL P(x+3, 4)

87

and have arrived at the SET in Figure 8.1. x has offset 40 and the
two formal parameters (now appearing explicitly in the tree) have
offsets 60 and 64.

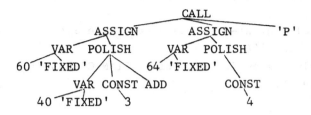

SET for CALL P(x+3, 4)

Figure 8.1

The only change needed is to replace 'P' with a pointer to the corresponding procedure definition. The tree has become a graph; all
names have finally been pruned; we are ready to emit fully sequential
code.

10. Conclusion

The SCT is as far as we can go without introducing serious machine
dependencies. The remaining steps in the process fall beyond the
scope of this paper.

We have proposed a fairly elaborate structuring of the translation
process. We are trying to follow the prescription in our present
translator writing system effort. We expect to simplify the task of
compiler writing, but only for languages with structure amenable to
the restrictions of the system.

References
[1] McKeeman, W. M., Compiler Structure, Proc. USA-Japan Computer Conference, (Oct. 1972) 448-455.
[2] Louis, P.M. and Sterns, R. E., Syntax-directed Transduction, JACM
v. 15, n. 3 (July 1968) 465-493.
[3] DeRemer, F. L., Practical Translators for LR(k) Languages, PhD
Thesis, MIT, Cambridge, Mass. (1969).
[4] Wozencraft, J.M. and Evans, A., Notes on Programming Linguistics,
Dept. E.E., MIT, Cambridge, Mass. (1971).

88

[5] Evans, A., PAL, A Language for Teaching Programming Linguistics,
Proc. 23rd National Conf. of the ACM (1968) 395-403.
[6] DeRemer, F.L., Transformational Grammars for Languages and Compilers
TR50, Computing Laboratory, University of Newcastle-on-Tyne, England
(submitted for publication).
[7] Knuth, D.E., Semantics of Context-free Languages, Math Systems
Theory J., v. 2, n. 2 (1968) 127-146.
[8] Wilner, W. T., Declarative Semantic Definition, STAN-CS-233-71,
PhD Thesis, Stanford, CA (1971).

Professor William Marshall McKeeman
Information Sciences
The University of California at
Santa Cruz,
California 95064
USA

Professor Franklin L. DeRemer
Information Sciences
The University of California at
Santa Cruz,
California 95064
USA

ZUR MINIMALITÄT DES HILFSZELLENBEDARFS VON SYSTEMATISCH ÜBERSETZTEN AUSDRÜCKEN

U. PETERS

1. Kurzfassung

Wir betrachten Ausdrücke (im Sinn etwa von ALGOL), die aus runden Klammern, unären und binären Operatoren und Operanden bestehen, ferner deren systematische Übersetzung in Folgen von Dreiadreßbefehlen (das Kellerverfahren [1] z.B. induziert stets systematische Übersetzungen) und wollen den maximalen Hilfszellenbedarf von übersetzten Ausdrücken (das ist unsere Kostenfunktion) minimieren. Nimmt man als Operanden unserer Ausdrücke einfache gewöhnliche Variable und unterstellt man, daß für jedes Zwischenergebnis genau 1 Hilfszelle benötigt wird, so ist das in [2] angegebene systematische Verfahren OV optimal; dies liegt im wesentlichen daran, daß dann unter allen optimalen Übersetzungen eines Ausdrucks immer auch systematische Übersetzungen existieren. Läßt man dagegen als Operanden auch überlange Variable, Vektoren und dergleichen zu und unterstellt man dementsprechend, daß für jedes Zwischenergebnis eine positive, zur Übersetzungszeit ermittelbare Anzahl von Hilfszellen benötigt wird (diese Anzahlen bilden die sog. Bestückung), so ist das Verfahren OV i.a. nicht mehr optimal, da sich nun unter allen optimalen Übersetzungen nicht in jedem Fall systematische finden. Durch zusätzliche Forderungen an den Ausdruck oder an die Bestückung kann OV jedoch die Optimalität der Übersetzung garantieren. Dieses Ziel durch eine mehr oder weniger weitgehende Verallgemeinerung der systematischen Übersetzungen erreichen zu wollen erscheint uns dagegen aussichtslos.

2. Einleitung

Die hier betrachteten Ausdrücke (im Sinn etwa von ALGOL) bestehen aus runden Klammern, unären und binären Operatoren und Operanden. Als Operanden nehmen wir zunächst gewöhnliche einfache Variable, später dann gewöhnliche Vektoren. Der Einfachheit halber wollen wir keine Beziehungen zwischen den Operanden zulassen: Wir setzen sie als paarweise voneinander verschieden benannt voraus. Einen jeden solchen Ausdruck

übersetzen wir in eine Folge von Dreiadreßbefehlen, für welche gilt:
Wertet man den ursprünglichen Ausdruck und die Folge von Dreiadreßbefehlen (den *übersetzten Ausdruck*) im Sinn der Computerverknüpfungen aus,
so sind die erhaltenen Resultate stets identisch, sofern die Auswertung
ohne Fehlerabbruch möglich ist. Unter dem Hilfszellenbedarf verstehen
wir diejenige Menge an Speicherzellen, die der übersetzte Ausdruck zur
Abspeicherung von Zwischenergebnissen benötigt. Unsere Kostenfunktion
ist die Maximalanzahl von relevant besetzten Hilfszellen des übersetzten Ausdrucks; diese Kostenfunktion wollen wir durch geeignete Über-
setzungsverfahren minimieren, wobei wir uns jedoch auf systematische
Übersetzungen von Ausdrücken beschränken. So induziert z.B. das Kellerverfahren von SAMELSON und BAUER [1] stets systematische Übersetzungen,
nimmt aber leider keine Rücksicht auf unsere Kostenfunktion.

Jedem der von uns betrachteten Ausdrücke läßt sich, von unnötigen Klam-
merungen abgesehen, bijektiv ein markierter binärer Baum zuordnen; dieser spiegelt die Klammerung und die Prioritäten der Operatoren wider
und es gilt: Aus jedem Knoten entspringen entweder keine oder genau
zwei nichtleere Äste.Die Zuordnung Ausdruck ↤ Baum schließt (sonst
wäre sie nicht bijektiv) eine Markierung des Baums ein: Die Spitzen
(Blätter) des Baums sind mit den entsprechenden Operanden und die sonstigen (inneren) Knoten mit den entsprechenden Operatoren markiert. Da wir
fast stets gleich von dem betreffenden (markierten) Baum ausgehen, werden wir nur selten von Ausdrücken und Übersetzungsmöglichkeiten, sondern vor allem von Bäumen und Abbauweisen reden. Damit unsere Bäume
auch im Fall von unären Operatoren binär sind, vereinbaren wir, den
dann nur vorhandenen einen Operanden als Linksoperanden des unären Operators zu behandeln und als Rechtsoperanden einen künstlichen Pseudo-
operanden PSO dazuzunehmen. Beispiel ("∿" bezeichne das unäre Minus-
zeichen): Aus ∿(a/(∿(b-c))) wird (a/((b-c) ∿PSO)) ∿PSO. Zur Bijektivität
der Zuordnung Ausdruck ↤ Baum sei schließlich noch angemerkt, daß wir
voraussetzen, daß für den Fall der Zusammenfassung mehrerer Operatoren
der gleichen Priorität eine Eindeutigkeit erzeugende Konvention vorhanden ist. In unseren Beispielen schließen wir uns dabei an ALGOL 60 an;
so ist etwa mit dem Ausdruck a+b+c+d der Ausdruck ((a+b)+c)+d gemeint.

3. P r ä l i m i n a r i e n

Definition 1:

Ein *binärer Baum* B ist eine endliche, nichtleere Menge von Zeichenreihen K, *Knoten* genannt, aus $\{0,1\}^*$, so daß jede Anfangszeichenreihe K' von K ϵ B zu B gehört. Wir verlangen zusätzlich, daß mit K, K0 ϵ B auch K1 ϵ B und mit K, K1 ϵ B auch K0 ϵ B ist.

Anmerkung: Die von uns betrachteten Bäume sind, wie in der Einleitung erwähnt, zusätzlich markiert. Die Markierung ist jedoch so selten von Bedeutung, daß wir sie nur dann ausdrücklich im Text erwähnen bzw. in den Beispielen hinschreiben, falls sie gerade wichtig ist.

Die totale Ordnung 0 < 1 der Menge $\{0,1\}$ induziert eine lexikographische Ordnung < • der Knoten eines Baums. Für " K' ist echte Anfangszeichenreihe von K " schreiben wir K' < • K.

Definition 2:

K' ist *Nachfolger* von K, wenn K' = K0 oder K' = K1 ist. Umgekehrt ist dann K *Vorgänger* von K'; ferner sind K0 und K1 *Nachbarn* voneinander. Knoten, die bezüglich < • maximal sind, nennen wir *Spitzen (Blätter)*, die übrigen Knoten nennen wir *innere Knoten*, den bezüglich < • minimalen (leeren) Knoten ϵ nennen wir *Wurzel* des Baums B.

Bezeichnung: Mit dem Epsilon ϵ bezeichnen wir sowohl die Wurzeln unserer Bäume als auch die mengentheoretische Elementbeziehung; aus dem Kontext geht immer eindeutig hervor, was jeweils gemeint ist.

Definition 3:

Eine *Abbauweise* M ist eine bijektive, ordnungstreue Abbildung von (IK,< •) auf ([1:|IK|],>), wobei IK die Menge der inneren Knoten von B und [1:x] := {i ϵ N| 1 ≤ i ≤ x} ist. Die *Kellerabbauweise* M_K ist die bijektive, in beiden Richtungen ordnungstreue Abbildung von (B,< •) auf ([1:|IK|],>).

Anschaulich gesprochen ist eine Abbauweise eine Aufzählung der inneren Knoten eines Baums, wobei letztere mit der Ordnung < • des Baums "verträglich" sein muß. Gedanklich gehört zu einer Abbauweise auch noch die Generierung der zugehörigen Dreiadreßbefehlsfolge dazu.

Anmerkung: Unter einem Übersetzungs*verfahren* bzw. Abbau*verfahren* verstehen wir einen Algorithmus, der, angewandt auf einen Ausdruck bzw. markierten Baum, eine Übersetzung dieses Ausdrucks generiert bzw. einen Abbau des markierten Baums durchführt und damit ebenfalls einen übersetzten Ausdruck generiert.

Anmerkung: Die Kellerabbauweise ist gerade die vom Kellerverfahren induzierte Abbauweise. Dabei stellen wir Bäume anschaulich so dar, daß die 1-Zweige nach links und die 0-Zweige nach rechts gehen, z.B. für B = {ε,0,1,00,01,10,11,100,101} :

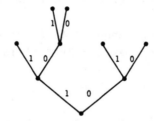

Definition 4:

Die Teilmenge T_K := { K' | K' · ≥ K } von B nennen wir *Teilbaum* von B *mit der Wurzel* K.

Definition 5:

Eine Abbauweise M heißt *systematisch*, wenn für jeden inneren Knoten K, für den auch K1 und K0 innere Knoten sind, entweder

$$\max_{K' \,\in\, IK(T_{K1})} \{M(K')\} \quad < \quad \min_{K' \,\in\, IK(T_{K0})} \{M(K')\}$$

oder

$$\min_{K' \,\in\, IK(T_{K1})} \{M(K')\} \quad > \quad \max_{K' \,\in\, IK(T_{K0})} \{M(K')\}$$

gilt.

Anschaulich gesprochen ist eine Abbauweise systematisch, wenn für jeden Teilbaum T_K (K innerer Knoten) entweder zuerst alle inneren Knoten des linken Astes T_{K1} von T_K und dann alle inneren Knoten des rechten Astes T_{K0} aufgezählt werden oder umgekehrt; abschließend ist K selbst

aufzuzählen; auf Grund der Definition gilt weiter, daß zwischen diesen
3 einzelnen Aufzählungen keine sonstigen inneren Knoten des Baums aufgezählt werden dürfen. Beispiele für systematische Abbauweisen liefert

Satz 1:
Kellerabbauweisen sind systematisch.

Beweis:
Seien K,K1 und KO innere Knoten von B. Für alle K1x, KOy ε B gilt:
K1x •> KOy. Nach Definition folgt: $M_K(K1x) < M_K(KOy)$. Damit:
$\max\{M_K(K1x)\} < \min\{M_K(KOy)\}$.   q.e.d.

4. D e r   g e w ö h n l i c h e   F a l l

In diesem Abschnitt nehmen wir als Operanden unserer Ausdrücke einfache gewöhnliche Variable und unterstellen, daß für jedes Zwischenergebnis nur 1 Hilfszelle benötigt wird. Wir geben ein Abbauverfahren OV
an und zeigen, daß OV für jeden Baum eine systematische Abbauweise induziert, die bezüglich unserer Kostenfunktion optimal ist. Dazu definieren wir zunächst die sog. Baumbewertungsfunktion $k \mid B \rightarrow \mathbb{N}_0$:

(F1) $k(K) := \begin{cases} 0 \text{ , falls K Spitze von B} \\ \min\{\max_{K1},\max_{KO}\} \text{ , sonst} \end{cases}$

mit

$$\max_{K1} := \max\{k(K1),1+k(KO)\}$$
(F2)
$$\max_{KO} := \max\{k(KO),1+k(K1)\} .$$

Definition des Verfahrens OV:

Sei A der zu übersetzende Ausdruck.

1) Man erstelle den zu A gehörigen markierten Baum B und bewerte B gemäß der Funktion k aus (F1), indem man jeden Knoten K ε B mit k(K)
   markiert.
2) Man baue B systemisch ab unter Berücksichtigung der folgenden Vorschrift: Ist K Spitze von B, so ist für den Abbau von T_K nichts zu
   tun; ist K innerer Knoten von B, so treffe man gemäß dem Astauswahl-
   Kriterium (F3) die Entscheidung, ob zuerst T_{K1} und dann T_{KO} abzu-

bauen ist oder umgekehrt.

Astauswahl-Kriterium:

(F3) $\max_{K1} \leq \max_{KO}$ ⤨ $_{Def}$ T_{K1} zuerst abbauen (andernfalls T_{KO})

Satz 2:

Sei A der zu übersetzende Ausdruck und B = T_ϵ der dazugehörige markierte Baum. Dann gilt: $k(\epsilon)$ gibt den maximalen Hilfszellenbedarf des gemäß OV übersetzten Ausdrucks A an.

Beweis: Siehe [5] , Satz 10.

Für die Praxis handlicher werden die Funktion k und das Astauswahlkriterium durch folgende Umformung:

(F1') $k(K) = \begin{cases} 0 & \text{falls K Spitze von B} \\ k(K1) & \text{falls } k(K1) > k(KO) \\ 1+k(K1) & \text{falls } k(K1) = k(KO) \\ k(KO) & \text{falls } k(K1) < k(KO) \end{cases}$

(F3') $k(K1) \geq k(KO)$ ⤨ T_{K1} zuerst abbauen (andernfalls T_{KO}).

In dieser Form findet sich OV in [2], [3] und [4].

Bezeichnungen:

Sei A ein Ausdruck und M ein Abbauverfahren. Dann sei M_A die von M induzierte Abbauweise von A, $M_A(A)$ der gemäß M_A übersetzte Ausdruck und $MH(M_A(A))$ der Maximalbedarf an Hilfszellen von $M_A(A)$. Dann gilt, wenn ϵ die Wurzel des zu A gehörigen Baums ist, nach Satz 2: $MH(OV_A(A)) = k(\epsilon)$
Damit kann man zeigen

Satz 3:

Das Verfahren OV ist optimal, d.h. es gilt:

$$(\forall A)(\forall M_A)(MH(OV_A(A)) \leq MH(M_A(A))).$$

Beweis: Siehe [5] , Satz 11.

Satz 4:

Im gewöhnlichen Fall gibt es unter allen optimalen Abbauweisen stets
auch systematische.

Beweis:

Dies folgt unmittelbar aus der Definition von OV und Satz 3.

5. D e r   v e r a l l g e m e i n e r t e   F a l l

In diesem Abschnitt nehmen wir als Operanden unserer Ausdrücke wieder
gewöhnliche Größen, aber diesmal nicht nur einfache Variable, sondern
auch überlange Variable, Vektoren, Matrizen und dergleichen. Dementsprechend unterstellen wir nun, daß für jedes Zwischenergebnis eine zur
Übersetzungszeit ermittelbare, positive Anzahl von Hilfzellen benötigt
wird. Diese Anzahlen geben wir uns in Form der sog. Bestückungsfunktion
$h \mid IK \to IN$ vor, wobei IK wieder die Menge der inneren Knoten von B ist
und $h(K)$ den Hilfszellenbedarf des zum inneren Knoten K gehörigen Zwi-
schenergebnisses angibt. Wir werden nun die Baumbewertungsfunktion k
und damit das Verfahren OV verallgemeinern und prüfen , in welchem Ausmaß OV weiterhin optimal ist.

Verallgemeinerung der Funktion k:

$$(F4) \quad k(K) := \begin{cases} 0 \text{ , falls } K \text{ Spitze von } B \\ \max\{h(K), \min\{\max_{K1}, \max_{K0}\}\} \text{ , sonst} \end{cases}$$

mit

$$(F5) \quad \begin{aligned} \max_{K1} &:= \max\{k(K1), h(K1)+k(K0)\} \\ \max_{K0} &:= \max\{k(K0), h(K0)+k(K1)\}. \end{aligned}$$

Dabei wird vorausgesetzt, daß h auf ganz B fortgesetzt wurde vermöge
$h(K) := 1$ für alle Spitzen K von B.

Die Definition des Verfahrens OV mit seinem Astauswahl-Kriterium (F3)
gilt unverändert.

Satz 5:

Sei A der zu übersetzende Ausdruck und $(B,h) = (T_\varepsilon, h)$ der dazugehörige

96

bestückte (und markierte) Baum. Dann gilt: k(ε) gibt den maximalen Hilfszellenbedarf des gemäß OV übersetzten Ausdrucks A an.

Beweis: Siehe [5] , Satz 18.

Wieder läßt sich die Funktion k und das Astauswahl-Kriterium (F3) umformen:

$$(F4')\quad k(K) = \begin{cases} 0 & \text{falls K Spitze von B} \\ \max\{h(K),k(K1)\} & \text{für } k(K1)-k(K0) \geq h(K1) \\ \max\{h(K),k(K0)\} & \text{für } k(K1)-k(K0) \leq -h(K0) \\ \max\{h(K),h(K1)+h(K0)+\min\{d(K0),d(K1)\}\} & \text{, sonst} \end{cases}$$

wobei $d(K) := k(K)-h(K)$ gesetzt wurde.

Man überzeugt sich leicht, daß sich daraus für $h \equiv 1$ die Funktion k aus (F1') ergibt. Das Astauswahl-Kriterium (F3) läßt sich wie folgt umformen:

(F6') $d(K1) \geq d(K0)$ ⋛ T_{K1} zuerst abbauen (andernfalls T_{K0}).

Man überzeugt sich leicht, daß sich daraus für $h \equiv 1$ das Astauswahl-Kriterium (F3') ergibt. (F6') wird in [5] als Formel (F34) abgeleitet.

Bezeichnungen:
Wir übernehmen die Bezeichnungen A, M, M_A, $M_A(A)$ und $MH(M_A(A))$ aus Abschnitt 4. Ferner bezeichne M_{AS} eine systematische Abbauweise M_A von A und (B,h) den zu A gehörigen bestückten und markierten Baum. Nach Satz 5 gilt: $MH(OV_A(A)) = k(ε)$. Damit ist formulierbar

Satz 6:
Das Verfahren OV ist relativ optimal, d.h. bezüglich aller systematischen Abbauweisen M_{AS} von (B,h) gilt:

$$(\forall A)\,(\forall M_{AS})\,(MH(OV_A(A)) \leq MH(M_{AS}(A))).$$

Beweis: Siehe [5] , Satz 20.

Leider ist OV nun aber nicht mehr absolut, d.h. für jeden bestückten Baum (B,h), optimal, wie etwa der folgende Satz ergibt:

97

Satz 7:
Zu jeder Baumlänge m ≥ 4 gibt es einen bestückten Baum (B,h), für welchen OV nicht optimal arbeitet.

Beweis: Siehe [5], Satz 24.

Wir beschränken uns hier darauf, ein konkretes Beispiel anzugeben, für
welches OV nicht optimal arbeitet. Sei
(B,h) = { (ε,4),(1,25),(0,20),(11,3),(10,2),(01,12),(00,11),(111,26),
        (110,5),(101,1),(100,1),(011,1),(010,1),(001,1),(000,1),
        (1111,1),(1110,1),(1101,1),(1100,1) }.
Wie erinnerlich, haben wir die Bestückung h vermöge h(Spitze) := 1 auf
ganz B fortgesetzt. In unserem Beispiel sind die Spitzen die einzigen
Knoten mit der Bestückung 1. Um Verwirrungen zu vermeiden, so klarge-
stellt, daß der tatsächliche Zellenbedarf der (Original-)Operanden des
Ausdrucks für alle Betrachtungen dieser Arbeit unerheblich ist, da wir
voraussetzen, daß die Originaloperanden unmittelbar in den erzeugten
Dreiadreßbefehlen verknüpft werden können.
Das angegebene Beispiel besitzt 896 mögliche Abbauweisen, wovon 16 systematisch und 112 optimal sind; der minimale Maximalbedarf beläuft sich
auf 45 Hilfszellen. Die folgende optimale Abbauweise sei herausgegriffen:

Knoten	aktueller Hilfszellenbedarf
110	5
111	31
11	3
00	14
01	26
0	23
10	25
1	45
ε	4

Mit (F4) und (F5) folgt weiter: k(ε) = 48; nach Satz 6 gibt es also
keine systematische Abbauweise, die mit dem Minimum von 45 Hilfszellen
auskommt. Mit diesem Beispiel und Satz 6 folgt

Satz 8:
Es gibt bestückte Bäume (B,h), deren sämtliche optimale Abbauweisen un-

systematisch sind. In genau diesen Fällen arbeitet das Verfahren OV nicht optimal.

Wegen der Bekanntheit und Einfachheit des Verfahrens OV haben wir uns aber doch darum bemüht, Fälle herauszukristallisieren, in denen OV weiterhin optimal ist:

Satz 9:

Das Verfahren OV ist für den Ausdruck A optimal, d.h. es gilt
$$(\forall M_A)(MH(OV_A(A)) \le MH(M_A(A))),$$
falls Länge (B) $\le$ 3 oder falls für jeden inneren Knoten K von B mindestens eine der folgenden Bedingungen gilt:

1) K1 oder K0 ist Spitze von B
2) $k(K1) - k(K0) \ge h(K1)$
3) $k(K1) - k(K0) \le -h(K0)$
4) $d(K1) \cdot d(K0) = 0$
5) $h(K1) \le$ min { $h(K1x)$ | $x \in \{0,1\}^*$, K1x $\in$ IK } und
   $h(K0) \le$ min { $h(K0x)$ | $x \in \{0,1\}^*$, K0x $\in$ IK },
   wobei IK die Menge der inneren Knoten von B ist.

Beweis: Siehe [5] , Satz 19 und Satz 21.

Da OV nicht absolut optimal ist, ist klar, daß man die Optimalität von OV nur durch Zusatzforderungen erzwingen kann. Die folgenden Spezialfälle von Satz 9 illustrieren solche Zusatzforderungen:

1) Zusätzliche Forderungen an den Baum B:

Korollar 0:
OV ist für alle Bäume (B,h) mit Länge (B) $\le$ 3 optimal.

Korollar 1:
OV ist für alle bestückten Gerten optimal. Dabei ist eine Gerte ein Baum, für den gilt: Für jeden inneren Knoten K ist K1 oder K0 eine Spitze.

Korollar 2:
OV ist für die folgenden gertenähnlichen Bäume (B,h) optimal:
Für jeden inneren Knoten K von B ist K1 oder K0 eine Spitze oder doch eine Spitzenwurzel, d.h. K11 und K10 bzw. K01 und K00 sind Spitzen.

2) Zusätzliche Forderungen an die Bestückung h:

Korollar 3:

OV ist für diejenigen Bäume (B,h) optimal, für die h entlang aller
in den Knoten 1 und O beginnenden Wege in B (nicht notwendig streng)
monoton steigt.

Anmerkung: Hierunter fällt insbesondere der gewöhnliche Fall h ≡ 1.

Korollar 4:

OV ist für diejenigen Bäume (B,h) optimal, für die h entlang aller
in den Knoten 1 und O beginnenden Wege in folgender Weise (i.a. streng)
monoton fällt:

$$h(K) \geq \begin{cases} h(K1)+h(KO) & \text{, falls } K1 \text{ , } KO \in IK \\ h(K1) & \text{, falls } K1 \in IK \text{ und } KO \text{ Spitze} \\ h(KO) & \text{, falls } KO \in IK \text{ und } K1 \text{ Spitze} \end{cases}$$

Satz 8 läßt sich auch so interpretieren, daß im jetzt betrachteten verallgemeinerten Fall die Einschränkung auf systematische Abbauweisen zu
scharf ist und der Gedanke liegt nahe, systematische Abbauweisen mehr
oder weniger zu verallgemeinern, um so vielleicht doch noch zu einem absolut optimalen Abbauverfahren zu kommen. Um zu begründen, warum wir
diesen Versuch für aussichtslos halten, führen wir den Begriff der "Verzahnung"ein:
Sei n die Anzahl der Operatoren des zu übersetzenden Ausdrucks A und M =
$K_1, K_2, \ldots, K_n$ eine Abbauweise des zu A gehörigen bestückten Baums (B,h).
Streicht man aus M alle Knoten, die nicht zu T_1 bzw. nicht zu T_O gehören,
so erhält man eine Abbauweise M1 von T_1 bzw. MO von T_O. Umgekehrt gesehen ist M, von $K_n = \varepsilon$ abgesehen, eine *Verzahnung* von M1 mit MO. So ergibt sich z.B. für die Abbauweise des Gegenbeispiels zu OV die folgende,
durch runde Klammern deutlich gemachte Verzahnung:

$$(110,111,11)(OO,O1,O)(1O,1) \varepsilon .$$

Es handelt sich also um 3 *Zähne*; die ersten beiden besitzen die *Breite*
3, der dritte die Breite 2.
Nur systematische Abbauweisen zu betrachten bedeutet, sich stets auf
zwei sehr spezielle Verzahnungen zu beschränken, nämlich auf M = (M1)
(MO) ε oder M = (MO)(M1) ε . Systematische Abbauweisen zu verallgemeinern
würde jedenfalls bedeuten, auch mehr als 2 Zähne zuzulassen und vielleicht
auch, über die Zahnbreite Vorschriften zu machen. Der folgende Satz be-

gründet, warum wir derartige Versuche für aussichtslos halten:

Satz 10:

Gibt man die Anzahl $m \geq 0$ der Zähne und zu jedem Zahn eine Breite $b_i \geq 1$ vor und gilt $b_1 \geq 2$, $b_2 \geq 2, \ldots, b_{m-1} \geq 2$ und $b_m \geq 1$, so gibt es einen bestückten Baum (B,h) so, daß die Teil-Abbauweisen M1 und M0 von T_1 bzw. T_0 aller optimalen Abbauweisen M des Baums B auf die vorgegebene Art verzahnt sind, d.h. diese Verzahnungen sind erzwingbar. Alle sonstigen Verzahnungen mit $b_i \geq 1$ für $i = 1(1)n$ sind nicht erzwingbar. Einzige Ausnahme: Für $B = \{\varepsilon,0,1,00,01,10,11\}$ gilt $b_1 = b_2 = 1$.

Beweis: Siehe [5], Satz 25.

Es sind also nahezu alle Verzahnungen erzwingbar. Deshalb sind wir der Meinung, daß man nur mit grundsätzlich neuen Ideen ein Verfahren finden kann, welches zu jedem bestückten und markierten Baum (B,h) mindestens 1 optimale Abbauweise liefert.

6. L i t e r a t u r

[1]   Samelson, K., Bauer, F.L.: "Sequential Formula Translation", Comm. ACM 3, 76 - 83 (1960)

[2]   Nakata, I.: "On Compiling Algorithms for Arithmetic Expressions", Comm. ACM 10, 492 - 494 (1967)

[3]   Redziejowski,R.R.: "On Arithmetic Expressions and Trees", Comm. ACM 12, 81 - 84 (1969)

[4]   Sethi,R., Ullmann,J.D.: "The Generation of Optimal Code for Arithmetic Expressions", Jour. ACM 17, 715 - 728 (1970)

[5]   Peters, U.: "Der Hilfszellenbedarf von übersetzten Ausdrücken", Dissertation, Institut für Angewandte Mathematik und Informatik der Universität des Saarlandes, D-66 Saarbrücken 11 (1973)

Anschrift des Verfassers:
Dipl.-Math. Ulrich Peters
Institut für Angewandte Mathematik und Informatik
der Universität des Saarlandes
D-6600 Saarbrücken 11 / St. Johanner Stadtwald

A PASCAL COMPILER BOOTSTRAPPED ON A DEC-SYSTEM 10

G. FRIESLAND, C.-O. GROSSE-LINDEMANN, F.-W. LORENZ,
H.-H. NAGEL, P.J. STIRL

Abstract
A new PASCAL (1) compiler, developed at the ETH Zürich (2), has been
successfully bootstrapped on to a PDP-10 within 7 months by the equivalent work of 3 students. The approach differed from (3) insofar as no
other computer has been used during this process. Our experience and
conclusions concerning the bootstrap procedure, the compiler from which
we started and the language PASCAL are reported.

I

Based on the experience of teaching an introductory course in computer
science, at Hamburg University since summer 1972, it was felt that the
limited control and data structuring facilities of the available languages (essentially ALGOL 60 and FORTRAN IV) were insufficient for
many nonnumerical programming problems. The independent implementation
of a more powerful language for the DEC-System 10/50 at the Institut
für Informatik was way beyond our resources. The availability of a
PASCAL-Compiler written in PASCAL (1,4,5), however, made a bootstrap
appear feasible - an impression reinforced by the example for the Belfast ICL 1900 (3). Compared to the Belfast approach the situation at
Hamburg differed in that such a project would have to be carried
through by students who had no previous experience with compilers, the
language PASCAL or the DEC-System 10 which became operational here in
November 72. In addition, no trip to Zürich could be financed nor was
any other CDC-installation with a running PASCAL-compiler accessible
to us at that time.

We therefore investigated a bootstrap using our PDP-10 only, based on
a PASCAL source version and a corresponding CDC 6000 object version of
the PASCAL compiler (4,5) which we obtained together with the CDC assembly language runtime support from the ETH Zürich. During the winter
term 72/73 a simulator for the CDC 6000 series was developped in MACRO-10,
the DEC-System 10 assembly language. Simulating the execution of the

CDC object code version of the PASCAL compiler required a special bare bones (23 k word) monitor version, only usable during night shifts and weekends: our installation is equipped with only 65 k words, 36 k of which were required by code and working space for the CDC object version of the PASCAL compiler (2 PDP-10 words à 36 bit for each 60 bit CDC word), about 2 k words for the simulator of the CDC 6000 processor as well as the runtime support of the compiler and the remaining 4 k words were required for I/O buffers, debugging support and working space. In March 73 we succeeded in compiling the PASCAL source version of the compiler, taking more than 90 minutes real time on a dedicated PDP-10 - to be compared against 55 seconds to execute the same compilation on the CDC 6400 at the ETH Zürich (5). Since we had not yet implemented the simulation of floating point instructions, the object code of the compiler obtained by simulation at Hamburg was not completely identical to that obtained from Zürich. These experiences (6) indicated that a bootstrap without recourse to a faster executable compiler version would become rather laborious.

II

Therefore we decided to bootstrap the new PASCAL compiler (2) being developed during this period. In order to improve its portability (7) the new compiler generates code for an hypothetical stack computer (SC) rather than for the CDC 6000 series. The SC was communicated to us (8) in form of a short description and the listing of a PASCAL program to interpret SC-code. On this basis an interpreter was written in MACRO-10 and debugged by two students in about two weeks. After having obtained (April 8, 1973) a magnetic tape with a PASCAL source file and a SC object code file of the new PASCAL compiler, two innocent details caused considerable work until we were able to compile the PASCAL source version by using our SC-interpreter to execute the SC object code version of the compiler.

The SC relies on storing data with type-attributes (undefined, integer, real, boolean, set, pointer, stack mark). These are also helpful for runtime checks, reading stack dumps etc. The original MACRO-10 version of the SC interpreter used one PDP-10 word for the type attribute and the next one for the actual data value. This representation, however, required so much space for the runtime stack during compilation of the compiler that more core was required than available. Consequently the type attribute was packed as a 3 bit field together with data into one PDP-10 word - making it impossible to use the full word for storing, e.g., a complete PDP-10 instruction.

Moreover, using only 59 of the 64 character representations in the CDC display code, the SC at ETH Zürich could store entities of type SET OF CHARacters in one 60 bit CDC-word. This is not possible on the PDP-10 with a word size of only 36 bits. Loading, storing or passing variables of type SET OF CHAR requires a two word transfer whereas the original SC version only had provisions for one word variables. Three principal modifications were necessary

1. In the PASCAL source version of the compiler entities of type SET OF CHAR must be endowed with a size of 2 (words) rather than 1 (word).
2. The SC object code has to treat such objects as 2 word entities.
3. The SC object code has to generate the appropriate code for handling such entities.

Using the well known T-notation (9) the steps leading to reproducibility of the PASCAL compiler generating code for the SC on our DEC-System 10 can be depicted as

obtained from Zürich   generated at Hamburg

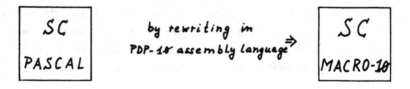

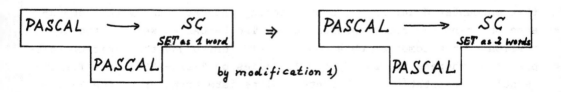

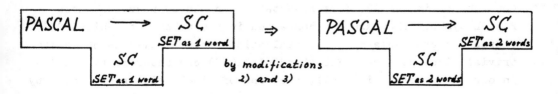

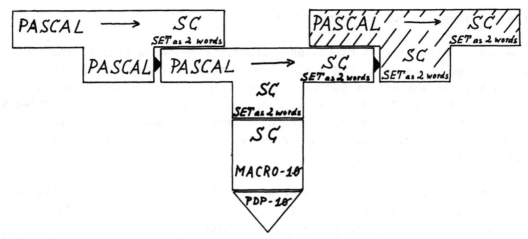

It took about two months to debug the necessary modifications in the
SC object code before it was possible to reproduce this object code
(hatched T), a long time compared to writing the SC interpreter in assembly language. Modifying the SC object code was aggravated by the
fact that the entire SC version of the compiler appears as one absolutely addressed piece of code.

The representation of the SC code for the compiler in the PDP-10 requires 13.0 k words + 1.5 k words for constants, the runtime stack for
the compilation of the PASCAL compiler generating code for the SC requires 13.5 k words and the PDP-10 object version of the SC interpreter
together with the necessary runtime support 2.5 k words. The execution
of such a compilation requires 7-8 minutes real time on a dedicated
PDP-10: a significant advance from the CDC 6000 simulator.

The preceeding discussion shows up to what extend portability might be
hampered by implicit machine dependence. There is another example for
this encountered during our bootstrapping process, namely the dependence on character code representation. The PASCAL as well as the SC
version of the compiler obtained from ETH Zürich use the 6-bit-CDC-dis-
play code whereas the DEC-System 10 relies on 7-bit-ASCII code for internal representation of characters. Immediate transfer to the 7-bit-
ASCII code would have required three groups of modifications:

1. Conventions in the ASCII representation should be used for those
   PASCAL symbols that are not contained in the subset of 7-bit-ASCII
   characters available at our installation. This problem is not quite
   trivial since no single EOL ("end of line") character is available
   in our subset of 7-bit-ASCII, the "end of line" being represented by

the sequence: carriage return - line feed.
2. Adapting the PASCAL source version of the compiler to the new conventions. There are several instances in the new PASCAL compiler where it relies explicitly on the order of the 6-bit-CDC-display code to select subranges for declaring and accessing arrays with index expressions of type CHARacter. These instances can all be avoided by appropriately using the available language features of PASCAL. Most of these modifications are trivial editing operations; however, small generalisations in the logical treatment of entities with type SET OF CHAR are required (no modifications are required for the CASE statement with tagfield type CHAR).
3. The consequences of the above adaptations have to be incorporated into the SC object code version of the compiler.

It was decided against converting the PASCAL and SC version of the compiler to 7-bit-ASCII but to wait until some agreement would have been reached with respect to handling end-of-line situations and a compiler object version generating code for the DEC-System 10 could be reproduced correctly on our installation. Both conditions have been fulfilled in the meantime (10) and the conversion to ASCII is just being implemented. In the meantime we converted the ASCII input file to the SC interpreter into CDC-display code and reconverted the output file from display code back to ASCII code.

III

Parallel to these activities two students investigated how to introduce code generation for the DEC-System 10 into the compiler. The compilation process for a simple example was evaluated and only those code generation procedures were inserted that were necessary to obtain the expected PDP-10 code for this example. Based on this experience - touching all important parts of the compiler - the main problems could be identified and a time schedule for their treatment be planned. Since both students should not spend much more than half a year on this task and nevertheless obtain a compiler directly executable on our DEC-System 10, some of the following decisions have been influenced by this condition:

1. The new compiler (2) generates code as soon as possible, using the runtime stack to hold results of evaluated subexpressions. In this respect it is similar to the first PASCAL compiler (5) which used the CDC 6000 X-registers as a register stack. As already noted for

the old compiler (3,11) this approach requires either complete re-
writing of the expression evaluating parts or accepting severe in-
efficiencies in the code generated for machines that may combine
registers directly with operands in memory. Since the PDP-10 provides 16 accumulators of which 15 may be used as index registers as
well, we could use a large fraction of these to implement a register
stack - an option not open for the ICL 1900 series (3). We decided
to do this and postpone an optimization that can only be obtained
by considerable redesign of those parts analysing expressions.

2. The availability of many index registers would allow a realization
   of the display register concept - suggested, e.g., by Wirth for the
   first PASCAL compiler (5); it can be found, too, in the architecture
   of the Burroughs B 6700 computers (12). Hoare observed - quoted by
   Wirth in (13) - that most of the variables used in a procedure are
   either declared locally or globally. It seems to be more economical
   to dynamically evaluate the proper environment for a variable declared at an intermediate level whenever it is used rather than update
   the display registers every time a procedure is left. We adopted
   this solution and - as a consequence - changed the declaration of
   some rather frequently used variables from their original intermediate level to the global level.

3. Although the PDP-10 version of the PASCAL compiler should eventually
   generate absolute, directly executable code, it seemed advantageous
   to output the generated code during the conversion phase in the form
   of MACRO-10 assembly language. The extra assembly step enabled us to
   generate absolutely addressed code in the compiler and nevertheless
   link on the runtime support in assembly language and the DEC-System
   10 dynamic debugging package in a loader run on the relocatable object code generated by the assembler. Since the PASCAL compiler as
   received from Zürich only had provisions for one standard input and
   one standard output file, the simultaneous output of a compiler listing and code for later execution was only possible by treating the
   listing as comments to the assembler (compare later remarks on the
   restriction of only one output file).

4. The byte manipulation facilities of the PDP-10 considerably simplified the implementation of PACKED RECORD and PACKED ARRAY [1 .. 10]
   OF CHAR which enables us to use only two words to store identifiers
   with up to ten characters. Without implementing PACKED we would have
   run into core storage bottlenecks on our installation. However, character strings other than identifiers are not yet packed: this would
   require a nonstandard PACK procedure since the size of other strings

is only detected at execution time and not fixed in a declaration.
(See later remarks.)

A detailed discussion of the decisions that resulted in the current
compiler version for the DEC-System 10 can be found in (14).

The bootstrap of the PDP-10 version proceeded according to the following diagram where the

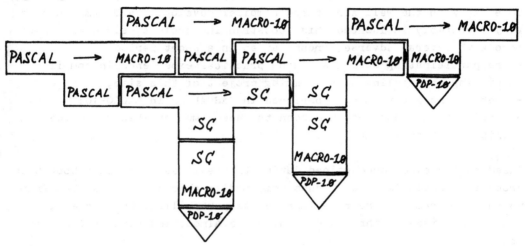

assembly run (MACRO-10 into PDP-10 machine code) has been suppressed.
Without optimization of the PDP-10 code generation the compilation of
the compiler can be executed within 110 seconds of a dedicated PDP-10,
to be compared to 600 seconds needed to obtain the same compilation by
interpreting the SC version of a compiler generating code for the PDP-
10. Replacing the code generation for the SC by that for the PDP-10 has
somewhat increased the size and compile time. The PDP-10 version requires at the moment 5 k words for runtime stack, 2 k words for runtime support and I/O buffers, 4.5 k words for global variables, and
24.5 k words for code and constants, at a total of 36 k words.

The next steps are:
- converting to 7-bit-ASCII code as internal character representation;
- writing a new runtime support to provide I/O-capabilities for arbitrary files, not only for the standard files INPUT and OUTPUT as in
  the compiler version obtained from ETH Zürich;
- providing means to communicate via a typewriter terminal, something
  which is not asked or implemented in a batch processing environment
  but of great importance in a timesharing environment as given by the
  DEC-System 10;

- output directly executable, absolute code which after the compilation is immediately loaded and started;
- optimization by redesign of analysis and code generation for expressions.

IV

The clarity and formulating power of the programming language PASCAL together with the well structured compiler developed by U. Ammann have very favourably influenced this bootstrapping project, since we had to cope with several adverse circumstances in a short period:
- the participating students had no practical experience in compiler building or handling a programming project of this size;
- they had no programming experience in PASCAL or in MACRO-10;
- nobody at our institute had seen the new compiler when we decided on this bootstrapping project.

Based on the experience gained during the realization of this bootstrap process we would like to discuss some modifications to the system from which we started in order to improve its portability. Our suggestions can be organized in three areas which are almost independent from each other:

1. The stack computer and the SC version of the compiler.
2. The PASCAL version of the new compiler as far as no modifications to the definition of the language PASCAL are implied.
3. Considerations to modify the PASCAL definition.

Ad 1: Modifications to SC and SC compiler version
1.1 The SC should not rely on word sizes greater than, e.g., 32 bits for internal representation of data (see section II).
1.2 Any unavoidable modifications to the SC object code of the compiler would be considerably eased if the SC code could be written out with symbolic branch addresses referring to labels rather than as one absolutely addressed block. Since the SC employs anyway a "loading phase" to convert the character representation of the SC code into its internal representation, the realization of this suggestion might not introduce unreasonable overhead (see section II).
1.3 At present, the SC outputs either a compiler listing and SC code - in which case the SC code cannot be loaded and executed - or only SC code which can be loaded and executed. This forces the user to choose between two compilation passes or not getting a compiler

listing. If the SC loader could recognize a "comment" symbol and every line of compiler listing would be preceeded by such a comment symbol, this unfortunate alternative can easily be avoided.

Ad 2: Changes in the new PASCAL compiler requiring no modifications to the language definition.

2.1 The dependence of the compiler on the order of character symbols in the code used for internal representation should be made more explicit. This includes defining and initialising all arrays for at least a full 64 character set regardless of its internal ordering. In addition the compiler logic for handling SETs should be parametrized in such a way that even transfer to the 7-bit-ASCII code should be possible as far as it is restricted to the use of those characters that are also contained in the 6-bit-ASCII subset. The realization of the CASE statement in the PASCAL compiler is a nice example that such an approach is indeed possible.

2.2 Since the majority of presently available computer architectures support direct operand combinations between registers and memory, code generation for expressions should be delayed as long as possible to obtain enough information for the proper choice of instructions (3). Being able to model code generation for these computers according to better suited code generation for an intermediate machine would considerably ease the transfer of such a compiler. Now one is forced to choose between complete redesign of the corresponding parts in the compiler for optimizing the generated code or to accept quite inefficient and voluminous code - if this approach is feasible at all.

Ad 3: Modifying the PASCAL definition to improve portability.

3.1 The new compiler - as it is obtained from Zürich - has only the standard INPUT and OUTPUT files implemented - necessitating output of compiler listing and generated code on the same file. Incorporating the compiler listing as comments in the code output for the MACRO-10 assembler (compare 1.3 of this section) eases this disadvantage somewhat. Still a high price has to be paid: assembly of this output file from a compilation of the compiler itself requires about 6 minutes on a dedicated PDP-10 (three times more than to compile with the PDP-10 version of the PASCAL compiler!) and about 35-40 minutes to print the resulting list with a 1100 line per minute printer. This results from the input format required by the MACRO-10 assembler, namely one instruction per line. Abusing some PASCAL features we enforced a second output file in order to be able to separately write code for assembler input and a compiler listing together with a compressed format for the generated code. Reducing the print time by more than a factor three to less than 10 minutes destroyed a considerable psychological barrier to obtain and inspect the current compiler output listing during debugging runs.

This problem is basically due to the fact that the current version of PASCAL allows the formatted input/output procedures READ and WRITE only for the standard files INPUT and OUTPUT, respectively. It should be easy to include an optional file specification into these procedures in order to use them for other files as well. Although it is in principle possible to access other files by means of the standard procedures GET and PUT, these are not implemented in the new compiler from which we bootstrapped. In addition - their use requires more effort to obtain the formatting features that are available in READ and WRITE.

3.2 As a corollary to the preceeding point: why are nonstandard procedure argument conventions necessary for formatted I/O? One could argue: the standard argument conventions are not general or powerful enough to account for a situation which apparently occurs so often that specific non-standard conventions have to be introduced.

3.3 The restricted memory configuration of our installation forced us to make use of the PACKED option at an early stage in the bootstrap process. Here again we were restricted from packing general strings - as they occur, e.g., in arguments to READ and WRITE - due to the narrow definition of the standard procedure PACK which accepts only arrays of characters with a size fixed at declaration time.

3.4 Considerable space could be saved if it would be possible to initialize globally declared variables at compile time - a feature which is available in the first PASCAL compiler on a trial basis, but not included in the revised report on PASCAL.

3.5 Although the PACKED RECORD feature enables one to generate a full PDP-10 instruction without recourse to assembly language routines, the lack of a proper transfer function forbids to append full word instructions and constants of type real, integer etc. onto one single output file: the "variant" record concept cannot be used here since no space is available in the object code file for a tagfield variable. If the language should allow to formulate as much as possible of the compiler requirements in PASCAL itself - thus reducing the size of a runtime support to be developed specifically for each installation - then transfer procedure of the following kind is necessary:

```
PACKEDWORD (VAR RESULTWORD:INTEGER;
            VAR NAMEOFDATASTRUCTURE   {no type declaration} ;
            POSITIONOFWORD:INTEGER);
```

This would pick the word, indicated by the third argument, from
the data structure indicated by the second argument - regardless
of its type - and return it as an integer in RESULTWORD. It is
obvious that a procedure depends on the implementation - but the
same argument applies to standard procedures like CHR and ORD.
Moreover, it is still preferable to a nonstandard call of an
assembly language procedure.

3.6 In a timesharing environment it is important to be able to
directly communicate over terminals - and still access a standard
INPUT and OUTPUT file different from the terminal I/O. Therefore
we intend to reproduce the READ and WRITE procedures - as well as
the other standard procedures like GETLN, PUTLN (10) - as READTTY,
WRITETTY etc. to allow formatted I/O from terminals. A BREAKLN
procedure will be added to terminate output to the terminal without a "carriage return - line feed" in order to let the user type
in his answer on the same line on which a question has been
written by the program (15).

V

We thank Prof. N. Wirth and Mr. U. Ammann for the very generous and
helpful cooperation that enabled us to smoothly advance with our
project up to the stage described in this report.

The MACRO-10 interpreter for the SC has been developed by one of the
authors (G.F.) with very engaged support from Mr. D. Friede. Mr. M.
Behrens contributed heavily in getting the "SET problems" of the SC
solved and sketched a preliminary runtime support for the MACRO-10
version of the compiler. Mr. H.-E. Sengler has drawn our attention
to the problems connected with the conversion from CDC- to ASCII-
code. The CDC 6000 simulator has been developed and debugged by Mr.
H.-H. Brockmann - a considerable piece of work in view of the fact
that all these students had no experience whatsoever with the DEC-
System 10 when they accepted their respective tasks. We would
like to extend our gratitude to them not only for their contribution
but for their enthusiasm and interest with which they engaged

themselves. One of the authors (H.-H. N.) gratefully acknowledges
a discussion with Prof. F. Schwenkel on the subject of this report.

Literaturhinweise

(1) Wirth, N., The Programming Language PASCAL: Acta Informatica 1,
35 (1971) and (Revised Report) Berichte der Fachgruppe Computer-
wissenschaften der ETH Zürich, Nr. 5 (Juli 1973)

(2) Ammann, U., The Method of Structured Programming Applied to the
Development of a Compiler: Proceedings of the ACM International
Computing Symposium, Davos (4.-7. Sept. 1973)

(3) Welsh, J., Quinn, C., A PASCAL Compiler for ICL 1900 Series
Computers: Software-Practice and Experience 2, 73 (1972)

(4) Schild, R., Implementation of the Programming Language PASCAL:
Proceedings of the 1. GI Fachtagung über Programmiersprachen -
München   March 71 and Lecture Notes in Economics and Mathemati-
cal Systems, vol 75 (1972), p. 1, Springer Verlag, Berlin -
Heidelberg - New York

(5) Wirth, N., The Design of a PASCAL Compiler: Software-Practice
and Experience 1, 309 (1971)

(6) Brockmann, H.-H., Friesland, G., Habermann, H.-J., Lorenz, F.-W.,
Nagel, H.-H., Sengler, H.-E., Stirl, P.J., Ein PASCAL Compiler
für die PDP 10, Bericht über eine Gruppenstudienarbeit: Mitteilung Nr. 2 des Instituts für Informatik der Universität Hamburg
(Mai 1973)

(7) see e.g.
- Poole, P.C., Waite, W.M., Portability and Adaptability: Advanced
Course on Software Engineering (F.L. Bauer, ed.) and Lecture
Notes in Economics and Mathematical Systems vol 81 (1973),
p.183, Springer Verlag, Berlin - Heidelberg - New York
- Bauer, F.L., Software Engineering: Proceedings of IFIP Congress
1971, (C.V. Freimann, ed.), North-Holland Publ. Co., Amsterdam
1972, p. 530

(8) private communications by Mr. U. Ammann and Mr. N. Wirth,
see also (2)

(9) Earley, J., Sturgis, H., A Formalism for Translator Interactions:
CACM 13, 607 (1970) and the literature quoted therein

(10) Wirth, N., Implementations of PASCAL in systems using character
sets without control characters (ETH Zürich, note of June 26,
1973) (revised October 30, 73)

(11) Desjardins, P., A PASCAL compiler for the XEROX Sigma 6: ACM
      SIGPLAN Notices 8, No. 6, p. 37 (June 73)

(12) Organick, E.I., Cleary, J.G., A Data Structure Model of the
      B 6700 Computer System: Proc. Symposium on Data Structures in
      Programming Languages (J.T. Tou, P. Wegner, eds.), ACM SIGPLAN
      Notices 6, No. 2, p. 83 (Febr. 71)

(13) Wirth, N., On "PASCAL", Code Generation, and the CDC 6000
      Computer: Computer Science Department, Stanford University,
      STAN-CS-72-257 (Febr.72)

(14) Lorenz, F.-W., Stirl, P.J., Diplomarbeit: Institut für Infor-
      matik, Hamburg (in Vorbereitung) 1973

(15) This is modelled after a corresponding feature in the DEC-
      System 10 ALGOL 60 version

Anschrift des Verfassers:

Professor Dr. Hans-Hellmut Nagel, Institut für Informatik
der Universität Hamburg, 2 Hamburg 13, Schlüterstr. 70

ERFAHRUNGEN MIT EINEM PARSER-GENERATOR FÜR CHOMSKY-GRAMMATIKEN

R. NOLLMANN

0. Einleitung

J. Eickel und M. Paul haben in [EP] einen Algorithmus vorgestellt,
der das Analyse- und Mehrdeutigkeitsproblem bei Chomsky(-o)-Gramma-
tiken untersucht.
Wesentlich bei dem Verfahren ist der Gedanke, Schwierigkeiten bei
einer bottum-up-Analyse dadurch zu vermeiden, daß man sich nicht von
vornherein auf eine bestimmte Analyse-Strategie festlegt, also insbesondere auch von der üblichen Links-Rechts-Strategie abweicht.
Auch sollen Informationen, wie Schwierigkeiten zu beheben sind, nicht
erst zur Laufzeit des Parsers gesammelt werden, sondern in einem
Parser-Generator-Lauf. Die erzeugten Listen sollen möglichst klein
sein.

Der Parser soll dabei wie folgt arbeiten:

Die Analyse kann in mehreren "Läufen" durchgeführt werden. Dabei
werden in einem "Lauf" jeweils nur "leicht" analysierbare Teile reduziert, "schwer" analysierbare Teile sollen in einem der nächsten
Läufe analysiert werden, wobei gehofft wird, daß auf Grund bereits
erkannter Teilstrukturen die Analyse dann weniger schwer sein wird.

Wegen der Unentscheidbarkeit des Wort- und Mehrdeutigkeitsproblems
für Chomsky(-o)-Sprachen kann das Verfahren von Eickel und Paul nur
ein Versuch sein, bei konkreten Grammatiken diese Fragen (teilweise)
beantworten zu lassen. Der Parser-Generator untersucht den strukturellen Zusammenhang einer vorgelegten Sprache. Dadurch erhält der
Sprachentwerfer wichtige Hinweise auf Eigenschaften der Sprache
(erkannte Mehrdeutigkeiten, Sackgassenfreiheit bzw. -armut, struk-
turelle Komplexität), dem Implementierer wird die Konstruktion der
Übergangslisten erleichtert oder ganz abgenommen. Während die Syntax
von Programmiersprachen üblicherweise mit Hilfe kontextfreier Grammatiken beschrieben wird, lassen sich mit Hilfe von allgemeinen
Chomsky-Grammatiken Optimierungen in der Nähe der Quellsprache als
auch der Zielsprache beschreiben.

1. Der Parser-Generator

Der Parser-Generator untersucht den strukturellen Zusammenhang
einer gegebenen Chomsky-Grammatik. Er soll dabei erkennen, ob es
in der Grammatik Mehrdeutigkeiten und kritische Regeln gibt.
Kritische Regeln, d.h. Regeln, die bei einer bottum-up-Analyse
in Sackgassen führen können, sollen unkritisch gemacht werden.
Der Parser-Generator transformiert dazu die Grammatik schritt-
weise in eine sackgassenärmere Grammatik, indem er zu kritischen
Regeln innerhalb vorgegebener Schranken Links- und/oder Rechtskontext konstruiert.

1.1 Beschreibung des Verfahrens

Von der zu untersuchenden Grammatik G = (A, T, P, S) muß das
Produktionensystem P in BNF-Schreibweise vorliegen. Die Menge A
der Alphabetelemente wird aus dem Produktionensystem bestimmt.
Angaben zum terminalen Zeichenvorrat T und zur Menge S der
Axiome sind nicht notwendig. Die Axiome sollen jedoch maximal
sein, d.h. zu keinem Axiom $s \in S$ gibt es eine Produktion, so daß
gilt a::=bsd. Überdies soll die Grammatik eine "Grammatik mit
Randzeichen # " sein.

1.1.1 Zunächst wird die folgende einfache Transformation vorgenommen:

Tritt ein Alphabetelement $X \in A$ mehr als einmal in den rechten
Seiten des Produktionensystems auf, so wird für jedes Auftreten
von X dem Alphabet ein $X' \notin A$ hinzugefügt, das (kritische) Alphabetelement X wird an der Fundstelle durch das (unkritische) X' ersetzt und schließlich wird dem Produktionensystem P die (kritische) Produktion X'::=X hinzugefügt. Die Menge der auf diese Art
erzeugten Regeln wird Menge der kritischen Regeln genannt:
Regeln dieser Menge können der Beginn von Mehrdeutigkeiten oder
Sackgassen sein.

1.1.2 Nach dieser einfachen Transformation wird das Alphabet in dis-
junkte Teilmengen zerlegt:

$$A = A^{\perp} \cup A^k \cup A' \cup A^* \cup A^- \cup A^{\prime} ,$$

wobei gilt:

$A^{\perp}$ ist die Menge der Alphabetelemente, die im Produktionensystem nur auf den linken Seiten auftreten (Axiom, Anti-
terminal-Elemente);

A^k ist die Menge der kritischen Alphabetelemente;

$A^!$ ist die Menge der unkritischen Alphabetelemente, die einziges Alphabetelement der rechten Seite einer Produktion sind;

$A^\backslash$ ist die Menge der Alphabetelemente, die eine rechte Seite einer Produktion beginnen;

$A^/$ ist die Menge der Alphabetelemente, die eine rechte Seite einer Produktion beenden;

A^- ist die Menge der Alphabetelemente, die in einer rechten Seite einer Produktion weder erstes noch letztes Element sind.

Mit Hilfe dieser Zerlegung läßt sich die zweistellige Relation ϱ definieren:

Sei $X, Y \in A$. Es gelte $X \varrho Y$ genau dann, wenn eine der folgenden Bedingungen gilt:

1) $X \in A^\backslash \cup A^-$, $Y \in A^\perp$

2) $X \in A^\perp$, $Y \in A^- \cup A^/$

3) Es gibt kein $p \in P$, so daß gilt: $p = (a::=a_1 X Y a_2)$

Mit Hilfe der Relation ϱ läßt sich schnell und einfach prüfen, ob eine vorgelegte Zeichenreihe (String) "unzulässig" ist. Diese Prüfung erfolgt "statisch", d.h. ohne reduzierendes ("dynamisches") Anwenden von Produktionen. Eine "nicht unzulässige" Zeichenreihe kann durch (mehrmaliges) Reduzieren als "syntaktisch falsch" erkannt werden. Der Analysealgorithmus prüft bei zwei benachbarten Alphabetelementen jeweils, ob die Relation ϱ erfüllt ist oder nicht. Diese Prüfung ist besonders nach kritischen Reduktionen wichtig, um unzulässige Zeichenreihen zu eliminieren.

1.1.3 Mit Hilfe der Zerlegung des Alphabetes läßt sich leicht sagen, was ein "offener" bzw. ein "abgeschlossener" String ist:

a) Ein String $x = X_1 \ldots X_n \in A^+$ (A^+: freie Halbgruppe über A bzgl. der Konkatenation) heißt offen, wenn (mindestens) eine der folgenden Bedingungen erfüllt ist:

a.1) $X_1 \in A^/ \cup A^-$

a.2) $X_n \in A^- \cup A^\backslash$.

b) Ein String $x \in A^+$ heißt abgeschlossen, wenn $x \in (A^\perp)^+$ gilt.

c) Ein String $x = X_1 \ldots X_n \in A^+$ heißt links (rechts) abgeschlossen, wenn $X_1 \in A^\perp$ ($X_n \in A^\perp$) gilt.

Nun wird ein "Reduktionsschritt für einen String" erklärt:

1) Führe in dem zu analysierenden String (von links nach rechts oder umgekehrt gehend) an jeder Stelle, an der eine nicht-kritische Reduktion möglich ist, diese Reduktionen aus. Falls der String dann weder offen noch abgeschlossen ist und mindestens eine nicht-kritische Reduktion möglich war, wiederhole 1). Andernfalls:

2) Führe an jeder möglichen Stelle, an der eine kritische Reduktion möglich ist, die kritischen Reduktionen aus. Zähle den Reduktionszähler dieses Strings um 1 hoch.

3) Reduziere in jedem der reduzierten Strings an jeder Stelle, an der eine nicht-kritische Reduktion möglich ist. Wiederhole bei jedem der übrigbleibenden nicht unzulässigen Strings nicht-kritische Reduktionen, bis der String entweder offen oder abgeschlossen ist oder bis keine weitere nicht-kritische Reduktion mehr möglich ist.

Bem.: Im Teilschritt 2) entstehen häufig Strings, die auf Grund der Relation ϱ unzulässig sind und deshalb entfernt werden müssen. Deshalb ist der Teilschritt 3) wegen der Einsparung von Speicher besonders wichtig. Es entstehen z.B., wenn für i kritische Elemente jeweils K_i Ersetzungen möglich sind, $k_1 \cdot k_2 \cdot \ldots \cdot k_i$ neue Strings.

1.1.4 Ziel des Verfahrens ist es, zu kritischen Produktionen Kontextbedingungen zu finden. Die Schreibweise

$$[a] X' ::= X [b] \longrightarrow x$$

soll bedeuten, daß X zu X' reduziert werden kann, wenn der Linkskontext $a \in A^+$ und der Rechtskontext $b \in A^+$ vorhanden ist; dann kann aXb zu aX'b und aX'b zu $x \in A^+$ reduziert werden. Das gewünschte Ziel ist erreicht, wenn es zu dem Linkskontext a und dem Rechtskontext b nur eine anwendbare kritische Produktion X' ::= X gibt.

Aus der (unendlichen) Menge möglicher, im Sinne der Relation ϱ nicht unzulässiger Kontexte wird genau ein Element ausgewählt:

O.B.d.A sei $x=X_1 \ldots X_n$ rechts offen, d.h. an x kann rechts Kontext angefügt werden. Dann gibt es nämlich ein $Y \in A$ und eine Produktion $p \in P$, so daß $p=(a::=a_1 X_n Y a_2)$ (und damit auch $X_n \mathcal{G} Y$) gilt. Dann ist $Y a_2$ der gesuchte Kontext. (Dieser Kontext wird gelegentlich auch Grundkontext genannt, im Gegensatz zu den Kontexten, die später auf andere Art konstruiert werden.) Linkskontext wird analog gefunden.

Nach dem Anhängen von Kontext hat man Strings, die weder offen noch abgeschlossen sind. Durch weitere Reduktionsschritte für Strings wird versucht, sie zu offenen oder abgeschlossenen Strings zu reduzieren.

Die Iterationsvorschrift zur Kontextsuche für die kritische Produktion $X'::=X$ lautet demnach (ohne Abbrech-Kriterium):

$$\frac{[a_i] \; X'::=X \; [b_i] \longrightarrow x_i}{[a_{i+1}] \; X'::=X \; [b_{i+1}] \longrightarrow x_{i+1}} \qquad \text{für } i=0,1,2,\ldots,$$

wobei $a_0:=e$, $b_0:=e$ und $x_0:=X'$ zu setzen ist (e ist der leere String).

Es gilt:

$$a_{i+1} = \begin{cases} a'_{i+1} a_i & \text{falls } x_i \text{ links offen} \\ \# \; a_i & \text{falls } x_i \text{ links abgeschlossen und noch kein Randzeichen angefügt ist} \\ a_i & \text{sonst} \end{cases}$$

$$b_{i+1} = \begin{cases} b_i \, b'_{i+1} & \text{falls } x_i \text{ rechts offen} \\ b_i \, \# & \text{falls } x_i \text{ rechts abgeschlossen und noch kein Randzeichen angefügt ist} \\ b_i & \text{sonst} \end{cases}$$

$$
x_{i+1} = \begin{cases}
a'_{i+1} x_i & \text{falls links offen} \\[1em]
x_i b'_{i+1} & \text{falls rechts offen} \\[1em]
a'_{i+1} x_i b'_{i+1} & \text{falls links und rechts offen} \\[1em]
x_i & \text{sonst}
\end{cases}
$$

1.1.5 Wir haben im letzten Abschnitt angedeutet, wann die Kontextsuche zu einem kritischen Element beendet werden kann.

Zunächst sagen wir, was unter Links- und Rechtsdurchschnitt von zwei Strings $x = X_1 \ldots X_n$ und $y = Y_1 \ldots Y_m$ verstanden werden soll:

a) Sei j die maximale Anzahl derjenigen Alphabetelemente, in denen x und y vom Anfang her übereinstimmen.
    Dann heißt (e sei der leere String)

$$
x \cap_L y := \begin{cases}
e & \text{falls } j = o \\
x & \text{falls } j = n \\
y & \text{falls } j = m \\
x_1 \ldots x_j & \text{sonst}
\end{cases}
$$

Linksdurchschnitt von x und y.

b) Sei j die maximale Anzahl derjenigen Alphabetelemente, in denen x und y vom Ende her übereinstimmen.
    Dann heißt

$$
x \cap_R y := \begin{cases}
e & \text{falls } j = o \\
x & \text{falls } j = n \\
y & \text{falls } j = m \\
x_{n-j+1} \ldots x_n & \text{sonst}
\end{cases}
$$

Rechtsdurchschnitt von x und y.

Damit lassen sich die folgenden Definitionen geben:

c) Die Kontextabhängigen Produktionen

$$[a] \ X'::=X \ [b] \longrightarrow x \qquad \text{und}$$

$$[c] \ Y'::=Y \ [d] \longrightarrow y$$

heißen kompatibel, wenn die folgenden Bedingungen gelten:

c.1) $X = Y$

c.2) $X' \neq Y'$

c.3) $a \cap_R c = a$ oder $a \cap_R c = c$

c.4) $b \cap_L d = b$ oder $b \cap_L d = d$

d) Eine kontextabhängige Produktion heißt eindeutig, wenn es zu ihr keine kompatible kontextabhängige Produktion gibt.

e) Eine kontextabhängige Produktion

$$[a] \ X'::=X[b] \longrightarrow x', \qquad x' \epsilon (A^\perp)^+$$

heißt mehrdeutig, wenn es zu ihr eine kompatible kontextabhängige Produktion

$$[a'] X''::=X \ [b'] \longrightarrow x'', \qquad x'' \epsilon (A^\perp)^+$$

gibt.

f) Eine kontextabhängige Produktion heißt kritisch, wenn sie weder eindeutig noch mehrdeutig ist.

Damit können wir sagen:

Die Kontextsuche zu einer kritischen Produktion endet, wenn sie als eindeutig oder mehrdeutig erkannt ist.

Wegen der generellen Unmöglichkeit, einen Algorithmus anzugeben, der das Wort- bzw. das Mehrdeutigkeitsproblem für Chomsky-Sprachen löst, wird bei Erreichen der vorgegebenen Schranke für die Kontextlänge oder für die Anzahl der Reduktionsschritte für Strings die Kontextsuche zu der betreffenden kritischen Produktion eingestellt. Diese Produktion kann also bei späteren Parserläufen in Sackgassen ("back-up") oder in Mehrdeutigkeiten führen.

1.1.6 Ist für alle kritischen Produktionen die Kontextsuche beendet
worden, so ist es notwendig, den gewonnenen Kontext zu begut-
achten, um notwendigen von unnötigem Kontext zu unterscheiden.
Nicht notwendiger Kontext einer kontextabhängigen Produktion
kann gestrichen werden. Er würde den Parser nur belasten.
Notwendig soll ein Kontext dann sein, wenn er gerade noch sichert,
daß die kontextabhängige Produktion nicht kompatibel wird.

Ein einfacher Ansatz zu einer Kontextverminderung ergibt sich
aus folgender Überlegung:

Zu der kontextabhängigen Produktion

$$[a_i] \ X_i ::= X [b_i] \longrightarrow x_i$$

betrachte man die Rechtsdurchschnitte $a_i \cap_R a_j$ und die Links-
durchschnitte $b_i \cap_L b_j$ mit allen kontextabhängigen Produktionen

$$[a_j] \ X_j ::= X [b_j] \longrightarrow x_j,$$

für die $X_i \neq X_j$ gilt.

Unter diesen Rechts- und Linksdurchschnitten wählt man die jeweils längsten aus, z.B. a_{j1} und b_{j2}.
Dann gilt ($|x|$ bedeute Länge von x) :

Falls $\left|a_{j1}\right| < |a_i| - 1$ $(a_i = A_1^{(i)} \ldots A_{|a_i|}^{(i)})$ gilt,

ist $a_i' = A_{|a_i| - |a_{j1}|}^{(i)} \ldots A_{|a_i|}^{(i)}$ ein

kürzerer Linkskontext und,

falls $\left|b_{j2}\right| < |b_i| - 1$ $(b_i = B_1^{(i)} \ldots B_n^{(i)})$ gilt,

ist $b_i' = B_1^{(i)} \ldots B_{|b_{j2}|+1}^{(i)}$ ein kürzerer

Rechtskontext zu $X_i ::= X$.

(Es lassen sich weitere Kontexteinschränkungen angeben.)

Durch die Kontextverminderung werden möglicherweise identische
kontextabhängige Produktionen erzeugt, diese werden bis auf
eine kontextabhängige Produktion gestrichen.

1.1.7 Die bisher erzeugten Kontexte sind Grundkontexte, die bei
offenen Strings durch Ergänzen von Alphabetelementen aus Produktionen entstanden. Bei der späteren Analyse kann jedoch der
Fall eintreten, daß zu einem kritischen Alphabetelement kein
Grundkontext vorhanden ist und an seiner Stelle kritische Elemente zu finden sind, zu denen wiederum der benötigte Grundkontext nicht gefunden wird.

In diesen Fällen wird nämlich der Grundkontext durch die jeweils "anderen" kritischen Elemente erzeugt. Diese "dead-lock"-
Situation und Unvollständigkeit des Produktionensystems soll
durch "Falten" der vorhandenen Grundkontexte beseitigt werden:

Seien

$$[a] \; X'::=X \; [B_1 \ldots B_j \; B_{j+1} \ldots B_n] \quad \longrightarrow \quad x$$

und $\qquad [C_1 \ldots C_i \; C_{i+1} \ldots C_m] \; Y'::=Y \; [d] \quad \longrightarrow \quad y$

zwei kontextabhängige Produktionen.

Wenn es eine Produktion p mit $p=(a_0::=a_1 C_i B_{j+1} a_2)$

gibt (d.h. $C_i \, \S \, B_{j+1}$ gilt), dann ist

$$[a] \; X'::=X \; [B_1 \ldots B_j C_{i+1} \ldots C_m Yd] \longrightarrow a X' B_1 \ldots B_j C_{i+1} \ldots C_m Y'd$$

ein weiterer Kontext zu $X'::=X$.

Ein weiterer Kontext zu $Y'::=Y$ ist

$$[a X B_1 \ldots B_j C_{i+1} \ldots C_m] \; Y'::=Y[d] \longrightarrow a X' B_1 \ldots B_j C_{i+1} \ldots C_m Y'd.$$

1.1.8 Die im letzten Schritt erzeugten Kontexbedingungen ("Faltungen")
werden möglichst gekürzt und mit den bisher gewonnenen Kontexten
verglichen. Wurden Kontexte mehrfach erzeugt, so werden sie bis
auf ein Exemplar gestrichen.

Wurden kompatible Kontexte erzeugt, so wird für diese Elemente
weiterer Kontext gesucht. Das erweiterte Kontextsystem wird
weiterhin gefaltet, bis entweder durch Falten keine neuen Kontexte
erzeugt werden oder die bereits genannten Schranken erreicht
werden.

1.2 Schwierigkeiten

Bisher wurden die wesentlichen Teile des Algorithmus beschrieben. Bei der Implementierung des Generators traten folgende Probleme auf:

a) Wie kann der Speicher- und Zeitbedarf klein gehalten
   werden?

b) Wie wird die Kontextsuche zweckmäßig gesteuert?
   (Bisher wurde lediglich gesagt, daß zu kompatiblen
   kontextabhängigen Produktionen Kontext gesucht wird.)

c) Wie sollen zyklische Reduktionen und zyklische Kontexte
   behandelt werden?

1.2.1 Bei der Beschreibung eines Reduktionsschrittes für einen String
wurde bereits gesagt, von welcher Größenordnung die Anzahl der
Strings ist, die durch Ersetzung kritischer Alphabetelemente
entstehen. Die angegebene Reduktionsvorschrift stellt sicher,
daß gerade diese kritischen Reduktionen unter Kontrolle bleiben.
Nicht-kritische Ersetzungen sind (sofern sie nicht zyklisch
zu längeren reduzierten Strings führen) unbedeutend für den
Speicherbedarf. Das bisher praktizierte Verfahren, alle möglichen kritischen Reduktionen auszuführen, ist einfach, aber
speicheraufwendig: Ein menschlicher "Reduzierer" "sieht" viel
häufiger, wo eine oder auch mehrere kritische Reduktionen nütz-
lich sein könnten. Der Mensch lernt aus der vom Generator aus-
gegebenen Reduktions-"Geschichte", welche kritischen Reduktionen ausgewählt werden müssen, um Verzweigungen der Reduktion zu vermeiden. Der Reduktionsalgorithmus wird im wesentlichen so modifiziert: Sind bereits eindeutige oder mehrdeutige
kontextabhängige Produktionen erkannt, so können sie angewendet werden, falls an der Anwendungsstelle der entsprechende
Kontext gefunden wird. Andernfalls müssen wiederum alle möglichen Fälle "durchprobiert" werden oder aber der menschliche
Berater wird gefragt.

Die Tatsache, daß alle Möglichkeiten "durchprobiert" werden,
weist darauf hin, daß das System von Kontextbedingungen (noch)
unvollständig ist. Es ist während der Grundkontextsuche sehr
unvollständig, durch die (möglicherweise fortgesetzten) Faltungen soll dann eine Vervollständigung erreicht werden.

Die Vollständigkeit des (kontextabhängigen) Produktionensystems
ist Voraussetzung für seine Verwendbarkeit im Parser. Denn
wird bei vollständigem Produktionensystem zu einem kritischen
Alphabetelement kein entsprechender Kontext gefunden, so ist
der zu analysierende String syntaktisch falsch.

1.2.2 Es ist sicherlich nicht sinnvoll, zu allen kompatiblen kontextabhängigen Produktionen weiteren Kontext zu suchen, wie es etwa
durch die Symmetrie der Relation "Kompatibel" nahegelegt wird.
Bei der weiteren Kontextsuche ist der bereits vorhandene Kontext
zu berücksichtigen.

Seien $k_i := [a_i] \, X_i ::= X \, [b_i] \longrightarrow x_i$ $(i \geq 2)$
kompatible kontextabhängige Produktionen.

Man bestimme die Mengen

$$K' := \{ k \mid \quad]k_i : a \cap_R a_i = a \wedge]k_j : b \cap_L b_j = b \}$$

$$K'' := \{ k \mid \quad]k_i : a \cap_R a_i = a \vee]k_j : b \cap_L b_j = b \} \ .$$

Die Menge K' kann aufgefaßt werden als Menge kompatibler
Produktionen mit "unterentwickeltem" Kontext, die Menge K"
als Menge kompatibler Produktionen mit "anders", häufig
"gegenläufig" entwickeltem Kontext.

Beispiel: 1) Zu $[BC]X' ::= X[DE] \longrightarrow x'$ ist
$[C]X'' ::= X[D] \longrightarrow x''$ eine

Produktion mit unterentwickeltem Kontext.

2) In den kompatiblen Produktionen
$[B]X' ::= X[e] \longrightarrow x'$ und
$[e]X'' ::= X[c] \longrightarrow x''$

sind die Kontexte gegenläufig entwickelt.

Als günstig hat sich erwiesen, die unterentwickelten Kontexte
zuerst weiterzuentwickeln:

Falls $K' \neq \emptyset$ gilt, so suche man nur für die kompatiblen Produktionen aus K' Kontext; andernfalls für die kompatiblen Produktionen aus K'' .

Durch diese Verfahrensweise kann ebenfalls der Speicherbedarf vermindert werden, weil kritische Reduktionen nur bei den Elementen aus K' bzw. K'' durchgeführt werden.

1.2.3 Zyklische Reduktionen und zyklische Kontexte werden rigoros behandelt: Sobald eine zyklische Reduktion oder ein zyklischer Kontext erkannt wird, wird die betreffende kritische Produktion entfernt, wobei allerdings vermerkt wird, daß das Kontextsystem zu den kritischen Produktionen $X_i::=X$ möglicherweise nicht vollständig wird.

Die Grundkontexte entstehen auf ziemlich einfache Art durch "Öffnen" und "Kontextanhängen". Das Ende dieser Kontextsuche ist erreicht, wenn nurmehr die Randzeichen ergänzt werden können. Das heißt aber, es soll versucht werden, festzustellen, ob es Kontexte a und b gibt, so daß gilt:

$$[\# \, a] \; X'::=X \; [b \; \#] \longrightarrow \# \, z \, \# \; , \; z \in (A^{\perp})^{+}$$

Das Analyseproblem ist aber für allgemeine Chomsky-Grammatiken nicht entscheidbar. Dies wird hier nochmals erwähnt, weil bei Zyklen gefragt wird, ob u zu xuy bzw. xuy zu u reduziert werden kann.

1.2.3.1 Ein String $a' \in A^{\smile} x (A^{-})^{+}$ (bzw. $b' \in (A^{-})^{+} x A^{\frown}$) heißt zyklischer Linkskontext (Rechtskontext), wenn bei der Kontextsuche der Linkskontext $a = a' \, a' \, a''$ (bzw. der Rechtskontext $b = b'' b' b'$) gefunden wird.

Bei Chomsky-Grammatiken von Typ 2 und 3 bedeutet das, daß es durch weiteres Öffnen die Möglichkeit gibt, wiederum a' (bzw. b') als Kontext anzufügen. Die Möglichkeit, bei einer Verzweigung immer wieder Kontext anfügen zu können, verhindert die abschließende Reduktion aller Verzweigungen auf ein $z \in (A^{\perp})^{+}$.

Andererseits ergeben Kontexte, die erst garnicht in den Zyklus führen oder aus ihm herausführen, häufig die gewünschten nicht-kompatiblen Kontexte.

Bei den anderen Typen von Chomsky-Grammatiken wird ohne Rücksicht auf die Vollständigkeit des erzeugten Systems von
Kontextbedingungen darauf verzichtet, Kontextbedingungen
weiterzuentwickeln, die mehr als einen Zyklus enthalten.

1.2.3.2 Zyklische Reduktionen, die keinen zyklischen Kontext erzeugen,
treten bei Chomsky-2- und -3-Typ-Grammatiken nur auf, falls
es zu einem X eine Reduktionsfolge $X \rightarrow X_1 \rightarrow \ldots X_n \rightarrow X$ $(n \geq 1)$
mit $|X_i| = 1$ gibt.

Werden bei Chomsky-0-Grammatiken Strings x mit
$x = x_1 X x'x' x_2$ oder $x = x_1 y'y'Y x_2$ mit
$x' \in (A^-)^+ x A^\smile$, $X \in A^k$, $y' \in A^\smile x (A^-)^+$, $Y \in A^k$

erzeugt, so wird angenommen, daß sich x' bzw. y' weiterhin
zyklisch erzeugen läßt.

Weiterhin wird angenommen, daß diejenigen Reduktionen, die
nicht in den Zyklus führen oder nach einmaligem Durchlauf aus
ihm herausführen, genügend Information über die Kontextbedingungen geben können.

1.3 Bemerkungen zum Generator und zum erzeugten Produktionensystem

---

Der Generatorlauf wird in vier Fällen willkürlich beeinflußt:

1) Falls "zyklische" Reduktionen auftreten, wird die betreffende Möglichkeit eliminiert.

2) Falls "zyklischer" Kontext auftritt, wird die betreffende Möglichkeit eliminiert.

3) Falls ein Reduktionszähler eine vorgegebene Schranke
erreicht, wird die weitere Kontextsuche zu dem betreffenden
Element eingestellt.

4) Falls eine Kontextlänge ($|a|$ + $|b|$) einen vorge-
gebenen Wert erreicht, wird ebenfalls die Kontextsuche
zu dem betreffenden Element eingestellt.

Durch diese Maßnahmen wird sichergestellt, daß der Generatorlauf für eine zu untersuchende Grammatik beendet wird und
daß der Sprachentwerfer nützliche Hinweise auf Mängel der
Sprachbeschreibung erhält.

1.3.1 Durch die ersten beiden Maßnahmen wird möglicherweise die Vollständigkeit des erzeugten Produktionssystems in Frage gestellt. Die Frage, welche Auswirkungen das Eliminieren hat, kann der Sprachentwerfer (vielleicht) beantworten. Insbesondere interessiert die Frage, ob das erzeugte kontextabhängige Produktionssystem möglicherweise verschiedene Teil-Produktionssysteme enthält, die - mit geeigneter Analysestrategie - ein vollständiges Produktionssystem ergeben. Falls man ein solches Teilsystem auswählen könnte, wäre das Eliminieren unbedenklich. Das Problem ist jedoch für allgemeine Chomsky-Grammatiken unentscheidbar (wegen der Unentscheidbarkeit des Wortproblems). Bei Parserläufen wird häufig beobachtet, daß Regeln redundant sind; die Redundanz bezieht sich jedoch stets auf die gewählte Analysestrategie. Bei anderen Analysestrategien können andere Regeln redundant sein.

1.3.2 Der Reduktionszähler zählt während des Generatorlaufs, wieviele Reduktionsschritte für Strings (s. 1.1.3) nötig sind, bis nicht-kompatibler Kontext für eine kritische Produktion erreicht ist.

Die Werte der Reduktionszähler erlauben eine Aussage über den strukturellen Zusammenhang der zu untersuchenden Sprache. (In [E] wird eine Grammatik "strukturell zusammenhängend" genannt, wenn es Sackgassen gibt, d.h. es gibt Reduktionsfolgen, die nicht auf ein Axiom führen.) Und zwar weisen die Reduktionszählerwerte auf den Aufwand hin, der notwendig war, um - - ausgehend von den kritischen Produktionen - eine sackgassenfreie, also strukturell nicht zusammenhängende Grammatik zu generieren. Die Reduktionszählerwerte können auch auf die Anzahl der Kontextmöglichkeiten hinweisen, die zu einer kritischen Produktion zu finden sind.

Bezogen auf den Sprachentwerfer bedeutet das, daß er den Aufwand bei der Analyse von Sätzen oder Programmen abschätzen kann. Er kann insbesondere extrem großen Aufwand bei einzelnen Sprachkonstruktionen an besonders hohen Werten der entsprechenden Reduktionszähler erkennen.

1.3.3 Neben der Anzahl der Kontexte zu einer kritischen Produktion
geben die Kontextlängen Hinweise auf den Analyseaufwand. Der
Sprachentwerfer erhält Angaben zur Kontextabhängigkeit einzelner syntaktischer Konstruktionen, die er in didaktischer
Hinsicht als Frage nach der Erlernbarkeit der Sprache interpretieren kann. Und zwar ist der Lernaufwand umso größer, je
kontextabhängiger die Sprachkonstruktionen sind. Zu lange
Kontextbedingungen wie auch zu viele verschiedene Kontextbedingungen rechtfertigen aus didaktischen Gründen, den Entwurf abzulehnen. (ALGOL60 hat Kontextlängen von etwa 1-2 syntaktischen Zeichen rechts und/oder links.)

1.3.4 Wird in den Fällen 3) und 4) die Kontextsuche abgebrochen,
so gibt es neben den geklärten ein- und mehrdeutigen Regeln
kritische Regeln.
Ein Produktionssystem mit kritischen Regeln ist zwar vollständig (falls keine Möglichkeiten nach 1) oder 2) eliminiert
wurden), aber es ist fraglich, ob der untersuchte Entwurf einer
Programmiersprache tauglich ist.

Vorhandene Mehrdeutigkeiten sind zu untersuchen, ob sie auf
andere Art, z.B. durch semantische Regeln, eliminierbar sind.

1.4 Beispiel

Als Beispiel werde die Teilgrammatik für arithmetische Ausdrücke aus ALGOL60 gewählt:

$$T ::= F \mid T \times F$$
$$F ::= V \mid (S)$$
$$S ::= T \mid S + T$$
$$E ::= S$$

Auf diese Ausgangsgrammatik bezogen lautet das Ergebnis:

```
[+] T ::= F
[(] T ::= F
[*] T ::= F
    T ::= T x F
    F ::= V
    F ::= ( S )
[(] S ::= T      [)]
[(] S ::= T      [+]
[*] S ::= T      [+]
[#] S ::= T      [#]
    S ::= S + T [)]
    S ::= S + T [+]
    S ::= S + T [#]
    E ::= S      [#]
```

2. Der erzeugte Parser

Der Parser besteht aus einem festen und einem variablen Teil:
Der feste Teil beschreibt die Analysevorschrift, der variable
Teil enthält das vom Parser-Generator erzeugte Produktionen-
system.

Das erzeugte kontextabhängige Produktionensystem läßt sich auf
verschiedene Arten lesen. Dadurch kann der Parser in der Art,
wie er die Kontextbedingungen abzuprüfen hat, beeinflußt werden.

Nach der bisherigen Analysestrategie wird eine Zeichenreihe
daraufhin geprüft, ob die Relation ϱ für je zwei unmittelbar
benachbarte Alphabetelemente gilt, und es werden an allen
Stellen, an denen ein Reduktionsschritt möglich ist, diese
Reduktionen ausgeführt. Das Ergebnis wird in einem weiteren
"Lauf" genauso weiterbearbeitet, bis es auf ein Axiom reduziert
ist. Eine modifizierte Strategie ist nun, die Zeichen der
linken Seite[x) als nächste zu verarbeitende Alphabetelemente
anzusehen. Dieses Verfahren ähnelt dem Kellerprinzip. Durch
diese Strategie werden "Läufe" gespart.

---

x) einer **angewendeten** Produktion

130

Beispiel:

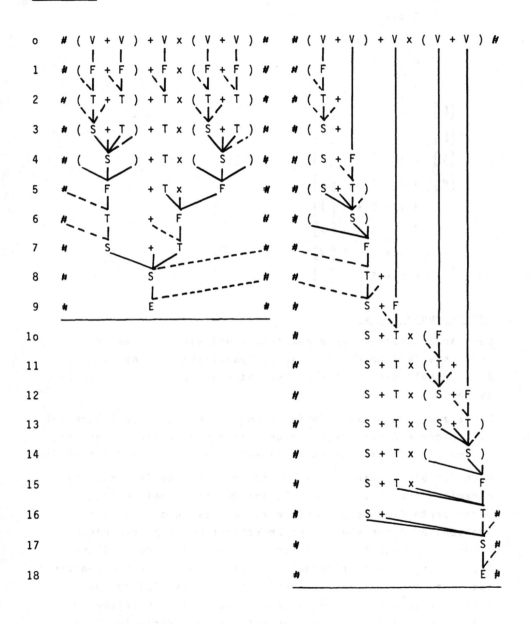

3. Weitere Entwicklung

Es wurde an verschiedenen Stellen angedeutet, daß einige Schwierigkeiten von einem menschlichen Berater geschickter behoben werden könnten. Mit Hilfe eines dialogfähigen Generators kann versucht werden, auftretende Schwierigkeiten durch gezielte, von der im Generator vorgegebenen Strategie abweichende Maßnahmen schneller und vielleicht besser zu beheben. Durch ein Dialogsystem können so auch Hinweise gewonnen werden, wo im Generatoralgorithmus Verbesserungen möglich sind.

Durch die Möglichkeit, mit dem Generator einen Dialog zu führen, hat der Sprachentwerfer überdies die Möglichkeit, schnell seinen Entwurf abzuändern. Bei einer Änderung der Grammatik ist es lediglich nötig, die Auswirkungen der geänderten Teile zu beobachten; ein Neustart des Generators ist bei kleinen Änderungen zu kostspielig.

Der Parser-Generator wurde in der niederen Programmiersprache PS440 implementiert und läuft auf einer Telefunken-Rechenanlage TR440.

Die vom hier vorgestellten Parser-Generator erzeugten Parser sollen als (mögliche) Parser im Teilprojekt "Compiler-erzeugende Systeme" des Sonderforschungsbereichs 49 verwendet werden.

Literatur

[EP]   J. Eickel,   The Parsing and Ambiguity Problem for
        M. Paul   Chomsky-Languages
                        in: Proc. of the IFIP Work. Conf. on
                        Formal Language Description Languages
                        ed.: T.B. Steel, North Holland
                        Publ. Comp., 1965

[E]   J. Eickel   Transformation formaler Sprachen im
                        Hinblick auf syntaktische Analyse
                        Bericht 6708, Mathem. Inst. der TH
                        München, 1967

[N1]   R. Nollmann   Zur Transformation von Grammatiken nach
                        einem Algorithmus von Eickel und Paul,
                        Diplomarbeit, Mathem. Inst. der TH
                        München, 1968

[N2]   R. Nollmann   Zur Optimierung des Verfahrens von
                        Eickel und Paul zur Transformation von
                        Grammatiken
                        Bericht 7007, Mathem. Inst. der TH
                        München, 1970

[N3]   R. Nollmann   CHOMSKY-Ein Programm zur Bearbeitung
                        des Analyse- und Mehrdeutigkeitsproblems
                        bei Chomsky-Sprachen
                        Interner Bericht, Mathem. Inst. der TU
                        München, Juni 1972

Anschrift des Verfassers:

                        Dipl.-Math. Rolf Nollmann
                        Mathematisches Institut
                        der TU München

                        D-8000 München 2
                        Arcisstraße   21

STRUCTURED PROGRAMS, ARCADIAN MACHINES,

AND THE BURROUGHS B1700

W. T. WILNER

Abstract
Structured programming has an Achilles heel--its ultimate dependence
on the underlying hardware. With the advent of computers like the
Burroughs B1700 which emulate arbitrary object code efficiently, software can be freed of its machine dependence, and the full benefits of
structured programming can be realized.

Simultaneous design and composition of application programs, the
language in which they are programmed, and the machine on which the
language's generated code executes is illustrated by examples drawn
from the B1700.

Underlying tools for structured programming
Software development faces an enormous challenge brought on by the in-
adequacy of its present informal methods. If large, complex software
projects are to be constructed correctly, they must be approached in a
disciplined manner. One must employ a variety of techniques which reduce program size and complexity to intellectually manageable amounts.
E. W. Dijkstra has very eloquently described both the motivation[7] and
the methods[2] for such structured programming.

One of the principle techniques is, as Wirth describes it, "the step-
wise decomposition of the problem and the simultaneous development and
refinement of the program as a gradual progression to greater and
greater depth."[16] One begins with an abstract, and precise, understanding of what behavior a program is to exhibit, and then one proceeds to make this understanding more and more concrete. Dijkstra
gives us a vivid picture of what the first few lines of main program
code should accomplish:

"I want to view the main program as executed by its own, dedicated machine, equipped with the adequate instruction repertoire
operating on the adequate variables and sequenced under control
of its own instruction counter, in order that my main program

would solve my problem if I had such a machine....In actual
practice, of course, this ideal machine will turn out not to
exist, so our next task--structurally similar to the original
one--is to program the simulation of the 'upper' machine....
But this bunch of programs is written for a machine that in all
probability will not exist, so our next job will be to simulate
it in terms of programs for a next-lower machine, etc. until
finally we have a program that can be executed by our hardware." [3]
Although Dijkstra did not know of the Burroughs B1700[1] at the time he
wrote this passage, he has described an ideal which is similar to that
of the machine designers. In particular, Burroughs wanted a computer
on which (a) the hardware would appear to change itself depending on
what language was being executed, (b) the hardware could be one's
ideal machine, several levels higher than contemporary hardware, and
(c) arbitrary ideal machines could execute with equal efficiency, no
matter how powerful their instructions were nor how sophisticated
their data structures were.[15] To the extent that the B1700 approaches
these ideals, one can say it was designed to support structured programming.

One important inference from Dijkstra's words is that the term "hardware" no longer necessarily refers to physical circuits. More ab-
stractly, it means the lowest conceptual level. Hence, it could denote an ideal machine which executes by means of a microprogrammed interpreter. It is the level below which no implementation details are
known, or are significant. One contention of the author's is that
only by liberation from physical implementation will the major benefits of structured programming be realized.

Step-wise program composition has one drawback which can be severe:
the program ultimately depends on the underlying machine. To use
Wirth's words, "the choice of decomposition may turn out to be unfortunate in one sense or another simply because the subroutines may
not be conveniently expressed in terms of the underlying tool."[17]
How arrogant can a machine appear, to turn a convenient decomposition
of a problem into an unfortunate choice? How can computers claim to
be general-purpose when their users must contort their understanding
of problems into a less convenient form which suits the computer? To
counteract hardware rigidity, it is important to have some control
over the "underlying tool" when attempting software development, and
such control can only be had when the underlying tool is not hardware

as in the past, but something softer.

Ironically, Dijkstra's first program example in reference 2 illustrates a vulnerability to hardware idiosyncrasies. He attempts to establish that successive execution of the following two statements

"dd := dd/2;

if dd $\leq$ r do r := r - dd"

leaves the relations $0 \leq r < dd$ invariant. Knuth has observed that after 100 executions, using truncation arithmetic (as the most common kind of computer does), dd has been set to zero, due to exponent underflow, while r is still positive.[8] Knuth concludes, "Perhaps examples like this will finally be able to convince hardware designers that it is absurd to destroy all the significant figures without warning."[9] Perhaps just as well, let the programmers to whom such issues are vital become the "hardware" designers. Let them use computers on which languages are implemented by means of user-modifiable microprograms, so that they can construct their own underlying tools which behave in proper and predictable manners.

Hardware impositions

It is interesting to contrast structured programming's top-down characteristics with previous software developments. Twenty years ago much time was spent coding algorithms into binary or octal forms. To mitigate this burden, Fortran and other early languages began two decades of bottom-up simplifications. All along, new languages were usually most easily understood in terms of what code they generated on a given computer. Upon Fortran's structuring of assembly-language coding, Slip added modules which reduced the effort needed to do list processing, Simscript and Gasp simplified simulation programs, and Formac simplified formula manipulation. Probably the ultimate in Fortran addenda were the constructs which made up PL/I. Despite all the reductions in the number of lines of code which must be written to accomplish a given aim that these various languages provide, it is still sadly true that hardware idiosyncrasies, such as truncation arithmetic, must be taken into account when creating programs. Moreover, they must be taken into account as soon as arithmetic and other hardware primitives appear at a given conceptual level. So, the situation is now more complex than 20 years ago because not only must the hardware be understood but also all the intermediate transformations which underlying software systems enact.

Structured programming demonstrates that software tasks can be made intellectually manageable in part by hierarchical program composition. Our experience teaches that when the grain of things becomes small enough to be bullied by the hardware's physical characteristics, many otherwise valid program pieces must be rejected. It is exactly at this interface of hardware and software that the bulk of programming costs are incurred, even in structured programming. At one extreme, there is assembly-language programming which is always expensive. At the other extreme is E. W. Dijkstra's own code, which in his writings is observed to go through refinements, too many of which appear to be needed simply to accommodate hardware. We must begin to ask, can the interface between manageable software and inflexible hardware be pushed down below the lowest conceptual level? Can the problem-ridden, cost-incurring, machine-dependent details be put off entirely?

Freedom from hardware impositions
Certainly, one may achieve machine-independent execution by means of interpretation. When programs are not translated into directly executable form but instead are interpreted from some intermediate form, then their behavior depends more on the interpreter than on the hardware. To state this more directly, program behavior is always dependent on the nature of the computing agent which executes the program, and this agent may be hard, firm, soft, or even like warm jelly, as in the case of human beings.

For over seven years, users of the APL language[11] have largely employed interpreters to run their programs. They tell us that the physical hardware on which they are running is practically irrelevant. Consequently, the construction of a large software system in APL is a task that can avoid "unfortunate choices" of problem decomposition because the hardware is not allowed to intrude on the programmer's domain.

APL users pay a heavy price for such an advantage: slow execution. Interpretation, in general, has been rarely used because it is so slow compared to execution of machine-level code. Until now.

Today there are literally thousands of computers competing successfully in the commercial environment which interpret programs faster than ordinary computers can execute them. Most of these machines are Burroughs B1700's, on which system no programs are compiled or

assembled to machine language. Instead, each high-level language compiler generates code for a fictitious underlying machine whose data
formats and instruction repertoire are chosen strictly for the specific language, independent of any B1700 hardware considerations. One
can think of high-level language programs as being directly executed
by these fictitious machines, and in fact each pseudo-machine is emulated by a separate microprogrammed interpreter. (On the B1700, emulated machines are called "S-machines", for an arcane reason.)

As a result, all B1700 programs are independent of the underlying
hardware, and behave in the same way on any other piece of hardware
which also emulates a program's S-machine. One might observe that
this is so desirable a property that the world's largest computer
manufacturer (in 1973, I.B.M.) committed itself to achieving this end
in a restricted sense. Each model of the System/360 line emulates a
common pseudomachine, namely the System/360, while the nature of the
hardware and the corresponding interpreter differs from model to model.
The important distinction between the Burroughs and IBM approach is
that the B1700 was designed for an open-ended set of S-machines, whereas the 360 tries to get by with just one S-machine (or just two,
counting the 1401 emulator).

One would expect the performance of interpreting computers to vary
markedly depending on their hardware characteristics. From the
Univac I up to the present, machine hardware has been wrong for interpretation, because that was never the objective. With the advent of
the B1700 and machines like it, there is no longer a performance disadvantage for interpretation, and software is now free to be implemented with that in mind.

An aside on security
We might observe in passing that pseudomachines can provide more secure systems than conventional architecture can. To obtain security,
it is necessary to establish clearance procedures and to eliminate
ways of thwarting those procedures. When security programs run on the
hardware while user programs do not, many sound verifications of
security are available. The data accessing mechanisms and authorizing
procedures simply do not reside in the user's domain. Instead, they
are a part of the interpretation process, that is, at a system level
to which the user cannot penetrate without elaborate deceptions that
must pass a variety of convenient checkpoints. Even so primitive an

action as accessing memory or as executing an instruction can take
place only with the interpreter's consent; the user really can do
nothing for himself directly. Freeing the user from hardware's impositions has the desirable side effect of subjecting him to another's
control.

In the same vein, protection is likewise easy and thorough on interpreting computers. Once one begins to pay the cost of interpretation,
the added cost of, for example, dynamically checking subscript values
during array references is insignificant. Protection mechanisms
which are so hard to impose on conventional machines are much easier
on machines designed for interpretation.

Arcadian machines
Given that programming languages are to be implemented by means of
soft underlying tools, several speculations are in order. (1) The
range of architectures which can be efficiently interpreted is much
larger than the range of extant architectures. (2) S-machines which
are based on a given programming language are much simpler than contemporary machines. (3) When a language and its underlying machine
are designed simultaneously, both the language and machine become
elegant and more efficient than current languages and machines. (4)
Developing an application by simultaneously composing its program, the
programming language, and the underlying machine leads to solutions
which are superior to those which are developed when any of the three
constituents is fixed. (This is similar to the observations reported
in conjunction with T.H.E. multiprogramming system[6] and Project SUE[12].)
These speculations are derived both from philosophical considerations
and from empirical evidence.

To develop an operating system for the B1700, we began with an understanding of previous Burroughs' Master Control Programs, created a
new programming language (SDL) in which to code it, and lastly designed an S-machine for SDL. This gave us a first approximation.
(Incidentally, the first S-machine was emulated on a B5500, months before the first B1700 was built. When the B1700 MCP was transferred to
a B1700, it naturally worked the first time.) Development of all
three parts is continuing, as new functions are added and performance
improvements are incorporated. From this constant development and
concomitant work on the B1700 compilers, we are learning things about
simultaneous design and composition of the application, language, and

machine.

Simplicity in the SDL S-machine

The B1700 MCP is our most structured system program, that being one of
the initial objectives, and naturally does not contain a single goto.
It follows that the SDL machine does not have a branch instruction.
After all, why put a branch into a machine when there is no use for
it? The SDL machine has a complement of the usual control operators,
such as Call and Exit, but only because the SDL language has corresponding constructs.

Specifically, the control constructs in SDL include:
1.   if ... then ...;
2.   if ... then ...; else ...;
3.   case ...; ...; ...; ...; end case;
4.   do A; ...; undo A; ...; end A;
5.   do A forever; ...; undo A; ...; end A;
6.   procedure A; ...; exit; ...; end A;
7.   procedure A ...; ...; return ...; ...; end A;

These forms should be familiar, but most readers probably understand
them in terms of the code that is executed by a particular machine.
For example, the "if ... then" construct is typically visualized as a
linear instruction stream with a conditional branch preceding the
statement code. Given the SDL language, however, the notions of linear instruction stream and conditional branch are alien. What is
suggested by the language is code having the same structure as the
source text and a machine having a stack of pointers to indicate for
each structural level which instruction is executing. In fact, we
can again cite Dijkstra to explain a machine which he did not know ex-
isted! "If a machine at a given level is stopped between two of its
instruction, all lower machines are completely passive and can be replaced, while all higher machines must be regarded as engaged in the
middle of an instruction: their state must be considered as being in
transition."[4] (N.B.: In this particular case, Dijkstra is referring
to machines which are different at each level, while for SDL it is
only the instruction counter which is maintained separately for each
level.) Conditional statements, therefore, compile into the following form. The conditional expression is regarded as being computed by
the kth level machine. If the condition is true, then processing is
suspended at that level to allow the $(k+1)^{th}$ level machine to execute
the conditional statement. When it is done, control returns to the

kth level machine at a point following the _if_ statement. To illustrate, the two statements

        "if A then B else C; D"

become three disjoint pieces of code:

```
        A*                      B*                      C*
        IFEL,@B*,@C*            UNDO                    UNDO
        D*
```

where "X*" means the code compiled for X. After the expression A has
been evaluated, the result is used by the IFEL operator to select
either the code for B or for C. The current program pointer is
pushed into a stack, saving the location of the instruction following
the IFEL. After the execution of B or C, the UNDO operator simply
pops the program pointer stack, returning control to D.

Note that such a mechanism is inherently recursive, just as the language construct is. This is a good instance of what is meant by the
phrase "language-directed design".

Furthermore, procedure calls are handled by the same mechanism. They
are invoked by a different operator which simultaneously manipulates
the stacks which have to do with local variables and scope rules, but
their manipulation of the program pointer stack is identical.

In addition, case statements are seen to be the general case of code
selection for more than two alternatives. That is, the _if_ statement
is a one-element _case_, and the _if_-_then_-_else_ is a two-element _case_.
The CASE operator is followed by n code addresses, corresponding to
the n case elements. One could, in fact, write SDL programs using
case statements exclusively for conditional code execution, and observe that exactly the same code was generated (except for the opcode
bits corresponding to the IFTH, IFEL, and CASE operators), that the
program ran in the same amount of time, and that the program pointer
stack contained the same set of values dynamically.

What does this tell us about machine design? When a language and its
underlying machine are created at the same time by the same person,
we can expect to discover mechanisms which simplify both. We can expect to invent computing engines which are much less ad hoc than contemporary machines. Hardware begins to support languages as well as
can be imagined. In the case of SDL control mechanisms, we have ob-

tained an S-machine which is idyllically simple, or arcadian.

We should complete the discussion of the SDL control mechanism by describing the implementation of the iterative construct <u>do</u> <u>forever</u>. One can see that it is possible to remain true to the stack concept and compile the two statements

        "do forever; S; if T then undo; U; end; V;"

into two parts:

```
          CALL,@S*              S*
          V*                    T*
                                UNDC
                                U*
                                CYCLE,@S*
```

where the CYCLE operator pops the program pointer stack and immediately pushes the address of the iterate code back on. (Incidentally, the UNDC operator is a conditionally executed UNDO, depending on the result of computing T.) However, as long as we are just going to update the top of the program pointer stack, there is a simpler function which has the same effect. In the SDL machine, CYCLE simply decrements the instruction counter, the top of the program pointer stack, by whatever amount is needed to again point at the code for S. This is as close as the SDL machine comes to having a branch instruction, but its ancestry is vastly different. It derives from simplifying a special case of a recursive procedure callin a goto-less language, rather than from the hardware notion of an instruction address register. There is really nothing in common.

One final word: the UNDO mechanism easily implements the improved escape function which Wulf et al. wish they had in Bliss,[18] and which Knuth wishes he had.[10] Several nested calls can be exited by a single UNDO operator which has an argument that holds the number of program pointer stack entries to pop. The number is clear from the source text and can be easily computed by a compiler if the programmer has named the outermost "do...end" group which he wishes to leave. For example, the SDL excerpt

```
          "do A forever; ... ;
                do B; ... ;
                     do forever; ...;
                          if D then undo A; ... ;
                     end;
                end B;
```

```
        end A;"
```
will result in an UNDC,3 operator being compiled to accomplish the
"undo A" request. Each UNDO and UNDC operator has a four-bit argument which indicates how many nested levels to exit, even for the
usual case of one level. (There is a move afoot to reduce the argument to three bits, for the two good reasons that (a) no one ever
uses the fourth bit, and (b) anyone who nests more than seven levels
without a procedure call doesn't know what he is doing.)

Steps toward arcadian machines

It is important to record that this "do, undo, end" construct was not
initially conceived in so simple a form. It evolved to this flexible
and fast device because of our desire to make the source code concise
and the object code speedy, abetted by occasional insights about how
the language was being used and by complete freedom to change the
"hardware".

It is the ease with which a language and machine designer can delete
or insert bits into his object code formats, replace an instruction
address register with a stack, and add tag bits to his data, that
makes it plausible that the B1700 will enable us to significantly
improve our understanding of programming languages. Twenty years
of bottom-up simplifications have not prevented the present software
crisis. I think it is safe to say that none of those simplifications
were based on a formal characterization of what was taking place at
the lower (machine) level. When the machine level functions are form-
alized, many problems of software construction are reduced. Although
APL is not formally defined, the language itself is so mathematical
that many program properties can be understood without knowing the
implementation. One promise of interpreting computers is that formally understood implementations can be obtained, without sacrificing
performance. Then real progress in software development can be made.

A prime example

It would break a short tradition to discuss structured programming
without including a prime number generating program. Prime numbers
are like the experimental psychologists' white rats, the in vivo trial
which guarantees universal applicability. In previous cases, an
author's program reaches a certain level of refinement which seems
agreeable to humans and which could be precisely defined. Yet,
several more refinements are necessary before the program is accept-

able to a so-called high-level language compiler. Our point here will
be to stop the refinements as soon as is practical, knowing (intui-
tively) that we can devise a compiler and S-machine on the B1700 which
will work as efficiently as the contemporary machinery which underlies
the lower high-level language.

Let us begin at the usual starting point. A program to print the
first thousand prime numbers might read

        begin "print first thousand prime numbers" end

and, as Dijkstra points out, if one's computer had such an instruction,
that would be all. Indeed there is nothing preventing any user of a
microprogrammable computer from obtaining such an instruction, other
than common sense. In the first place, the instruction would never be
executed often enough to justify the effort. Secondly, to do so would
only transfer the programming burden from the high-level language to
the microcode realm, where far less agreeable tools are used. The
real objective is to incorporate the semantics of algorithms at whatever level, hard, firm, soft, or jelly, will minimize the total computing cost. This criterion may well show that Dijkstra's solution is
optimum:

```
1    integer array p [1:1000];
2    begin integer k, j;
3       integer ord;
4       integer square; integer array mult [1:30];
5       p [1] := 2; k := 1; j := 1;
6       begin ord := 1; square := 4 end;
7       while k < 1000 do
8         begin
9           begin boolean jprime;
10            repeat j := j + 2;
11              begin
12                while (square ≤ j) do
13                  begin mult [ord] := square;
14                    ord := ord + 1;
15                    square := p [ord] ↑ 2;
16                  end
17              end;
18            begin integer n; n := 2; jprime := true;
19              while n < ord and jprime do
20                begin
21                  begin integer r;
```

```
22                    begin
23                      while mult [n] < j do
24                        mult [n] := mult [n] + p [n]
25                        r := j - mult [n]
26                      end;
27                      jprime := (r ≠ 0)
28                    end;
29                    n := n + 1
30                 end
31               end
32             until jprime
33           end;
34           k := k + 1; p [k] := j
35         end
36   end;
37   print p [k] for k from 1 through 1000;
```
Without suitable comments, it is hard to see that this code does in
fact generate the first 1000 prime numbers.

On the other hand, it is easy to see what an intermediate form of the
program does. In between the one-liner and the final program,
Dijkstra pauses to observe that his code is, loosely:[5]
```
1   integer array p [1:1000]; integer j;
2   begin "set table p and j at initial value";
3     while "table p not full" do
4       begin "increase j until next prime number to be added";
5         "add j to table p"
6       end
7   end;
8   print p [k] for k from 1 through 1000;
```
This would be a very nice stopping point, so let us see how not to
yield to the machine any further. Using a language like Simula, one
can define a new data structure which corresponds to one's notion of
a table, and give it attributes of "initial value", "full" and "add".
That is, one can define tables and associate with them other data
structures, or procedures, which help represent, or calculate, properties of a table. These attributes can then be accessed by naming
an object, followed by the attribute's identifier, in the form
"object.attribute". Let us rewrite the intermediate program slightly
to conform to Simula's current syntax (although techniques for accom-
modating the richer syntax are fully developed in Mlisp2[13] and its

successor Lisp70[14]). Using a language like Burroughs Extended Algol, one can make symbolic substitutions to render some syntax into more palatable form. For example, by declaring that "increase X until Y" means "X := Y (X)", and by declaring a procedure "next prime number to be added", we can retain line 4 without change. Further, take "add X to Y" to mean "Y.add (X)". This gives us:

```
0    external class table (n); external procedure next prime number to
     be added (j);
1    ref (table) table p; counter j; table p :- new table (1000);
2    begin table p.initial value; j.initial value;
3      while not table p.full do
4        begin increase j until next prime number to be added;
5          add j to table p
6        end
7    end;
8    print p [k] for k from 1 through 1000;
```

Since Dijkstra doesn't introduce subroutines until after his dis- cussion of this code, we can assume that this rendering was obvious to him and was shunned on pedagogical grounds.

Certainly there is no trick to specifying the external declarations. To create a Simula class, table, for an integer array with attributes of: an initial value procedure, a procedure for adding an entry at the next unused position, and a boolean full which indicates that the last slot has been filled, one may write

```
1    class table (n); integer n;
2      begin integer array p [1:n];
3        boolean full;
4        integer k;
5        procedure initial value;
6          begin p := empty; k := 1 end;
7        procedure add (x); integer x;
8          begin if not full then
9            begin p [k] := x; k := k + 1; full := (k ≤ n)
10           end
11         end add;
12   end table;
```

(Strictly speaking, the array assignment in line 6 is not in Simula, but an APL or PL/I operation shouldn't frighten anyone. Also, this code leaves open the question of what to do when asked to add some- thing to a full table.) Further clarification of Simula constructs can be found in Dahl's portion of reference 2.

Next, to declare the prime number procedure, using the technique
illustrated in Dijkstra's program, one may assemble a variety of syntax from mathematics which has been successfully transferred to programming in several little-known languages, and obtain

```
1   integer procedure next prime number to be added (j); integer j;
2      do forever;
3         bump j by 1;
4         if for all x such that x ∈ table p ∧ x < √j̄, j mod x ≠ 0
          then return j
5      end
6   end;
```

If one is designing a language to do mathematics, one shouldn't
hesitate to ask the compiler to help wherever it can. When one has an
interpretive machine, he does not have nearly as many limitations on
language operators and data structures as with a conventional computer.

At this point our program is not as refined as possible. We haven't
added the sophistication of only examining odd numbers, for example.
However, the real question is, has it been programmed in such a way
as to exhibit manageable parts? Since we haven't deviated from
Dijkstra's code, the answer must be yes. All we have really done is
argued that a readable, concise, and convenient form of the code can
also be the lowest level, suitable for machine execution. There
already exist compilers which can handle such a form; all that is
needed in addition is a convivial underlying mechanism, and we claim
that the B1700 suffices.

Concluding remarks

One of the purposes of this harangue is to suggest that there are many
aspects of programs which can now effectively stay below the source
code level, even when efficiency is being considered. For example, it
is irrelevant whether or not the table in our example is filled by increasing or decreasing a subscript. As long as a concept of first,
last, and next is available, the internal ordering can be done in any
way that suits the machine; it does not have to be imposed from the
outside.

Another suggestion is that when one develops a programming language
from the standpoint of the application rather than bottom-up from the

hardware, one begins to use much more powerful data types than those suggested by the memory implementation. One also uses more abstract operators, which perform their function according to data-dependent attributes, rather than according to processor architecture.

At all times, the objective is to obtain the cost-wise optimum decomposition of a computing task into hard, firm, and soft mechanisms. Any program which is to be run once need only be correct; forget about speed. Any program which requires less than a man year of development, probably doesn't require simultaneous language development. Any computational task which will consume less than 10% of an installation's time probably doesn't require simultaneous firmware development. Any computing which will be done by less than 20% of a given machine's population probably doesn't need hardware development. For those computing tasks, however, which are so prevalent that language, firmware, or hardware support is advantageous, it is vital to have a computing engine which is pliable. People will change what is changable, in order to improve their situation. When the underlying tools are inflexible and rigid, people are forced to change the way they understand a problem's solution. When they can exercise some control over the underlying tools, as on the B1700, they can retain what is good about any particular understanding of a problem's solution and change the "hardware" to suit that understanding.

References

1. Burroughs B1700 Systems Reference Manual, Form 1057155, Burroughs Corporation, Detroit (1972).
2. Dahl, O.-J., E.W. Dijkstra, and C.A.R. Hoare, Structured Programming, Academic Press, London (1972).
3. ----, 48-49.
4. ----, 49.
5. ----, 33.
6. Dijkstra, E.W., The structure of the T.H.E. multiprogramming system, CACM 11 (1968), 341-346.
7. Dijkstra, E.W., The Humble Programmer (1972 ACM Turing Award Lecture), CACM 15 (1972), 859-866.
8. Knuth, D.E., A Review of "Structured Programming", STAN-CS-73-371, Computer Science Department, Stanford University, Stanford, California (1973), 1.
9. ----, 1.
10. ----, 6.

11. Pakin, S., APL/360 Reference Manual, Science Research Associates,
    Inc., Chicago, Illinois (1968).
12. Sevcik, K.C., et al., Project SUE as a learning experience, Proc.
    FJCC 41 (1972), 331-338.
13. Smith, D.C., MLISP, STAN-CS-70-179, Computer Science Department,
    Stanford University, Stanford, California (1970).
14. Smith, D.C., private communications.
15. Wilner, W.T., Design of the Burroughs B1700, Proc. FJCC 41 (1972),
    489-497.
16. Wirth, N., Systematic Programming: An Introduction, Prentice-Hall,
    Inc., Englewood Cliffs, New Jersey (1973), 126.
17. ----, 126.
18. Wulf, W.A., D.B. Russell, and A.N. Habermann, Bliss: A Language
    for Systems Programming, CACM 14 (1971), 780-790.

Dr. Wayne T. Wilner, Manager, Systems Technology Department,
Burroughs Corporation, 6300 Hollister Avenue, Goleta, California, USA,
93017.

STRUKTUREINHEITEN IN KONTEXTFREIEN
SPRACHEN UND IHRE ÜBERSETZUNG

W. NIEGEL

1. Einleitung

Aufgrund der beachtlichen Zahl verschiedenartiger Methoden zur Definition von Programmiersprachen, die in den vergangenen Jahren vor-
gelegt worden sind und im Hinblick auf ihren Verwendungszweck erhebt
sich an jede weitere Arbeit auf diesem Gebiet die Grundforderung:
Eine Programmiersprache muß weitgehend formal beschrieben werden.
Dieser Forderung soll im folgenden dadurch Rechnung getragen werden,
daß zu gewissen noch zu präzisierenden 'Struktureinheiten' Übersetzungen
definiert werden, mit deren Hilfe einer durch eine Struktureinheit
festgelegten Zeichenreihe eine zweite Zeichenreihe 'ihre Bedeutung'
zugeordnet werden kann.

Wir gehen davon aus, daß die Syntax der zu betrachtenden Programmiersprache L durch eine Grammatik gegeben ist und beschränken uns auf Grammatiken, deren Produktionen kontextfrei sind; es kann sich also z.B.
um eine kontextfreie Grammatik oder eine van-Wijngaarden-Grammatik
handeln. Bezüglich der Syntax stellt sich dann nur noch die Frage,
die Grammatik in eine Form zu bringen, die möglichst geeignet ist für
die spezielle Art der Zuordnung einer Bedeutung zu einem syntaktisch
richtigen Programm. Die Forderung betrifft damit allein die Beschreibung der Semantik der Programmiersprache L.

Da wir eine operative Beschreibung der Semantik anstreben, heißt das:
Die Bedeutung eines Programms oder eines Ausschnitts aus einem Programm aus L soll durch eine zweite Sprache, eine semantische Sprache,
ausgedrückt werden.

Für die Beschreibung der Semantik der Sprache L wird nun die Forderung
erhoben:

> Die Definitionsmethode soll dem Sprachdesigner ermöglichen, einem
> von ihm bzgl. der Bedeutung als atomar betrachteten Segment Δ
> des Strukturbaums eines syntaktisch richtigen Programms aus L
> als   g a n z e m   eine Bedeutung $b\,(\Delta)$ zuzuordnen. Ein solches

Segment Δ wird als Struktureinheit (des Strukturbaums) bezeichnet.

Wenn sich eine Struktureinheit Δ aus Unterstrukturen zusammensetzt,
so soll die Bedeutung dieser Unterstrukturen ohne Belang für die
Bedeutung b (Δ) der Struktureinheit Δ sein; es ist dann sogar unwichtig, ob für diese Unterstrukturen überhaupt eine Bedeutung definiert wird.

Struktureinheiten eines Strukturbaums können z.B. durch Ableitungen
spezifiziert werden. Im Fall einer Ableitung der Länge 1 ist die Forderung erfüllt, wenn jeder Produktion eine Bedeutung zugeordnet wird.
Zur Beschreibung der Zuordnung sind in diesem Fall keine besonderen
Hilfsmittel erforderlich. Da im allgemeinen jedoch auch Struktur-ein-
heiten zugelassen werden sollen, die Ableitungen der Länge größer als
1 entsprechen, wird zu ihrer Beschreibung ein Relationensystem benötigt, das in ein zweites Relationensystem 'übersetzt' wird, das seine
'Bedeutung' darstellt.

Ein Grund für die Einführung der als ganze interpretierten Struktureinheiten kann z.B. sein, daß man gewisse in der Programmiersprache
realisierte   s p r a c h l i c h e   Einheiten auch in der Semantik
als Einheiten behandeln möchte. Führt man diese Zuordnung von sprach-
licher Einheit (Grundkonzepte der Programmiersprache) über die ihr
entsprechende Struktureinheit zur Bedeutung dieser Struktureinheit
konsequent durch, so wird sich bei geeigneter Wahl der sprachlichen
Grundkonzepte die Syntax und Semantik übersichtlicher gestalten, vorausgesetzt, daß der hierfür einzusetzende Apparat genügend einfach
ist. Auf diese Weise könnten sogar die beim Benutzer der Sprache mit
den sprachlichen Konzepten verbundenen Vorstellungen der formal definierten Bedeutung wesentlich näher kommen, als das bei weiterer Unterteilung der Struktureinheit möglich ist. Der Benutzer einer Programmiersprache schreibt nämlich nur in den seltensten Fällen ein Programm, in dem er explizit auf die Regeln oder Produktionen und deren
Bedeutung zurückgreift. In den meisten Fällen kennt er diese Sprach-
ebene gar nicht, da er nur an der Ebene interessiert ist, in der ihm
gewisse sprachliche Konzepte und die Spielregeln angeboten werden, mit
denen er aus einfacheren kompliziertere Konzepte und schließlich ein
ganzes Programm aufbauen kann.

Am besten veranschaulicht zunächst ein Beispiel den Begriff 'Struktureinheit' eines Strukturbaums. Betrachtet man hierin 'Variable', 'Identifikator' und 'Indexliste' als sprachliche Einheiten, so können die

beiden in Figur 1a und 1b dargestellten Segmente als Struktureinheiten
angesehen werden.

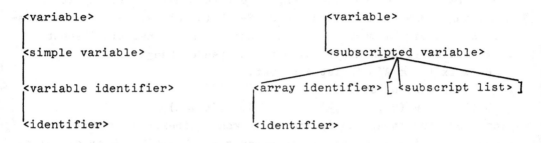

Figur 1a   Figur 1b

Zwei Segmente aus dem Strukturbaum eines ALGOL 60-Programms[2]

In die Bedeutung der Struktureinheit St (<variable>) von Figur 1a geht
die Bedeutung von St (<identifier>) ein; in Figur 1b geht die Bedeutung
von St (<identifier>) und St (<subscript list>) ein. Die beiden Struktureinheiten stehen für sechs ALGOL 60-Regeln.

Wie schon an diesem einfachen Beispiel zu sehen ist, muß bei der vollständigen Behandlung des Problems zu jeder metalinguistischen Variablen
eine ganze Klasse von Struktureinheiten berücksichtigt und interpretiert werden; denn erst dadurch werden die Alternativen auf den rechten Seiten der Regeln berücksichtigt.

Um die Hilfsmittel für das bisher skizzierte Konzept zur Verfügung zu
stellen, werden Begriffe eingeführt, die in gewissem Zusammenhang mit
der syntaxorientierten Übersetzung von Aho und Ullmann [1] stehen.
Die beiden Autoren definieren ein Übersetzungsschema $\mathcal{T} : \ast (N, \Sigma, \Delta, R, s)$.
In ihm ist N eine Menge von nichtterminalen Zeichen, s ϵ N, Σ ein
Eingabealphabet und Δ ein Ausgabealphabet. Die Menge R der Regeln ist
definiert durch
$$\{a \rightarrow \alpha, \beta \mid a \epsilon N \wedge \alpha \epsilon (N \cup \Sigma)^* \wedge \beta \epsilon (N \cup \Delta)^*\}.$$
Die Anwendung einer Regel aus R bedeutet die simultane Ersetzung eines
nichtterminalen Zeichens a in einer Zeichenreihe z ϵ $(N \cup \Sigma)^*$ und des
stets vorhandenen und ihm assoziierten Zeichens a in der zu z korrespondierenden Zeichenreihe $\bar{z}$ ϵ $(N \cup \Delta)^*$. Auf diese Weise werden Paare
von Ableitungen eines Übersetzungsschemas $\mathcal{T}$ sowie die Übersetzung von
Strukturbäumen und ihrer terminalen Zeichenreihen definiert.

2. Definitionen und Bezeichnungen

Sei $G := (N, T, R, s)$ eine kontextfreie Grammatik mit der Menge N der nichtterminalen Zeichen, der Menge T der terminalen Zeichen, mit der Regelmenge $R \subset N \times (N \cup T)^*$ und $s \in N$. Sei L (G) die von G erzeugte Sprache und π ein Element aus L (G). Kann einem π genau ein Element b (π) aus einer noch näher zu spezifizierenden Menge

$B := \{x \mid x \in A_b^* \wedge A_b \text{ ist Alphabet}\}$

zugeordnet werden, so ist

$L (G, B) := \{(\pi, b (\pi)) \mid \pi \in L (G) \wedge b (\pi) \in B\}$

eine 'bedeutungstragende Sprache' mit kontextfreier Grammatik G. π und b (π) sind also nach Voraussetzung Zeichenreihen über den Alphabeten T bzw. A_b.

Die Semantik einer bedeutungstragenden Sprache L (G, B) umfaßt die Gesamtheit der Hilfsmittel, die benötigt werden, um zu einem gegebenen $\pi \in L (G)$ die zugehörige Bedeutung b $(\pi) \in B$ zu berechnen oder, anders formuliert, um π in das eindeutig bestimmte b (π) zu übersetzen.

Folgende weiteren Bezeichnungen werden noch benötigt:

M_i, $1 \leq i \leq \hat{\imath}$, endliche Mengen.

Relationen zwischen M_i und M_j:

$\rho_{ij}^r \subseteq M_i \times M_j$ für $1 \leq i, j \leq \hat{\imath}$ und $1 \leq r \leq \hat{r}_{ij}$.

Im Fall i = j steht zur Vereinfachung ρ_i^r für ρ_{ii}^r und $\hat{r}_i$ für $\hat{r}_{ii}$.

$\rho_i^{r_1 \cdots r_p} := \bigcup_{\ell=1}^{p} \rho_i^{r_\ell}$ mit $1 \leq r_\ell \leq \hat{r}_i$ für $1 \leq l \leq p$.

Eine $\rho_i^{r_1 \cdots r_p}$-Kette $K_i^{r_1 \cdots r_p}$ (m, n) von $m \in M_i$ nach $n \in M_i$

:= eine lineare Folge $\{m_\ell\}_{\ell=1}^{q}$ von Elementen aus M_i, die folgende Bedingungen erfüllen:

1. $m_1 = m$ und $m_q = n$.

2. $(m_\ell, m_{\ell+1}) \in \rho_i^{r_1 \cdots r_p}$ für $1 \leq \ell \leq q - 1$.

3. Das Σ-Gebilde

3.1. Definition und Eigenschaften

Es soll nun der Begriff eingeführt werden, der für die Präzisierung der 'Struktureinheit' und der 'Bedeutung einer Struktureinheit' benötigt wird. Beide sind im allgemeinen Untergebilde eines die ganze zugrundeliegende Grammatik repräsentierenden Relationengebildes.

<u>Def. 1</u> Ein Σ-Gebilde ist ein Siebentupel $(M, \rho^1, \rho^2, \rho^3, \rho^4, f, t)$
für das gilt:

   a) Das Relationengebilde $(M, \rho^1, \rho^2, \rho^3, \rho^4)$ besitzt die durch
      das Axiomensystem $\widehat{t}$ festgelegten Eigenschaften.

   b) f : Feld $(\rho^{1234}) \rightarrow A^*$ ist eine totale Funktion und A ein
      Alphabet.

   c) $t \in$ Vorb $(\rho^1) \setminus$ Nachb (ρ^{123}) ist das Startelement des Σ-Gebildes.

   d) Ist $t' \in$ Vorb $(\rho^1) \setminus$ Nachb (ρ^{123}) und $t' \neq t$, dann ist
      $t' \in$ Nachb (ρ^4).

<u>Axiomensystem $\widehat{t}$ für $(M, \rho^1, \rho^2, \rho^3, \rho^4)$:</u>

(Soa)   Nachb (ρ^1), Nachb (ρ^2) und Nachb (ρ^3) sind paarweise disjunkt.

(Sob) $\bigwedge m \in M : \neg \bigvee K^{123} (m, m)$.

(S1) ρ^1 ist eineindeutig.

(S2a) ρ^2 ist eineindeutig.

(S2b)   Vorb $(\rho^2) \subset$ Nachb (ρ^{123}).

(S3a) ρ^3 ist eineindeutig.

(S3b)   Vorb $(\rho^3) \subset$ Nachb (ρ^{13}).

(S4a) ρ^4 ist rechtseindeutig.

(S4b) $\bigwedge m_1, m_2 \in M : (m_1, m_2) \in \rho^4 > (m_1 \in$ Nachb $(\rho^{123}) \setminus$ Vorb $(\rho^1))$
$\wedge (m_2 \in$ Vorb $(\rho^1) \setminus$ Nachb $(\rho^{123}))$.

<u>Einige Folgerungen aus dem Axiomensystem $\widehat{t}$:</u>

1. Die Relationen ρ^r, $1 \leq r \leq 4$, sind asymmetrisch und irreflexiv.

2. $\rho^1 \neq \emptyset$.

3. Wenn $\rho^\ell \neq \emptyset$, $1 \leq \ell \leq 3$, dann gilt:
   Vorb $(\rho^\ell) \not\subset$ Nachb (ρ^ℓ) und Nachb $(\rho^\ell) \not\subset$ Vorb (ρ^ℓ).

4. Vorb $(\rho^1) \cap$ Vorb $(\rho^4) = \emptyset$ und Nachb $(\rho^1) \cap$ Nachb $(\rho^4) = \emptyset$.

5. Die Relation ρ^{123} ist linkseindeutig.

6. Wenn m∈Feld (ρ^{123})\Nachb (ρ^{123}),

   dann ist m ∈ Vorb (ρ^1)\Nachb (ρ^{123}) und m ∉ Vorb (ρ^{23}).

7. Das Relationengebilde (M, ρ^1, ρ^2, ρ^3) ist eine endliche Menge spe-
   zieller ternärer Wurzelbäume. Ein Element m aus Feld (ρ^{123}) ist
   genau dann Wurzel eines Baumes, wenn m ∈ Vorb (ρ^1)\Nachb (ρ^{123}) ist.

8. Das Σ-Gebilde (M, ρ^1, ρ^2, ρ^3, ρ^4, f, t) kann als ein knoten- und
   kantenbewerteter, gerichteter Graph aufgefaßt werden, der aus speziellen ternären Wurzelbäumen besteht, die miteinander verbunden
   sind. Die Verbindungen zwischen den Wurzelbäumen werden durch die
   Relation ρ^4 festgelegt. Ist (m_s, m_w)∈ρ^4, dann ist m_s Spitze eines
   Wurzelbaums und m_w Wurzel eines Wurzelbaums.

Es werden nun zwei Σ-Gebilde eingeführt, das Syntaxgebilde σ_1 und das
Semantikgebilde σ_2.

3.2. Das Syntaxgebilde

Ein Syntaxgebilde σ_1 ist ein Σ-Gebilde : σ_1 = (M_1, ρ_1^1, ρ_1^2, ρ_1^3, ρ_1^4, f_1, t_1).
Da es dazu dienen soll, den Begriff Struktureinheit einer - hier kontext-
freien - Sprache mit der Grammatik G = (N, T, R, s) zu präzisieren,
muß man noch einmal auf die Charakterisierung von Struktureinheiten
und Klassen von Struktureinheiten zurückgreifen.

Es wurde schon erwähnt, daß eine Struktureinheit durch eine spezielle
Ableitung festgelegt werden kann. Eine solche Ableitung α (n) zu
einem n ∈ N wird durch spezielle Wünsche des Sprachdesigners, z.B.
durch gewisse Vorstellungen über die Semantik, bestimmt und liefert
eine Satzform. Die Zeichen, aus denen sich diese Satzform aufbaut,
sind nichtterminal oder terminal; sie können aber auch als 'terminal
bzgl. dieser Ableitung α (n)' oder 'relativ-terminal bzgl. α (n)' bezeichnet werden. Entsprechend kann man von einem Zeichen sagen, daß
es 'initial bzgl. einer bestimmten Ableitung α (n)' oder 'relativ-
initial bzgl. α (n)' ist. So ist z.B. bzgl. der zu Figur 1b gehörigen Ableitung das Zeichen <variable> relativ-initial und die Zeichen
<identifier>, [, <subscript list> und] sind relativ-terminal. Ein
bzgl. einer Ableitung α (n) relativ-terminales Zeichen n̄, das zugleich
nichtterminal ist, ist relativ-initial bzgl. einer Ableitung ᾱ (n̄).
Definiert man nun die zur Charakterisierung der Struktureinheiten herangezogenen speziellen Ableitungen durch eine Teilmenge 𝔐 von N∪T,
deren Elemente bzgl. jeder Ableitung in denen sie auftreten relativ-

terminal sind, so kann man auch durch $\mathcal{M}$ die Struktureinheiten charakterisieren und erhält zugleich eine Unterteilung der Grammatik in Untergrammatiken.

Da die Struktureinheiten als Einheiten im Hinblick auf die Semantik eingeführt und durch die Menge $\mathcal{M}$ definiert werden, ist nicht nur T eine Teilmenge von $\mathcal{M}$, sondern auch noch die Menge aller nichtterminalen Zeichen bzgl. deren mindestens eine Regel aus R rekursiv ist. Darüber hinaus bestimmen innerhalb des durch das Axiomensystem $\mathcal{T}$ festgelegten Rahmens weitgehend die eigenen Konzepte, welche sonstigen Zeichen Elemente von $\mathcal{M}$ sind.

Bei gegebener kontextfreier Grammatik G und einer durch eine Menge $\mathcal{M}$ festgelegten Unterteilung von G können die Relationen ρ_1^τ, $1 \leq \tau \leq 4$, und die Funktion f_1 durch einen Algorithmus bestimmt werden, der hier nicht explizit angegeben werden soll. Statt dessen soll der Zusammenhang zwischen G, $\mathcal{M}$ und σ_1 an Hand eines Beispiels erläutert werden.

Gegeben sei die folgende Untergrammatik $\mathcal{U}$ der ALGOL 60-Grammatik in BNF:

```
<basic statement> ::= <unlabelled basic statement>
<label> : <basic statement>
<unlabelled basic statement> ::= <assignment statement> |
                                 <goto statement>|<dummy statement> |
                                 <procedure statement>
<goto statement> ::= goto <designational expression>
<dummy statement> ::= <empty>
```

$\mathcal{M}$ = {<assignment statement>, goto, <designational expression>, <empty>, <procedure statement>, <label>, :, <basic statement>}.

Dadurch ist die Klasse aller Struktureinheiten zu <basic statement> festgelegt.

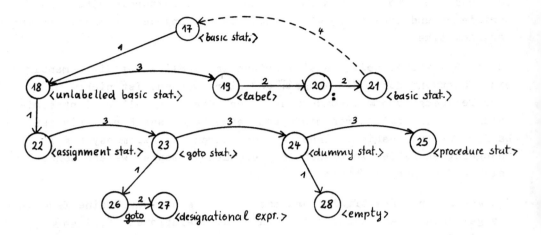

Figur 2

Der Untergrammatik $\mathcal{U}$ zugeordnetes Syntaxgebilde

$$M_1 = \{x \mid x \in \mathbb{N} \wedge 17 \leq x \leq 28\}; \ t_1 = 17$$

Einige Anmerkungen und Folgerungen:

1. $f : \begin{cases} \text{Vorb } (\rho_1{}^{14}) & \to \mathbb{N} \\[2mm] \text{Feld } (\rho_1{}^{1234}) \setminus \text{Vorb } (\rho_1{}^{14}) & \to T \end{cases}$

2. $f_1 (t_1) = s.$

3. Wenn $(m, \bar{m}) \in \rho_1^4$, dann ist $f_1 (m) = f_1 (\bar{m})$.

4. Die Elemente aus Nachb $(\rho_1{}^{123}) \setminus$ Vorb $(\rho_1{}^1)$, nach Axiom (S4b) eine Obermenge von Vorb (ρ_1^4) werden 'relativ-terminale Elemente', die Elemente aus Vorb $(\rho_1{})\setminus$ Nachb $(\rho_1{}^{123})$'relativ-initiale Elemente' genannt. Daraus geht hervor, daß ein E l e m e n t nicht zugleich relativterminal und relativini-tial sein kann. Dagegen ist nach 3. ein relativterminales Z e i c h e n , das ist der Funktionswert in einem relativ-terminalen Element, gleich dem zugehörigen relativinitialen Zeichen, das ist der Funktionswert im zugehörigen relativ-initialen Element.

5. Jedes zu gegebenem $\mathcal{m}$ eine Untergrammatik repräsentierende Teilgebilde eines Syntaxgebildes ist ein Syntaxgebilde.

6. Wird die gesamte ALGOL 60-Grammatik durch ein Syntaxgebilde σ_1 repräsentiert, so liegen in dem Beispiel die Elemente 19, 21, 22, 25 und 27 von M_1 im Vorbereich, das Element 17 im Nachbereich der Relation ρ_1^4. Damit wird noch einmal auf die bereits erwähnte Bedeutung der Relation ρ_1^4 verwiesen: Sie bestimmt die Verbindung zwischen den Teilgebilden, die Untergrammatiken bzw. Klassen von Struktureinheiten repräsentieren. Das in Figur 2 dargestellte Syntaxgebilde repräsentiert die Klasse aller Struktureinheiten mit relativinitialem Zeichen <basic statement>.

Beim Durchlaufen eines Syntaxgebildes erhält man unter Berücksichtigung der die alternativen Möglichkeiten bestimmenden Relation ρ_1^3 einen Strukturbaum τ und als dessen Terminalzeichenreihe ein Programm π aus L. τ baut sich aus den beim Durchlaufen der Wurzelbäume anfallenden Struktureinheiten auf. Damit ist auf der Seite der Syntax der Begriff Struktureinheit formal erfaßt.

3.3. Das Semantikgebilde

Es ist nun noch notwendig, jeder Struktureinheit eine Bedeutung in Form einer Übersetzung der Struktureinheit zuzuordnen und das Zusammenfügen der übersetzten Struktureinheiten zu ermöglichen. Damit kann dann in einer bedeutungstragenden Sprache zu einem Element $\pi \in L$ seine Bedeutung $b(\pi)$ definiert werden.

Das Semantikgebilde σ_2 ist ebenfalls ein Σ-Gebilde:
$$\sigma_2 = (M_2, \rho_2^1, \rho_2^2, \rho_2^3, \rho_2^4, f_2, t_2)$$

f_2 : Feld $(\rho_2^{1234}) \rightarrow A_2^*$ ist eine totale Funktion.
Die Begriffe 'relativinitial' und 'relativterminal' werden entsprechend auch in Semantikgebilden benutzt.

Ein Semantikgebilde, das als eine Übersetzung des Syntaxgebildes σ_1 angesehen wird, soll ein zu σ_1 korrespondierendes Semantikgebilde genannt werden und durch $\sigma_2 (\sigma_1)$ gekennzeichnet werden.

Def. 2 Ein zu σ_1 korrespondierendes Semantikgebilde $\sigma_2 (\sigma_1)$ - kurz Semantikgebilde zu σ_1 - ist entweder ein isomorphes Bild von σ_1 unter $h : M_1 \rightarrow M_2$ mit $h(t_1) = t_2$ oder ein Gebilde, das aus einem zu σ_1 korrespondierenden Semantikgebilde durch eine elementare Transformation hervorgeht.

Elementare Transformationen an dem zu σ_1 korrespondierenden Semantikgebilde σ_2 (σ_1) : $*$ $(M_2,\ \rho_2^1,\ \rho_2^2,\ \rho_2^3,\ \rho_2^4,\ f_2,\ t_2)$:

(1) Voraussetzung: $\bigvee m_1$: $(m_1,\ m) \in \rho_2^2 \wedge m \notin$ Vorb (ρ_2^{14}).

    Transformation: 'Entferne m aus σ_2 (σ_1)'

$$: * \ \rho_2^2 := \rho_2^2 \setminus \{(m_1,\ m)\}.$$

        Wenn $\bigvee m_2$: $(m,\ m_2) \in \rho_2^2$,

$$\text{dann } \rho_2^2 := (\rho_2^2 \setminus \{(m,\ m_2)\}) \cup \{(m_1,\ m_2)\}.$$

(2) Voraussetzung: $\bigvee m_1 \in$ Nachb $(\rho_2^{123}) \wedge m \in M_2 \setminus$ Feld (ρ_2^{1234}).

    Transformation: 'Füge m nach m_1 in σ_2 (σ_1) ein'

$$: * \ \text{Wenn } \bigvee m_2 : (m_1,\ m_2) \in \rho_2^2,$$

$$\text{dann } \rho_2^2 := (\rho_2^2 \setminus \{(m_1,\ m_2)\}) \cup \{(m\ ,\ m_2)\}.$$

$$\rho_2^2 := \rho_2^2 \cup \{(m_1, m\ )\}.$$

(3) Voraussetzung: $\bigvee m,\ n \in$ Feld $(\rho_2^2) \wedge \bigvee K_2^2$ $(m,\ n)$.

        Sei $(m,\ m_2) \in \rho_2^2$ und $(m_3,\ n) \in \rho_2^2$.

    Transformation: 'Vertausche m und n in σ_2 (σ_1)'

$$: * \ \text{Wenn } \bigvee m_4 : (n,\ m_4) \in \rho_2^2,$$

$$\text{dann } \rho_2^2 := (\rho_2^2 \setminus \{(n,\ m_4)\}) \cup \{(m,\ m_4)\}.$$

$$\rho_2^2 := (\rho_2^2 \setminus \{(m,\ m_2),\ (m_3,\ n)\})$$

$$\cup \{(n,\ m_2),\ (m_3,\ m)\}.$$

Für $i := 1,\ 2,\ 3$: Wenn $\bigvee m_1$: $(m_1,\ m) \in \rho_2^i$,

$$\text{dann } \rho_2^i := (\rho_2^i \setminus \{(m_1,\ m)\}) \cup \{(m_1,\ n)\}.$$

        Wenn $\bigvee m_5$: $(m,\ m_5) \in \rho_2^3$,

$$\text{dann } \rho_2^3 := \{\rho_2^3 \setminus \{(m,\ m_5)\}) \cup \{(n,\ m_5)\}.$$

Wegen der Zulässigkeit der Vertauschungstransformation ist es notwendig, die relativterminalen, nichtterminalen Elemente, d.h. die Elemente aus dem Vorb (ρ_1^4) und Vorb (ρ_2^4) einander explizit zuzuordnen. Das geschieht durch die 'Assoziationsrelation' ρ_{12}^1 : $\divideontimes \{(x, y) \mid x \in \text{Vorb } (\rho_1^4) \wedge y = h\ (x)\}$.

Durch diese Zuordnung von σ_1 und σ_2 (σ_1) erhält nicht nur jedes eine Klasse von Struktureinheiten repräsentierende Teilgebilde (d.h. jeder Wurzelbaum) von σ_1 eine Übersetzung zugeordnet, sondern auch jede Struktureinheit und damit die zugehörigen terminalen bzw. relativterminalen Zeichenreihen. Denn das Durchlaufen eines Semantikgebildes zu σ_1 ist durch das Durchlaufen des Syntaxgebildes σ_1 eindeutig bestimmt.

4. Beispiel

Zur Veranschaulichung der eingeführten Begriffe soll in einem einfachen von Aho und Ullman [1] angegebenen Beispiel einer Übersetzung der Beschreibung mit Hilfe eines Übersetzungsschemas $\mathcal{T}$ die Beschreibung mit Hilfe von Syntax- und Semantikgebilde gegenüber gestellt werden.

a) Übersetzungsschema $\mathcal{T}$: $\divideontimes (\{S\}, \{a, +\}, \{a, +\}, \{a, +\}, R, S)$.   (1)

R : $\divideontimes \{S \rightarrow + S^{(1)} S^{(2)}, S^{(1)} + S^{(2)}; S \rightarrow a, a\}$.

In der folgenden aus $\mathcal{T}$ abgeleiteten Übersetzung werden assoziierte nichtterminale Zeichen durch den gleichen Index gekennzeichnet. Dadurch müssen jeweils vor Anwendung der ersten Regel die Indizes geändert werden.

Beispiel einer Ableitung:

$(S, S) \longrightarrow (+ S^{(1)}\ S^{(2)}, S^{(1)} + S^{(2)})$

$\qquad \longrightarrow (++ S^{(3)}\ S^{(4)}\ S^{(2)}, S^{(3)} + S^{(4)} + S^{(2)})$

$\qquad \longrightarrow (++ aS^{(4)}\ S^{(2)}, a + S^{(4)} + S^{(2)})$

$\qquad \longrightarrow (++ aaS, a + a + S)$

$\qquad\quad (++ aaa, a + a + a)$.

b) Bei Verwendung von Syntax- und Semantikgebilden kann jedes in dem Gebilde als Funktionswert von f_1 auftretende Zeichen als Individuum identifiziert werden. Die Assoziationsrelation ρ_{12}^1 besteht aus den Paaren assoziierter Elemente aus Vorb (ρ_1^4) bzw. Vorb (ρ_2^4) und erfüllt dieselbe Aufgabe wie die wechselnden Indizes in den Regeln des Ableitungsschemas.

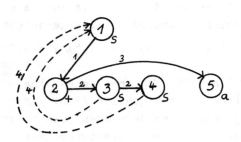

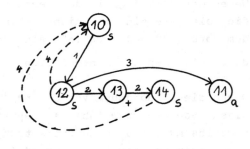

Figur 3a

Syntaxgebilde zu (1): $t_1 = 1$

Figur 3b

Semantikgebilde zu (1); $t_2 = 10$

Die Assoziationsrelation ist $\rho_{12}^1 = \{(3, 12), (4, 14)\}$.

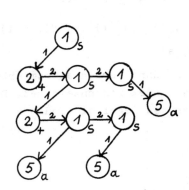

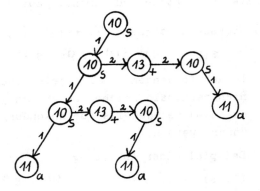

Figur 4a

Strukturbaum τ zu (2)

Figur 4b

Übersetzung des Strukturbaums τ

Mit Hilfe des Strukturbaums τ und seiner Übersetzung wird die Terminalzeichenreihe $\pi = + + a\ a\ a$ von τ in $a + a + a$, die Bedeutung $b(\pi)$ von π, übersetzt.

Schlußbemerkungen

Die Einführung der Begriffe Syntaxgebilde und Semantikgebilde ist ein erster Schritt auf dem Weg, die gesamte Syntax und Semantik einer Programmiersprache mit Hilfe von Relationengebilden darzustellen. Dazu sind jedoch weitere Relationengebilde erforderlich, die als Hilfsstrukturen zur Identifizierung deklarierter Größen und zur 'Speicherung von Daten' bzw. zum 'Zugriff auf Daten' dienen. Die Bedeutung eines aus einem Syntaxgebilde σ_1 abgeleiteten Programms ist dann durch die, simultan mit diesem Programm in dem zu σ_1 gehörigen Semantikgebilde $\sigma_2(\sigma_1)$ abgeleitete, terminale Zeichenreihe bestimmt. Jedes 'Zeichen' dieser Reihe ist ein Element aus A_2^* und stellt eine Folge elementarer Befehle dar.

Wesentliche Bestandteile der hierbei benützten semantischen Sprache sind Operationen an Relationengebilden. Die Sprache kann dadurch sehr einfach sein; man muß aber möglicherweise in Kauf nehmen, daß die Hilfsstrukturen recht umfangreich werden.

Die in der Existenz von Syntax- und Semantikgebilde zum Ausdruck kommende Ähnlichkeit der Beschreibung von Syntax und Semantik legt aber noch einen anderen Gedanken nahe: Durch die Definition von Transformationen, die simultan an beiden Gebilden auszuführen sind, können diese Gebilde verändert z.B. verkleinert werden. Vielleicht ergibt sich daraus eine Möglichkeit, die gesamte Sprachbeschreibung für bestimmte Zwecke merklich zu vereinfachen.

Literatur

[1] Aho, V.H., Ullman J.D.: The theory of parsing, translation, and compiling. Vol. I. Englewood Cliffs (N.J.): Prentice-Hall 1972.

[2] Naur, P. (ed.): Revised report on the algorithmic language ALGOL 60. Numer. Math. <u>4</u>, 420 - 453 (1963).

Dr. Wolfgang Niegel
Mathematisches Institut der
Technischen Universität München

8ooo München 2
Arcisstr. 21

<u>ALSI - EINE HÖHERE PROGRAMMIERSPRACHE</u>

<u>ZUR TRANSFORMATION VON</u>

<u>ALGOL 68-VERBUNDEN IN SIMULA-KLASSEN</u>

U. KASTENS

1. Einführung

Die vergleichende Betrachtung von ALGOL 68 und SIMULA zeigt, daß diese Programmiersprachen in einigen grundlegenden Sprachelementen wie den Datenstrukturen verwandte
Eigenschaften haben. Es liegt daher nahe, die Möglichkeiten der Transformation zwischen
diesen Sprachen zu untersuchen. Das Resultat solcher Bemühungen ist die Definition der
höheren Programmiersprache ALSI (<u>AL</u>GOL 68, <u>SI</u>MULA)[Ka73], die einen großen Teil von
ALGOL 68 mit dem Verbundkonzept als Kern enthält und die Bedingung der Übersetzbarkeit
in SIMULA erfüllt.

Im Folgenden sollen zunächst ALGOL 68- und SIMULA-Datenstrukturen vergleichend gegen-
übergestellt werden. Dabei beziehe ich mich noch auf die ursprüngliche Definition von
ALGOL 68 in [Wi69] nicht auf die 1973 revidierte Fassung.

2. Gegenüberstellung der Datenstrukturen

Die Definition der elementaren Datenobjekte stimmt in beiden Programmiersprachen nahezu überein. Das Konzept der zusammengesetzten Objekte ist in ALGOL 68 "orthogonal" in
die übrigen Spracheigenschaften integriert, während bei SIMULA das Klassenkonzept hi-
storisch aus den Problemen der Simulation diskreter Systeme entwickelt und auf ALGOL 60
aufgepflanzt wurde.

In ALGOL 68 werden Objekte nach ihrer "Art" (mode) unterschieden, die im Wesentlichen
festlegt, welche Operationen auf ihnen ausführbar sind. Wir wenden im Folgenden diese
Terminologie auch auf SIMULA an.

2.1 Verbunde

Unter Verbunden verstehen wir zusammengesetzte Objekte, auf deren Komponenten direkt
durch Angabe einer Komponentenbezeichnung zugegriffen werden kann. In ALGOL 68 unter-

liegt die Art der Komponenten keinen speziellen Einschränkungen, mit der Ausnahme, daß ein Verbundobjekt kein Objekt von gleicher Art enthalten kann. Die Art eines Verbundobjektes wird bestimmt durch die Komponentenarten und -bezeichnungen und die Anzahl und Reihenfolge der Komponenten.

Das folgende Programmstück zeigt die Vereinbarung eines Verbundobjekts und Zuweisungen an dessen Komponenten

> struct (real radius, struct (real x,y) mittelpunkt) k:= (1,(0,0));
>
> radius of k:= 1.5;
> mittelpunkt of k:= (1.0, 2.0)

In ALGOL 68 kann durch Artvereinbarung für Verbundarten (wie auch für andere Arten) eine Bezeichnung eingeführt werden.

Die Vereinbarungen

> struct kreis = (real radius, punkt mittelpunkt);
> struct punkt = (real x,y);
> kreis k:=(1,(0,0))

haben zusammen die gleiche Bedeutung wie die Vereinbarung im obigen Beispiel.

Diese Artbezeichnungen sind nur als Kurzschreibweise für die vollständige Artangabe zu verstehen; sie sind kein unterscheidendes Merkmal der Art. Es ist deshalb möglich, daß Arten, die verschieden angegeben werden, gleich sind:

> struct m1 = (real k, ref m2 e)
> struct m2 = (real k, ref m1 e)

Der Übersetzer muß solche, und auch komplexere Fälle erkennen (Artidentifizierungsalgorithmen von Koster [Ko69] und Zosel [Zo71]). Zusammengesetzte Objekte werden extern durch Angabe einer Liste der Komponenten notiert. Da weder die Art noch Komponentenbezeichnungen in dieser Notation angegeben werden, ist es Aufgabe des Übersetzers, aus dem Kontext zu ermitteln, von welcher Art das Objekt ist.

In SIMULA ist die Wiedergabe von ALGOL 68-Verbunden möglich durch entsprechende Spezialisierung des mächtigeren Klassenkonzeptes.

Das oben betrachtete Programmstück kann etwa so formuliert werden:

```
class kreis (radius, mittelpunkt);
    real radius; ref (punkt) mittelpunkt;;
class punkt (x,y); real x,y;;

ref (kreis) k;
    k:-new kreis(1, new punkt (0,0));
    k.radius:=1.5;
    k.mittelpunkt.x:=1.0;
    k.mittelpunkt.y:=2.0;
```

Enthält ein Verbund einen anderen Verbund als Komponente, so ist das in SIMULA durch einen entsprechenden Verweis auszudrücken. Dabei wird ausgenutzt, daß das "räumliche Enthalten" und das "Verweisen" gleichwertige Implementierungen desselben Prinzips sind. Außer dem Generierungsoperator gibt es in SIMULA keine Operation, die ein Klassen-Objekt als Einheit behandelt. Das Zuweisen von Verbundwerten erfolgt deshalb komponentenweise. Da die explizite Vereinbarung von Klassen mit Zuordnung einer Klassenbezeichnung vorgeschrieben ist, existiert das Problem der Artidentifikation hier nicht.

Die Anwendungsmöglichkeiten von Klassen gehen über die Realisierung von Verbundobjekten hinaus, denn innerhalb einer Klassenvereinbarung können Anweisungen angegeben und Prozeduren vereinbart werden, die dann selbst Verbundkomponenten sind. Mit diesen Hilfsmitteln kann z.B. eine einfache Kellerorganisation folgendermaßen implementiert werden:

```
class keller (laenge); integer laenge;
begin array a (1:laenge);
    · integer pegel; boolean voll, leer;
    real procedure pop;
    begin pop:=a(pegel);
          pegel:=pegel-1;
          leer:=pegel=0
    end;
    procedure push (x); real x;
    begin pegel:=pegel+1;
          a (pegel):=x;
          voll:=pegel=laenge
    end;
    pegel:=0; voll:=false; leer:=true

end
```

Ein solches Objekt wird z.B. durch die Anweisung
                    s:-new keller (100)

generiert. Zugriffe auf Elemente dieses Kellerobjektes können dann z.B. so formuliert
werden

> if not s.voll then s.push (3.4)

oder   if not s.leer then y:=s.pop

Die Methode, mit der der Keller implementiert wurde, braucht außerhalb der Klassenvereinbarung nicht zur Kenntnis genommen zu werden - es hätte ebenso gut eine lineare
Liste statt einer Reihung verwendet werden können (vergleiche Parnas [Pa72]).

Nach dem gleichen Prinzip werden in SIMULA die Standardklassen SIMULATION und SIMSET
definiert, die Datenstrukturen und Operationen zur Simulation bzw. Listenverarbeitung
bereitstellen.

Anwendungen dieser Art legen es nahe, eine Klassenvereinbarung aufzufassen als die Definition einer Datenstruktur zusammen mit den auf ihr ausführbaren Operationen in ge-
schlossener Form. In ALGOL 68 ist ein analoges Konzept nicht vorhanden. Der Aufbau einer
ähnlichen Konstruktion macht dort erhebliche formulierungstechnische Schwierigkeiten.
Verbunde können zwar Prozedurvariablen als Komponenten enthalten; die Prozeduren müssen aber jeweils bei der Generierung eines solchen Verbundes von außen zugewiesen werden.

Im letzten Beispiel haben wir den Anweisungsteil der Klassenvereinbarung nur zur Ini-
tialisierung der Komponenten verwendet. Durch geeigneten Aufbau des Anweisungsteiles
kann eine Klasse eine oder mehrere gleichartige Koroutinen definieren; z.B. das folgende vereinfachte Produzent-Konsument-System:

```
class produzent              class konsument
begin initialisiere ;        begin initialisiere;
      detach;                       detach;
      while bedingung do            while bedingung do
      begin produziere;            begin verbrauche;
            resume (k)                   resume (p)
      end                          end
end                          end
```

Eine weitere Anwedungsmöglichkeit von SIMULA-Klassen liegt in der Erzeugung partiell
parametrisierter Prozeduren. Die im folgenden Beispiel definierte Klasse erzeugt abhängig
von den Parametern entsprechende Polynomfunktionen, die z.B. in einer Integrationsprozedur ausgewertet werden:

```
class polynom (grad, koeffizieten);
     integer grad; array koeffizienten;
begin real procedure polynomwert (x); value x; real x;
     begin real s; integer i;
          s:=koeffizienten (grad);
          for i:=grad-1 step-1 until 0 do
          s:=s*x+koeffizienten (i);
          polynomwert:=s
     end
end
```

Ein Aufruf der Integrationsprozedur könnte dann z.B. lauten

integral (new polynom (5, koeff).polynomwert, 0.5, 2.1)

Derartige Konstruktionen sind in SIMULA möglich, da alle Objekte unbeschränkte Lebensdauer haben, während in ALGOL 68 als Kellersprache solche partiell parameterisierbaren
Prozeduren nicht formuliert werden können.

2.2 Vereinigungsarten

Für eine Reihe von Anwendungen ist es erforderlich, Variable zu haben, die Objekte
von unterschiedlicher Art als Inhalte besitzen können. In ALGOL 68 wird die Art einer
solchen Variablen ausgedrückt als ein Bezug auf die Vereinigung der Arten, die die
möglichen Werte annehmen können, z.B.

ref union (real, int, ref formel)

In der ursprünglichen Definition von ALGOL 68 sind die über den einzelnen Arten definierten Operatoren nicht auf Objekte der union-Art anwendbar, vielmehr muß man erst mit
einer speziellen Zuweisung ("conformity relation") das Objekt an eine Variable der betreffenden Teilart zuweisen.

In SIMULA wird die Vereinigung verschiedener Arten auf Klassen beschränkt. Mit Hilfe
von Präfixen in den Klassenvereinbarungen können Hierarchien von Klassen definiert werden. Wollen wir z.B. eine Listenstruktur aufbauen aus Elementen, die unterschiedliche
Komponenten haben wie die Klassen

```
class listelem1 (nachf, k); ref (listelem ) nachf; integer k;;
class listelem2 (nachf, c); ref (listelem ) nachf; character c;
```

so können wir die beiden Klassen zu einer "Oberklasse" zusammenfassen:

```
           class listelem (nachf); ref (listelem) nachf;;
listelem   class listelem1(k); integer k;;
listelem   class listelem2(c); character c;;
```

Die in beiden Unterklassen gleiche Komponente (nachf) kann in der Oberklasse definiert werden. Der Zugriff auf Komponenten, die in der Unterklasse definiert sind erfordert, daß entweder die Klassenbezeichnung als"Qualifikation"angegeben oder das Objekt - wie in ALGOL 68 - an eine geeignete Variable zugewiesen wird.

```
            1 qua listelem1. k oder
            l1:-1; l1.k
```

Nach dem gleichen Schema ist eine Hierarchie von Standard-Klassen zur Organisation der Ein- und Ausgabe definiert. Jedem Datei-Typ ist eine Klasse zugeordnet, die die jeweiligen Bearbeitungsprozeduren als Komponenten enthält:

```
                class file ...
         file class directfile ...
         file class infile ...
         file class outfile ...
      outfile class printfile ...
      outfile class punchfile ...
```

Die Artvereinigung aus ALGOL 68 kann in SIMULA durch die Definition einer Oberklasse ohne Komponenten dargestellt werden:

$$union \ m = (\underline{m1}, \ \underline{m2})$$

entspricht den Klassenvereinbarungen

```
            class m;;
          m class m1....
          m class m2....
```

2.3 Reihungen

In SIMULA wurde das Array-Konzept unverändert aus ALGOL 60 übernommen. ALGOL 68-Reihungen weichen davon vor allem nur in den folgenden Punkten ab:

- Der Deskriptor einer Reihung ist auf der Programmebene insoweit zugänglich, daß die Indexgrenzen abgefragt und im Falle von flexiblen Grenzen auch verändert werden können.

- Durch Erzeugen eines veränderten Deskriptors können die Indexgrenzen "getrimmt" bzw. Reihungsausschnitte definiert werden.

- Operationen mit Reihungen als Einheiten, insbesondere Zuweisungen sind möglich.

- Reihungen können explizit als Folgen von Elementen angegeben werden, z.B.

$$[1:4] \underline{int} \ a = (1,2,3,4)$$
$$[1:2, \ 1:3] \underline{int} \ b = ((1,2,3),(4,5,6))$$

2.4 Namen

In der Algol 68-Terminologie werden unter "Namen" Verweise auf Bezugsobjekte im Sinne von Variablenadressen verstanden. Das Namenskonzept basiert auf einer strengen Hierarchie: Mit der Referenzstufe eines Namens ist die Anzahl der indirekten Adressierungsschritte festgelegt, die nötig ist um ein Bezugsobjekt zu erreichen, das kein Name ist. Die Referenzstufe eines Namens und die Art des Bezugsobjektes bestimmen die Art des Namens.

Allen Objekten - auch Namen und Konstanten - können durch Vereinbarungen Bezeichnungen zugeordnet werden. Namen von Komponenten strukturierter Objekte sind ebenfalls durch Bezeichnungen identifizierbar, z.B.:

$$\underline{ref} \ \underline{int} \ i = k \ \underline{of} \ v$$
$$\underline{ref} \ \underline{int} \ j = a \ [4]$$

Die Möglichkeit, Namen zu definieren, die auf Namen verweisen, wirft das Problem der "Verschleppung" von Namen auf, deren Bezugsobjekte nicht mehr existieren. Das folgende Programmstück ist ein einfaches Beispiel dafür:

```
ref ref int ii  = ref int;
begin ref int k = int:=5;
      ii  := k
end;
print ( ii )
```

In der Zuweisung ii:=k wird der k zugeordnete Name an ii zugewiesen, dessen Gültigkeitsbereich den von k umfaßt. Um das Kellerprinzip aufrecht zu erhalten, muß ein Zugriff auf das nicht mehr existierende Objekt (in print(ii)) verhindert werden. Hierzu wären ineffiziente Laufzeitprüfungen nötig; es wird deshalb die stärkere Forderung gestellt: Der Name eines Objekts darf nicht an einen Namen zugewiesen werden, der eine größere Lebensdauer hat, als das Objekt selbst.

In SIMULA ist kein so strenges Referenzstufen-Konzept definiert wie in ALGOL 68. Für Klassenobjekte existieren Namen der Referenzstufe 1 und Variable dafür. Bei Objekten einfacher Art wurde das Variablen-Prinzip aus ALGOL 60 übernommen. Wegen dieser unterschiedlichen Definition ist es erforderlich, bei der Transformation alle Objekte durch Klassen zu implementieren, um einheitliche Referenzstufen darzustellen. Das Problem der Verschleppung von Namen existiert in SIMULA nicht, da alle Objekte unbegrenzte Lebensdauer haben.

Der Vergleich auf Identität ist in ALGOL 68 und SIMULA die einzig mögliche Operation mit Namen als Operanden.

3. Transformation der Datenstrukturen

Bei der Transformation von ALGOL 68-Datenstrukturen in SIMULA-Klassen ist die Realisierung des Referenzstufenkonzeptes, der Identifizierung von Namen und der Artanpassungsoperationen die wichtigste Aufgabe. Die übrigen Zuordnungen können im allgemeinen durch Textsubstitution vorgenommen werden.

Die Darstellung beliebig langer Verweisketten durch Referenzvariable bereitet keine prinzipiellen Schwierigkeiten, da sie aus mehreren Verweisen kettenartig zusammengesetzt werden können.

Objekte der Referenzstufen 0 und 1 können durch gleichartige Klassenobjekte realisiert werden. Ihre externe Identifizierung erfolgt durch eine Referenzvariable. Benannte Objekte der Referenzstufe 0 werden dann als schreibgeschützte Variable aufgefaßt. Diese Unterscheidung kann vom Übersetzer vorgenommen werden. Auf gleiche Weise ist das Problem zu lösen, daß in SIMULA Verbundkomponenten nicht wiederum Verbundkonstante sein können: Es wird stattdessen eine Referenzvariable als Komponente angegeben, deren Wert ein unveränderlicher Verweis auf ein entsprechendes Objekt ist.

Objekte der Referenzstufe 2 werden dargestellt durch Klassenobjekte, die als einzige Komponente eine Referenzvariable von der entsprechenden Art besitzen.

Damit ergibt sich das folgende Abbildungsschema: Sei $\underline{m}$ eine beliebige Art. So entsprechen der ALGOL 68-Artvereinbarung

$$\underline{\text{mode}}\ vb = struct\ (\underline{m}\ ko,\ \underline{\text{ref}}\ \underline{m}\ k1,\ \underline{\text{ref}}\ \underline{\text{ref}}\ \underline{m}\ k2)$$

die Klassenvereinbarungen

```
class vb;
begin ref (m) ko; ref (ref m) k1; ref (ref m) k2;
         >Zuweisungsprozedur<
         >Initialisierung<
    end
```

und

    <u>class</u> refvb;

    <u>begin</u> <u>ref</u> (vb) verweis; <u>end</u>

Die im Klassenrumpf definierte Zuweisungsprozedur führt die komponentenweise Zuweisung eines Verbundes aus.

Namen von Referenzstufen höher als 2 können nach dem gleichen Prinzip (durch Einführung weiterer Klassen) dargestellt werden. Bei unserer Implementierung haben wir davon abgesehen, da man im allgemeinen mit den Referenzstufen 0,1 und 2 auskommt.

Die in ALGOL 68 definierten Artanpassungsoperationen können weitgehend durch Operationen auf den Klassenobjekten realisiert werden: z.B. entspricht dem "Dereferenzieren" von Referenzstufe 2 auf 1 das Verfolgen der Referenz, die durch die Komponente "verweis" gegeben ist, "Vereinigen"(uniting) wird durch entsprechende Qualifikation des Objektes erreicht, "Löschen" (voiding) durch Zuweisung an geeignete Variable, die "universelle Artanpassung" (hipping) und "Weiten" durch Generierung geeigneter neuer Objekte. In unserer Implementierung haben wir auf die Transformation der Anpassungsoperationen "proceduring" und "rowing" verzichtet, und - wie in SIMULA - gefordert, daß Verbundarten durch eine Artbezeichnung identifiziert werden, um so die Verfahren zu vereinfachen, mit denen die jeweils nötige Artanpassung festgestellt wird.

4. Transformation der Programmstrukturen

Eine Reihe von Sprachelementen sind in ALGOL 68 und SIMULA identisch oder können leicht auf entsprechende Eigenschaften abgebildet werden:

    z.B. Zuweisungen, Formeln, bedingte Formeln, Fallunterscheidungen (Transformation in SIMULA-Switch-Konstruktion bzw. "if-Kaskaden"), Wiederholungsanweisungen, Sprünge, Generatoren, Vereinbarungen und Prozeduren.

Es ist bemerkenswert, daß die Parameterübergabe aus ALGOL 68 aufgrund der gewählten Transformation der Datenobjekte ohne Schwierigkeiten durch die Parameterübergabe "by-reference" (dem Wertaufruf auf Referenzstufe 1) in SIMULA wiedergegeben werden kann.

Auf die Abbildung von ALGOL 68-Sprachelementen, die in SIMULA nicht in entsprechender Bedeutung existieren wurde verzichtet (so z.B. auf Identität von Ausdruck und Anweisung, Operatordefinitionen, parallele Blöcke, ALGOL 68-E/A und Prozeduren als Datenobjekte). In Prinzip könnten auch diese Spracheigenschaften auf SIMULA transformiert werden, z.B. indem man Prozeduren als Klassen darstellt und dann wie Verbunde als Datenobjekte behandeln kann.

5. Aufbau des Übersetzers

Die im Vorangehenden kurz erläuterten Sprachelemente sind zu der in [Ka73] definierten Sprache ALSI zusammengefaßt. Für diese Sprache wurde in SIMULA ein Übersetzer geschrieben, der ALSI-Programme in SIMULA übersetzt.

Er ist in fünf Koroutinen gegliedert, die wie in der folgenden Abbildung dargestellt zusammenwirken:

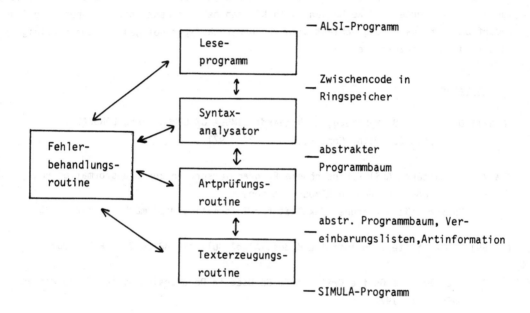

Das Leseprogramm führt die lexikalische Analyse durch und trägt einen Zwischencode in einen Ringspeicher ein. Der Syntaxanalysator arbeitet im "recursive-descendent"- Verfahren (ohne "backtracking") und baut aus dem Zwischencode einen abstrakten Programmbaum auf. Die Artprüfungsroutine fügt Vereinbarungslisten in den Baum ein, ermittelt die Arten der Objekte und führt die Artanpassung durch.

In der Texterzeugungsroutine werden aus dem abstrakten Programmbaum die SIMULA-Programmtexte aufgebaut. Weil das erzeugte SIMULA-Programm die gleiche Struktur wie das Quellprogramm hat, können die Texte von rekursiven Prozeduren modular aus Teiltexten zusammengesetzt werden. Die Routine zur Fehlerbehandlung kann von allen anderen Routinen aktiviert werden. Sie gibt die Meldungen aus, bestimmt bei syntaktischen Fehlern den Aufsetzpunkt und reaktiviert die entsprechende Syntaxprozedur.

Für das Zusammenwirken der Koroutinen wurde die Strategie verfolgt: Jede Routine ist solange aktiv bis sie genügend Information beschafft hat, mit der die nächste Routine sinnvoll arbeiten kann. Dadurch wird gewährleistet, daß sich immer nur das notwendige Minimum an Informationen über das Eingabe-Programm im Speicher befindet.

Der Umfang des ALSI-Übersetzer-Programmes und die Übersetzungszeiten liegen in der gleichen Größenordnung wie beim SIMULA-Übersetzer. Die erzeugten SIMULA-Programme haben - abgesehen von den komplexeren Klassenvereinbarungen - etwa das gleiche Ausmaß wie die ALSI-Quellprogramme; sie benötigen wegen der nicht effizienten Darstellung von einfachen Werten und Reihungen durch Klassen mehr Rechenzeit (der erhöhte Speicherbedarf bei der Ausführung schlägt sich wegen der häufiger nötigen Speicherbereinigung auch in der Rechenzeit nieder).

6. Literatur

[DMN71] O.J. Dahl, B. Myhrhaug, K. Nygaard: SIMULA 67 COMMON BASE LANGUAGE, Norwegian Computing Center, pub. S-22, 1971

[Ka 73] U. Kastens: ALSI - Eine höhere Programmiersprache zur Transformation von ALGOL 68-Verbunden in SIMULA-Klassen, Universität Karlsruhe, Fakultät für Informatik, Diplomarbeit, März 1973

[Ko 69] C.H.A. Koster: On INfinite Modes, Algol Bulletin AB 30.3.3, Feb. 1969

[Pa 72] D.L. Parnas: On the Criteria To Be Used in Decomposing Systems into Modules, CACM, Dec. 1972

[Ro 73] H.Rohlfing: SIMULA - Eine Einführung, Bibliographisches Institut, Hochschultaschenbücher, 1973

[Wi 69] A. van Wijngaarden (Editor), B.J. Mailloux, J.E.L. Peck, C.H.A. Koster: Report on the Algorithmic Language ALGOL 68, Numerische Mathematik, 14, 79-218 (1969),Springer-Verlag

[Zo 71] M.E. Zosel: A Formal Grammar for the Representation of Modes and its Application to ALGOL 68, University of Washington, Computer Science Group, Dissertation, 1971

Anschrift des Verfassers: Dipl.-Inform. Uwe Kastens, Universität Karlsruhe, Fakultät für Informatik, D-7500 Karlsruhe, Zirkel 2

INTERAKTIVES TRACE- UND DEBUGGING-SYSTEM ALGOL KIEL X8

J. BAGINSKI UND H. SEIFFERT

Die algorithmische Formelsprache ALGOL 60 erleichtert die Programmierung von Rechenverfahren für Digitalrechner, da sie maschinenunabhän-
gig ist und der Benutzer die jeweilige Maschinensprache nicht zu kennen braucht. Die erforderliche Programmierarbeit wird dadurch erheb-
lich verringert. Bei der Herstellung von umfangreicheren ALGOL-Pro-
grammen ist jedoch im allgemeinen mit erheblichem Zeitaufwand für die
Suche nach Programmierfehlern zu rechnen.

Das Betriebssystem soll daher so beschaffen sein, daß der zum Auffin-
den der Fehlerursachen für den Programmierer erforderliche Aufwand
möglichst gering gehalten wird. Zu diesem Zweck wurde das als Subsystem im Betriebssystem der Kieler EL-X8 [3] enthaltene ALGOL-System
um zwei Moduln erweitert. Der TRACE- und DEBUGGING-Modul gestattet
eine Analyse des Programmablaufs, das Dialogsystem MEDEA dient zur
Generierung, Ausführung und Abänderung von ALGOL-Objektprogrammen.

Teil 1: Der ALGOL TRACER

1. Einführung

Der ALGOL TRACER ist ein Hilfsmittel zur Auffindung von logischen Programmierfehlern. Ausgangspunkt ist daher ein syntaktisch richtiges
ALGOL 60-Programm, das heißt, beim Compilieren dürfen keine Fehler
festgestellt worden sein. Eine interpretative Programmausführung ist
wegen zu hoher Rechenzeit unrealistisch. Der TRACER führt daher das
vom Compiler erzeugte Objektprogramm abschnittweise unter der Kontrolle
des Benutzers aus. Der Compiler und der Sourcetext werden dabei nicht
mehr benötigt. Es ist daher auch nicht möglich, den Objektcode des zu
untersuchenden ALGOL-Programms nachträglich abzuändern. Sollte aufgrund der vom TRACER gelieferten Informationen eine Programmänderung
erforderlich werden, so muß der Sourcetext neu compiliert werden.

Der Vorteil dieser Methode ist, daß sich für das zu untersuchende
Programm keine Einschränkung bezüglich der Syntax von ALGOL 60 ergibt
und daß sich der Speicherplatzbedarf und die Rechenzeit gegenüber der

normalen Programmausführung nicht erhöhen.

Die Kommunikation mit dem TRACER geschieht auf der Grundlage des Sourcetextes, so daß der Benutzer keine Kenntnisse über den Übersetzungsvorgang benötigt. Das bedeutet zum Beispiel, daß Namen und Zeilennummerierung des Sourcetextes verwendet werden.

2. Betriebsarten

2.1. Dialogbetrieb

Das effektivste Verfahren bei der Fehlersuche ist das DEBUGGING. Der Programmablauf wird durch den Dialog mit dem TRACER überwacht und beeinflußt. Man verfährt dabei so, daß man dem TRACER von einem Fernschreiber aus einen Auftrag erteilt. In Abhängigkeit vom Ergebnis der Ausführung dieses Auftrages kann dann der nächste Auftrag erteilt werden. Der entscheidende Vorteil des DEBUGGINGS im Dialogbetrieb ist die Möglichkeit der Programmbeeinflussung durch Entscheidungen, die der Benutzer erst während des Rechenlaufs trifft, nachdem er durch den TRACER schon Informationen über sein Programm erhalten hat.

2.2. BATCH-Betrieb

TRACING ist jedoch auch im BATCH-Betrieb sinnvoll. Im diesem Fall werden die Aufträge durch Steuerungen gegeben, die mit dem vom Programm benötigten Input eingelesen werden. Auf diese Weise können zum Beispiel während des Rechenlaufs an vom Benutzer angegebenen Stellen des ALGOL-Programms die Werte von Variablen ausgegeben werden, ohne daß der Programmierer in sein Programm die entsprechenden Druckanweisungen einfügen muß.

Natürlich sind nicht alle Aufträge, die im Dialogbetrieb bearbeitet werden können, auch für den BATCH-Betrieb sinnvoll, da der gesamte Input des TRACERS schon bei Beginn des Rechenlaufs festgelegt ist.

3. Änderungsmaßnahmen im ALGOL-System

3.1. BREAKPOINTS

Um einen kontrollierbaren Programmablauf durchführen zu können, wird vom Compiler vor jedem STATEMENT eine Unterbrechungsmöglichkeit, ein BREAKPOINT, eingebaut. Wenn keine Unterbrechung stattfinden soll, ist der Zeitbedarf für das Durchlaufen der BREAKPOINTS gering im Verhältnis zur Ausführungszeit des übrigen Objektprogramms. Daher erfolgt die Erzeugung von BREAKPOINTS durch den Compiler standardmäßig, kann jedoch durch den Programmierer ausgeschaltet werden. Auf diese Weise kann der TRACER jederzeit aktiviert werden, das heißt, die Entscheidung, daß der TRACER auf ein ALGOL-Programm angewendet werden soll, kann noch getroffen werden, während sich das Programm bereits in der Ausführungsphase befindet.

Es wird jeweils gespeichert, welchen BREAKPOINT das Programm zuletzt durchlaufen hat. Daher kann bei einem Programmabbruch (z.B. wegen Programmierfehler oder abgelaufener Rechenzeit) die entsprechende Stelle angegeben werden.

Die Identifikation der BREAKPOINTS geschieht durch die Zeilennumerierung des Sourcetextes. Befinden sich in einer Zeile mehrere BREAKPOINTS, so werden sie zusätzlich pro Zeile fortlaufend numeriert.

3.2. Zusatzinformationen auf Hintergrundspeicher

Während der Programmübersetzung wird vom Compiler die Namensliste erzeugt, die Informationen über die im Sourcetext verwendeten Namen enthält. Sie wird normalerweise beim Rechenlauf nicht mehr benötigt. Nach Beendigung der Compilierung wird die Namensliste auf einen Hintergrundspeicher geschrieben, damit sie dem TRACER zur Verfügung steht, wenn er Aufträge erhält, in denen die Namen aus dem Sourcetext verwendet werden.

Auf diese Weise ist es möglich, bei einem Programmabbruch wegen eines Programmierfehlers oder abgelaufener Rechenzeit standardmäßig einen ERROR DUMP auszugeben, der eine vollständige Übersicht über den vom Programm erreichten Zustand bietet. Es werden die Namen und die momentanen Werte aller an der Stelle des Programmabbruchs deklarierten Variablen ausgegeben.

3.3. Verarbeitung von spontanen Mitteilungen

Um Eingriffe in einen Programmablauf vornehmen zu können, ist es erforderlich, Informationen, die aus spontan eingegebenen Mitteilungen stammen, zu verarbeiten. Die dazu notwendigen Voraussetzungen werden vom Betriebssystem der Kieler EL - X8 erfüllt.

Es sind Fernschreiber vorhanden, an denen Ein- und Ausgabe vorgenommen werden kann. Als Symbolvorrat steht der Telecode zur Verfügung. Über diese Fernschreiber sind jederzeit spontane Mitteilungen möglich, die an das ALGOL-Subsystem weitergegeben werden können. Dadurch besteht die Möglichkeit, den Programmablauf spontan zu beeinflussen und nicht von vornherein endgültig und unabänderlich festzulegen.

Der TRACER benötigt nur eine einzige spontane Mitteilung, für die der Name "TRACE" gewählt wurde. Sie bewirkt eine Programmunterbrechung beim nächsten BREAKPOINT. Auf eine weitere Spezifikation kann bei der

spontanen Mitteilung verzichtet werden. Wenn das Programm bei einem
BREAKPOINT unterbrochen ist, werden vom TRACER nähere Einzelheiten
angefordert.

4. Aufgaben des TRACERS

Die Einwirkungen des TRACERS auf ein ALGOL-Programm gliedern sich in
drei Abschnitte:
1. Unterbrechung des Programmablaufs
2. Analyse und Abänderung des bei der Unterbrechung erreichten Zustands
3. Fortsetzung des Programmablaufs

4.1. Programmunterbrechung

Die Programmunterbrechung kann erfolgen
1. spontan (d.h. beim nächsten BREAKPOINT, den das Programm erreicht)
2. bei vorgewählten BREAKPOINTS
3. bei Auftreten eines Programmierfehlers

4.2. Analyse und Abänderung des Programmzustandes

Bei Eingabe eines Namens (gegebenenfalls mit Indexliste) wird der
zugehörige Wert ausgegeben. Ebenso kann ein neuer Wert eingegeben
werden, der dann der entsprechenden Variablen zugewiesen wird.

4.3. Programmfortsetzung

Ein unterbrochenes Programm kann an folgenden Stellen fortgesetzt
werden:
1. An der Unterbrechungsstelle. (Falls die Unterbrechung nicht bei
   einem BREAKPOINT, sondern durch einen Programmierfehler erfolgte,
   ist darunter der letzte BREAKPOINT vor Auftreten des Fehlers zu
   verstehen).
2. Bei einem LABEL des ALGOL-Programms, wenn dieses mit der Blockstruktur verträglich ist, d.h., wenn der LABEL sich in dem Block,
   in dem das Programm unterbrochen wurde, oder in einem übergeord-
   neten Block befindet.
3. Bei einem anderen BREAKPOINT, wenn dieses mit der Blockstruktur
   verträglich ist.

5. Bedienung des TRACERS im Kieler ALGOL-System

5.1. Überblick über den Dialog am Fernschreiber

Die Aktivierung des TRACERS geschieht spontan durch Eingabe des Wor-
tes "TRACE" an einem Fernschreiber. Dadurch wird eine Programmunterbrechung beim nächsten BREAKPOINT bewirkt. Erfolgt die spontane Mitteilung "TRACE" bereits während der Compilierung, so geschieht die

Programmunterbrechung beim ersten BREAKPOINT des Objektprogramms.

Bei Auftreten eines Programmierfehlers erfolgt ein Rücksprung auf den letzten BREAKPOINT vor Auftreten des Fehlers und anschließend eine Programmunterbrechung.

Der TRACER gibt bei unterbrochenem Programm die Zeilennummer und die Nummer des BREAKPOINTS innerhalb dieser Zeile am Fernschreiber aus. Anschließend wird die Eingabe eines Auftrages erwartet. Jeder Auftrag wird vor seiner Ausführung vollständig eingelesen und auf seine Richtigkeit überprüft. Es ist also gewährleistet, daß durch fehlerhafte Aufträge an den TRACER keine Zustandsänderung des ALGOL-Programms bewirkt werden kann.

Bei Eingabe des Symbols "WERDA" wird die Ausführung des Objektprogramms fortgesetzt. In allen anderen Fällen muß zunächst der Name eines der Aufträge eingegeben werden, die im folgenden Abschnitt beschrieben werden. Nach der Auftragsausführung ist der TRACER zur Eingabe des nächsten Auftrags bereit.

5.2. Die TRACER-Aufträge

GOTO

Der Name eines LABELS wird eingelesen und anschließend ein Sprung auf die entsprechende Stelle des Objektprogramms ausgeführt, falls es mit der Blockstruktur verträglich ist. Danach wird vor der Ausführung des nächsten STATEMENTS der TRACER erneut aufgerufen, so daß ein neuer Auftrag eingegeben werden kann.

LINE

Es werden Zeilennummer und die Nummer eines BREAKPOINTS in dieser Zeile, durch Schrägstrich getrennt, eingelesen. Beim ersten BREAKPOINT in einer Zeile genügt es, nur die Zeilennummer anzugeben. Wenn es mit der Blockstruktur verträglich ist, wird ein Sprung auf den angegebenen BREAKPOINT ausgeführt. Unmittelbar anschließend wird der TRACER erneut aufgerufen.

STOP

Wird kein weiterer Input gegeben, so ist die Wirkung die gleiche, wie bei der spontanen Mitteilung "TRACE". Das bedeutet, daß das Programm nach Ausführung des nächsten STATEMENTS erneut unterbrochen wird. Wird ein BREAKPOINT eingegeben, so erfolgt der TRACER-Aufruf nur bei diesem BREAKPOINT. Zusätzlich kann eine Zahl eingegeben werden, die angibt, wie oft das Objektprogramm diesen BREAKPOINT passieren soll, bevor es den TRACER aufruft.

GOON

Die Programmunterbrechung bei jedem BREAKPOINT, die durch die spontane Mitteilung "TRACE" oder den Auftrag "STQP" ohne weiteren Input bewirkt wurde, wird wieder aufgehoben. Die Programmunterbrechungen bei speziellen BREAKPOINTS, die durch den Auftrag "STOP" bewirkt wurden, bleiben jedoch erhalten.

FILL

Der Name einer einfachen oder indizierten Variablen vom Typ 'REAL', 'INTEGER' oder 'BOOLEAN' wird eingelesen. Wenn es sich um eine indizierte Variable handelt, muß anschließend die Indexliste, bestehend aus ganzen Zahlen mit oder ohne Vorzeichen, folgen. Anschließend wird der Wert eingelesen, der der Variablen zugewiesen werden soll.

DUMP

Die Hauptaufgabe des TRACERS ist es, Werte von Variablen auszugeben. Nach dem Wort "DUMP" kann ein BREAKPOINT eingegeben werden. Falls eine weitere Zahl eingegeben wird, so gibt diese an, wie oft das Objektprogramm den BREAKPOINT passieren soll, bevor der DUMP ausgegeben wird. Schließlich kann noch eine Zahl eingegeben werden, die angibt, nach wieviel Durchläufen der DUMP wieder abgesetzt werden soll. Fehlt die Angabe eines BREAKPOINTS, so wird der DUMP sofort ausgegeben.

Es können anschließend die Namen von beliebig vielen einfachen oder indizierten Variablen vom Typ 'REAL', 'INTEGER' oder 'BOOLEAN' eingegeben werden. Dabei dürfen auch die Namen formaler Parameter verwendet werden. Die Ausgabe von Teilen von ARRAYS ist ebenfalls möglich. Dazu muß nach dem Namen der indizierten Variablen für jeden Index zunächst ein Komma und anschließend die Information über den gewünschten Wertebereich eingegeben werden. Dafür gibt es folgende Möglichkeiten:
1. Keine Angabe (in diesem Fall wird der gesamte Bereich ausgegeben)
2. Ein einzelner Wert
3. Untere und obere Grenze durch Schrägstrich getrennt. (Es kann auch eine der beiden Grenzen fehlen. Sie wird dann durch die aktuelle untere bzw. obere Grenze des ARRAYS ersetzt).

Die Werte in der eingegebenen Indexliste können ganze Zahlen mit oder ohne Vorzeichen oder Namen von arithmetischen Variablen sein. Die Berechnung der Indexwerte geschieht unmittelbar vor der Ausgabe des ARRAYS, so daß bei Verwendung von Namen in der Indexliste die dynamische Änderung der Grenzen des ARRAY-DUMPS möglich ist.

Falls ein Index außerhalb des Deklarationsbereichs liegt, wird der gesamte Bereich ausgegeben.

CLEAR

Wird ein BREAKPOINT eingegeben, so werden die Aufträge, die durch "STOP" oder "DUMP" für diesen speziellen BREAKPOINT erteilt wurden, rückgängig gemacht. Erfolgt kein weiterer Input, so gilt das Entsprechende für alle BREAKPOINTS.

Teil 2: MEDEA - Mixed Editor and Direct Executor of ALGOL-STATEMENTS

1. Einleitung

Ausgangspunkt bei der Konzeption des Dialogsystems MEDEA war der an der EL - X8 implementierte 3-Pass BATCH-ALGOL-Compiler sowie das zugehörige ALGOL-Runningsystem. Durch geeignete Abänderungen sollten diese beiden vorhandenen Programmpakete einem direkt compilierenden (1-Pass) Anschlußmodul zur Verfügung gestellt werden, welcher folgende Forderungen erfüllen sollte:
(1) Generierung von ALGOL-Objektprogrammen im Dialogbetrieb;
(2) Durchführung einer umfassenden Fehlerdiagnostik bei Syntaxfehlern;
(3) Erhaltung des bereits fehlerfrei erzeugten Objektcodes bei Syntaxfehlern;
(4) Möglichkeiten zur Reaktion auf logische Programmierfehler - dazu gehört nachträgliches Abändern des Objektcodes durch Einfügen bzw. Löschen von Programmteilen ohne Recompilationsaufwand;
(5) Ausführung des erzeugten Objektprogrammes bzw. einzelner in sich abgeschlossener Programmteile;
(6) Zugriff zur ALGOL-Library;
(7) Speicherung des Quellprogrammes auf Hintergrundspeichern zur weiteren Verwendung bei späteren Dialogsitzungen.

MEDEA zeigt einen Weg auf, wie dieser Forderungskatalog realisiert werden konnte, ohne daß es nötig war, einen völlig neuen Compiler zu entwerfen. Denn der Code-Generator (Pass 3 des ALGOL-Compilers) konnte vom MEDEA-System fast unverändert übernommen werden, lediglich Pass 1 und Pass 2, welche vom ALGOL-Compiler zur Verarbeitung der Deklarationen sowie zum Aufbau der Namensliste benötigt werden, mußten um- bzw. neugeschrieben werden. Da die Code-Generierung vollkommen ALGOL-konform vorgenommen wird, folgt unmittelbar, daß die von MEDEA generierten Objektprogramme unter Kontrolle des ALGOL-Runningsystems ausgeführt werden können, ohne daß an diesem Programmpaket überhaupt etwas geändert werden mußte.

Die vorliegende Arbeit will einen Einblick in die Arbeitsweise des
Dialogsystems MEDEA geben sowie einige Punkte zur Implementierung erläutern. Im folgenden 2. Abschnitt wird zunächst auf die Syntax von
MEDEA-Programmen eingegangen. Die Code- und Listenerzeugung, die nach
Eingabe von Sprachelementen wie STATEMENTS und Deklarationen durchgeführt wird, soll im 3. Abschnitt behandelt werden. Schließlich beschäftigt sich der 4. Abschnitt mit Steuerungskommandos, die dem Benutzer Programmausführung, nachträgliche Objektprogramm-Manipulationen
sowie I-O-Aktivitäten ermöglichen.

2. Zur Syntax von MEDEA-Programmen

Es ist klar, daß der Übergang vom 3-Pass zum 1-Pass Compiler einer-
seits sowie der in Abschnitt 1 aufgeführte Forderungskatalog anderer-
seits zu Einschränkungen bzw. Abänderungen gegenüber der Syntax von
ALGOL 60 führen müssen. Die globale syntaktische Struktur, die ein
MEDEA-Programm besitzen muß, läßt sich in drei Hauptformeln zusammen-
fassen:
A) Ein MEDEA-Programm darf aus nur einem Block (im folgenden Globaler
Block genannt) bestehen. Der Globale Block kann jedoch eine beliebige
Anzahl von Prozedurblöcken enthalten, sofern diese keine inneren
Blöcke besitzen.
B) MEDEA akzeptiert Programme, die aus einer Folge von STATEMENTS und
Deklarationen bestehen. Der Zwang, alle zu benutzenden IDENTIFIERS
am Anfang des Globalen Blocks zu deklarieren, entfällt. Bei der Dekla-
ration von Prozeduren besteht jedoch weiterhin die Vorschrift, alle
lokalen Deklarationen am Anfang des PROCEDUREBODYS auszuführen.
C) Alle in STATEMENTS benutzten IDENTIFIERS müssen deklariert bzw. als
Library-Namen bekannt sein (Ausnahme: LABELS in GOTO STATEMENTS).

Die Einschränkung der ALGOL 60 - Syntax durch die Forderung A) wird
durch B) abgemildert. Die Möglichkeit zur Deklaration neuer Variablen
und Prozeduren während der Programmerstellung ist für ein Dialogsystem
unerläßlich. Da die Zulassung einer beliebigen Blockverschachtelung
bei der vorhandenen Problemstellung nicht realisierbar erschien, wurde
hier der Weg der parallelen Compilation von STATEMENTS und Deklarationen beschritten.

Die Syntax von STATEMENTS, DECLARATIONS und EXPRESSIONS in MEDEA entspricht bis auf einige Einschränkungen der von ALGOL 60, wie sie in
[1] dokumentiert ist. Diese Einschränkungen seien hier kurz aufgeführt:

1) Die Deklaration von SWITCHES und OWN-Variablen ist nicht zugelassen.

2) Formale Parameter müssen bei einer Prozedurdeklaration spezifiziert werden.

3) DESIGNATIONAL EXPRESSIONS dürfen lediglich aus einem LABEL bestehen.

4) Der Gebrauch von INTEGER LABELS ist eingeschränkt (siehe dazu
Abschnitt 4).

3. Die Code-Generierung im Dialogbetrieb

3.1. Programmeinheiten der Dialogsprache

Dieser Abschnitt beschäftigt sich mit der Eingabe von Sprachelementen
wie STATEMENTS und Deklarationen über das Terminal. Da ein ALGOL-
STATEMENT infolge der zugelassenen syntaktischen Konstruktionen
(IF CLAUSE, FOR CLAUSE, COMPOUND STATEMENT) ein kompliziertes syntak-
tisches Gebilde sein kann, ist es nicht sinnvoll, den Dialogpartner
des Benutzers erst nach der vollständigen Eingabe eines ALGOL-
STATEMENTS wieder zu aktivieren. Vielmehr wurde bei der Implementierung von MEDEA Wert darauf gelegt, daß sich ein MEDEA-Programm in möglichst kleine, sinnvoll in sich abgeschlossene Programmeinheiten zer-
legen läßt. Diese Einteilung muß so vorgenommen werden, daß der Compiler in der Lage ist, aus einer Programmeinheit einen sinnvollen Code
zu compilieren, der dann auch durch etwaige syntaktische Fehler bei
der Eingabe weiterer Programmeinheiten nicht mehr zerstört werden
darf.

Diese elementaren Programmeinheiten bestehen aus:

1) den ALGOL BASIC STATEMENTS: ASSIGNMENT-, GOTO -, DUMMY - und
PROCEDURE - STATEMENT ;

2) den ALGOL DELIMITERS BEGIN und END;

3) dem IF CLAUSE (IF ⟨BOOLEAN EXPRESSION⟩ THEN) ;

4) dem FOR CLAUSE (FOR ⟨VARIABLE⟩ := ⟨FOR LIST⟩ DO) ;

5) den TYPE Deklarationen;

6) den ARRAY Deklarationen;

7) dem PROCEDURE HEADING (PROCEDURE ⟨PROCEDURE IDENTIFIER⟩ ⟨FORMAL
PARAMETER PART⟩ ; ⟨VALUE PART⟩ ⟨SPECIFICATION PART⟩) .

Die Aufteilung in Programmeinheiten und die dadurch bedingte zeilen-
strukturierte Eingabe von MEDEA-Programmen bringt dem Benutzer den Vorteil, daß er zum ersten bei Syntaxfehlern nur wenige Symbole neu einzugeben hat und zum zweiten verschiedene Steuerungen, die als solche
nicht zum Quelltext gehören, an möglichst vielen Programmpunkten auslösen kann. Nach der Eingabe einer Programmeinheit über das Terminal
gibt MEDEA O.K.- bzw. Fehlermeldung aus sowie einen dem Programmstatus
entsprechenden LEVEL-OUTPUT. Dieser zeigt dem Benutzer an, daß er sich

während der Programmerstellung
1) im Globalen Block (LEVELOUTPUT: B)
2) in einer Prozedurdeklaration (P)
3) beim nachträglichen Einfügen weiterer STATEMENTS in den Globalen
    Block (BG) oder in eine Prozedur (PG)
4) in einem verschachtelten COMPOUND STATEMENT (z.B. BØ,P1,BG2)
befindet.

Der LEVEL-OUTPUT dient zur Entscheidungshilfe, welche Steuerungen erlaubt sind, ob deklariert werden darf u.ä., zugleich zeigt er an, daß
die letzte Programmeinheit syntaktisch richtig war und der zugehörige
Code generiert ist. Bei syntaktischen Fehlern ist der letzte LEVEL-
OUTPUT Merkmal dafür, daß bei der Programmerstellung ab hier fortge-
fahren und die zuletzt und fehlerhaft eingegebene Programmeinheit als
nicht existent betrachtet werden kann.

3.2. Compilierung der Deklarationen und STATEMENTS

In drei Bereichen werden während der Compilation von MEDEA-Programmen
die internen Informationen gespeichert: Im Programm-Array das erzeugte
Objektprogramm, in der Namensliste die Namen, der Typ, die Dimension
usw. aller Variablen und Prozeduren sowie im Text-Array auf Hintergrundspeicher (Trommel) der eingegebene Quelltext. Der Quelltext ist
dabei jederzeit abrufbereit etwa zur Herstellung eines LISTINGS oder
zur Kopierung auf Magnetband bzw. Platte für eine spätere Recompilati-
on, wobei das Text-Array so organisiert ist, daß auch erst z.B. später
eingefügte STATEMENTS an der "richtigen Position" im Quelltext erscheinen. In den folgenden beiden Abschnitten sollen nun einige Erläuterungen zum Aufbau der beiden anderen Informationsbereiche - Programm-
Array und Namensliste - bei Eingabe von MEDEA-Programmen gegeben
werden.

3.2.1. Deklarationen

Im Gegensatz zur ALGOL 60-Syntax dürfen, wie oben schon erwähnt, die
Deklarationen im Globalen Block nach der Compilierung eines STATEMENTS
(eine oder mehrere MEDEA-Programmeinheiten) ausgeführt werden. Dabei
werden in der Namensliste die dem Typ der Variablen entsprechenden Informationen notiert und im Programm-Array die benötigten Speicherplätze
reserviert (statische Adressierung). IDENTIFIERS von TYPE- und Prozedurdeklarationen können bei der weiteren Programmerstellung so behandelt
werden, als wären sie in der Deklarationsliste des Globalen Blockes
aufgeführt. Daraus folgt insbesondere, daß beim nachträglichen Einfügen von STATEMENTS an Programmstellen, die statisch vor einer Dekla-

ration liegen, dennoch die erst "später" deklarierten Variablen und
Prozeduren benutzt werden dürfen. Einen Sonderfall bilden hier ARRAY-
Deklarationen. Um dynamische ARRAY-Deklarationen zuzulassen, ist es im
Gegensatz zur ALGOL 60-Syntax erlaubt, in der BOUND PAIR LIST des
ARRAYS Variable des Globalen Blocks zu benutzen. Da der benötigte Spei-
cherplatz den ARRAYS erst während des RUNS zugewiesen wird, gilt für
den Gebrauch von ARRAYS folgende Grundregel: ARRAY-Elemente dürfen in
STATEMENTS nur dann verwendet werden, wenn im dynamischen Programmab-
lauf die ARRAY-Deklaration und damit die Zuweisung des Speicherplatzes
zuvor vollzogen wurde.

Bei der Deklaration einer Prozedur wird in der Namensliste eine spezielle Datenstruktur erzeugt. Während alle Variablen des Globalen Blocks
seriell in der Namensliste abgespeichert werden (serieller Suchprozeß),
muß dagegen beim Auftreten von IDENTIFIERS in Prozedur-STATEMENTS
sichergestellt werden, daß erst die lokalen Variablen, dann die formalen Parameter, dann die globalen Variablen und schließlich die Stan-
dardnamen auf Namensgleichheit durchsucht werden. Dies wird erreicht
durch geeignete POINTER in der Namensliste, die den Suchprozeß steuern
und die während der Compilation der Prozedur insbesondere bei LABEL-
Deklarationen dynamisch geändert werden. Die lokalen Variablen der Prozedur werden im Gegensatz zu den globalen Variablen dynamisch adressiert,
da Prozeduren rekursiv sein können. Die zugehörigen Speicherplätze
werden während des RUNS im Keller (STACK) zur Verfügung gestellt.

3.2.2. STATEMENTS

Die Compilierung eines ALGOL-STATEMENTS erfolgt durch eine rekursive
Subroutine des Code-Generators. Die Codeerzeugung erfolgt nach [2].
Bei Aufruf dieser Subroutine sind folgende Parameter mitzugeben:
1) POINTER zur Namensliste. Dieser ist der Startpunkt des Suchprozes-
   ses nach auftretenden IDENTIFIERS, wobei der Startpunkt unter-
   schiedlich ist für den Globalen Block und für Prozeduren.
2) POINTER zum Ende der aktuellen Namensliste. Bei etwa auftretender
   Deklaration von LABELS können diese noch in die Namensliste aufgenommen werden.
3) POINTER zum Programm-Array. Ab hier wird der zum STATEMENT gehörige
   Code gespeichert.
4) die For-Tiefe. Diese ist im allgemeinen Null, wird jedoch bei nach-
   träglichem Einfügen von STATEMENTS in FOR-STATEMENTS ungleich Null.

Nach Eingabe einer Programmeinheit ist i.a. der zugehörige Code vollständig erzeugt. Besteht jedoch ein ALGOL-STATEMENT aus mehreren MEDEA-
Programmeinheiten, so wird in einem weiteren Bereich, dem Compiler-

STACK, Information gespeichert, die erst nach der vollständigen Eingabe dieses STATEMENTS (d.h. aller zugehörigen Programmeinheiten) in den
endgültigen Code umgesetzt werden kann. Bei Eingabe von GOTO STATEMENTS
auf nicht deklarierte LABELS bleibt der Objektcode zunächst unvollständig; er wird bei Deklaration dieser LABELS ergänzt.

4. Steuerungen

4.1. Allgemeines

Jeweils nach Eingabe einer Programmeinheit ist es dem Benutzer möglich,
MEDEA verschiedene Steuerungskommandos anzubieten. MEDEA erkennt Steu-
erungsanweisungen an einer Eingangsindikation (dem Symbol "*", mit
welchem keine Programmeinheit beginnen kann) und akzeptiert bzw. ver-
wirft sie in Abhängigkeit vom Programmstatus. Steuerungen, die zu
jedem Zeitpunkt des Dialogs ausgelöst werden können, gestatten z.B.,
das I-O-Medium neu festzulegen, ein LISTING des aktuellen Quelltextes
auszugeben oder das erzeugte Objektprogramm zu löschen. Andere Steuerungen, wie z.B. Programmausführungskommandos oder die Anweisung zum
Einfügen von STATEMENTS an einem definierten Programmpunkt, sind nur
nach Eingabe vollständiger STATEMENTS oder Deklarationen erlaubt.

Im weiteren soll auf die beiden wichtigsten Gruppen der Steuerungskommandos, die Programmablaufsteuerungen und die EXECUTE-Steuerungen,
näher eingegangen werden. Als Parameter können diesen Steuerungen
INTEGER LABELS mitgegeben werden, welche gemäß ALGOL 60-Syntax vor
jedem STATEMENT deklariert werden dürfen und, falls sie als Steuerungs-
parameter verwendet werden, auch deklariert sein müssen. Bei der Deklaration eines INTEGER LABELS werden im Programm-Array drei Plätze reserviert, auf denen diese Steuerungen operieren.

4.2. Programmablaufsteuerungen

4.2.1. Die Steuerung *GOON ⟨INTEGER LABEL⟩

Die diesem Kommando folgenden STATEMENTS werden in das Objektprogramm
eingefügt und zwar unmittelbar vor dem und auf demselben Niveau (For-
Tiefe, Compound-Tiefe) des angegebenen INTEGER LABELS. Beendet wird
dieser Prozeß durch eine andere Steuerung (z.B. durch die Dummy-Steu-
erung *GOON).
Beispiel:

Vorher	Steuerung	Nachher
		FOR CLAUSE
FOR CLAUSE	*GOON 1	BEGIN
BEGIN	STATEMENT k	STATEMENT 1
STATEMENT 1		STATEMENT k
1: STATEMENT 2	STATEMENT n	
END	*GOON	STATEMENT n
		1: STATEMENT 2
		END

Dieser Steuerungsmechanismus ist komfortabel in dem Sinne, daß das Einfügen weiterer Programmteile beliebig oft bei demselben INTEGER LABEL vorgenommen werden darf und es erlaubt ist, auch in z.B. schon vollständig deklarierte Prozeduren oder in Programmteile, die ihrerseits erst selbst nachträglich hinzugefügt wurden, weitere STATEMENTS einzufügen. Die Compilierung und Syntaxprüfung eines solchen STATEMENTS gelingt durch richtiges Setzen der in 3.2.2. erwähnten Parameter bei Aufruf des Code-Generators, wobei die Parameter aus Informationen, die diesem INTEGER LABEL in der Namensliste zugeordnet sind, erzeugt werden können. Im Programm-Array wird der aus den eingefügten STATEMENTS compilierte Code hinter dem gerade aktuellen Objektprogramm abgespeichert. Durch mehrere Sprungbefehle wird der richtige Programmablauf sichergestellt. Dieses Verfahren ermöglicht es, daß an beliebigen Programmpunkten beliebig oft und beliebig viele STATEMENTS nachträglich eingefügt werden können, sofern der Benutzer mit der Deklaration von INTEGER LABELS nicht gespart hat. Um Eindeutigkeit der INTEGER LABELS zu erzwingen, ist es im Gegensatz zu anderen LABELS nicht gestattet, denselben INTEGER LABEL sowohl im Globalen Block als auch in Prozeduren zu deklarieren.

Die Steuerung *GOON arbeitet auf den ersten beiden der drei Zellen, die im Objektprogramm pro INTEGER LABEL reserviert sind. In die erste wird der Aussprung aus dem bisherigen Programmablauf eingetragen, die zweite enthält die Rücksprungadresse aus der letzten GOON-Schleife. Diese Adresse wird bei der Generierung einer weiteren GOON-Schleife bei diesem LABEL benötigt. Die Struktur des Objektprogramms nach zwei GOON-Steuerungen bezüglich eines INTEGER LABELS sieht wie folgt aus:

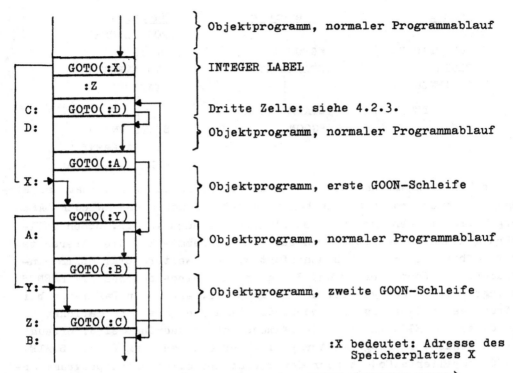

:X bedeutet: Adresse des Speicherplatzes X

4.2.2. Die Steuerungen A) *DELETE, B) *DELETE ⟨INTEGER LABEL⟩, C) *DELETE - ⟨INTEGER LABEL⟩.

Diese Steuerungen dienen zum Löschen von Programmteilen. A) löscht das gesamte Objektprogramm, B) das Objektprogramm beginnend und mit Einschluß des angeführten INTEGER LABELS. Die Steuerung C) entfernt das dem INTEGER LABEL folgende ALGOL BASIC STATEMENT, der LABEL selbst bleibt erhalten. Im Gegensatz zu A) und B) wird bei C) dem Dialogsystem der gelöschte Speicherraum nicht wieder zur Verfügung gestellt.

4.2.3. Die Steuerung *GOTO ⟨INTEGER LABEL1⟩, ⟨INTEGER LABEL2⟩.

Durch dieses Kommando lassen sich größere Programmteile aus dem Programm "heraus-chainen". Realisiert wird diese Steuerung durch einen Sprungbefehl von dem dritten der reservierten Plätze des INTEGER LABELS 1 auf die Objektprogrammadresse von INTEGER LABEL 2, sofern dieser Sprung syntaktisch erlaubt ist. Der Code bleibt im übrigen erhalten.

4.2.4. Die Steuerungen A) *RESET ⟨INTEGER LABEL⟩, B) *RESET ⟨INTEGER LABEL1⟩, ⟨INTEGER LABEL2⟩.

A) macht die letzte Steuerung *GOON bezüglich des angesprochenen

INTEGER LABELS rückgängig, B) entsprechend die Steuerung *GOTO.

4.3. EXECUTE-Steuerungen

Die Ausführung des gesamten bzw. eines Teiles des Objektprogrammes wird durch die Kommandos *DO, *DO ⟨INTEGER LABEL1⟩ , *DO ⟨INTEGER LABEL1⟩ , ⟨INTEGER LABEL2⟩ erreicht, wobei 1) das gesamte Programm, 2) das Programm ab INTEGER LABEL1 und 3) das Programm von INTEGER LABEL1 bis INTEGER LABEL2 durchlaufen wird. Es ist also möglich, mehrere in sich abgeschlossene MEDEA-Programme, die über Globale Variable (aber nicht ARRAYS) miteinander korrespondieren und gemeinsame Prozeduren benutzen können, abzuspeichern und getrennt aufzurufen. Durch Zugriff zur ALGOL-Library ist während des RUNS sichergestellt, daß MEDEA-Programme eine Vielzahl von Rechenprozeduren benutzen sowie die gesamte Peripherie der EL - X8 ansprechen können. Nach Beendigung des RUNS kann der Benutzer mit der Programmerstellung bzw. -Abänderung fortfahren, einen weiteren RUN starten oder den Quelltext für eine spätere Dialogsitzung auf Hintergrundspeicher retten.

Eingriffsmöglichkeiten in den Programmablauf während des RUNS sind von MEDEA her (noch) nicht realisiert, aber vorgesehen. Lediglich durch spontane Mitteilungen an das Betriebssystem kann ein laufendes MEDEA-Programm abgebrochen werden. Die Kontrolle geht dann vom ALGOL-Runningsystem an das Dialogsystem zurück.

5. Beispiel einer Dialogsitzung: Berechnung der Wurzel aus der Quadratsumme von N reellen Zahlen

Anmerkung: Der OUTPUT von MEDEA ist unterstrichen.

```
B   'INTEGER' I,N;                      KOMMENTAR
B   1:READ(1,N);                        '' Eingabe von Channel 1 =
B   'REAL' SUMMAND,RESULT;              '' Terminal
B   2:'FOR' I:=1 'STEP'1'UNTIL'N'DO'
BØ  'BEGIN'
B1  3:RESULT:=Ø;
B1  4:READ(1,SUMAND);
***ERROR 2Ø4  99  +1  SUMAND            '' Syntaxfehler:Fehlernummer,
NAME NICHT BEKANNT                      '' letztes Symbol,letzte Zahl,
B1  4:READ(1,SUMMAND);                  '' letzter Name.
B1  5:RESULT:=RESULT+SUMMAND*SUMMAND;
B1  'END';                              ''READ,WRITE,PRINT und
B   6:WRITE(1,''RESULT= '');            ''SQRT sind ALGOL-Library-
B   7:PRINT(1,SQRT(RESULT));            ''Prozeduren.
B   *DO                                 ''Programmausführung
```

```
*
2,2.5,3                              ''Input-Anforderung
RESULT= +3                           ''N und zweimal SUMMAND
DONE                                 '' Logischer Fehler
B  *DELETE -3
B  *GOON 2                           ''Lösche ein STATEMENT
BG 1Ø:RESULT:=Ø;                     ''Füge ein oder mehrere
BG *LIST                             ''STATEMENTS bei LABEL 2 ein.
'INTEGER' I,N;                       ''Erstelle LISTING
1:READ(1,N);
'REAL' SUMMAND,RESULT;
1Ø:RESULT:=Ø;
2:'FOR'I:=1 'STEP'1'UNTIL'N'DO'
'BEGIN'
3:;
4:READ(1,SUMMAND);
5:RESULT:=RESULT+SUMMAND*SUMMAND;
'END';
6:WRITE(1,''RESULT= '');
7:PRINT(1,SQRT(RESULT));
B  *DO                               ''Erneute Programmausführung
*
2,2.5,3
RESULT= +.3Ø5124837955₁₀+ØØ1
DONE
B
```

REFERENZEN

[1] Backus, J.W., et al.: Revised Report on the Algorithmic Language
    ALGOL 60 - Communications of the ACM $\underline{6}$ (1963), Computer Journal $\underline{5}$
[2] REFERENCE MANUAL EL-X8: ALGOL-Compiler, ELD 084 HD 116/1968
[3] Schönerstedt, H.-J.: Ein Multiprogramming-Monitor als Kern eines
    Batch-Timesharing-Betriebssystems für den Rechnerverband EL X8-X1,
    Diplomarbeit am Rechenzentrum der Universität Kiel, 1970

Anschrift der Verfasser: Dipl.-Math. Jürgen Baginski, Institut für
Informatik und Praktische Mathematik der Christian-Albrechts-Universität,
23 Kiel, Olshausenstr. 40-60
Dipl.-Math. Horst Seiffert, dto.

SOME CHARACTERISTICS OF RTL/2 AND THEIR

RELEVANCE TO PROCESS CONTROL

J.G.P. BARNES

Introduction

RTL/2 is a high-level programming language developed by a team led by the author at
the Corporate Laboratory of Imperial Chemical Industries Ltd.   It is intended for
use in industrial and research computing, and particularly for applications which
involve real-time data acquisition and control.   Structurally a simple language, it
incorporates features important for the effective programming of real-time
applications including the ability to program tasks which the computer performs in
parallel (or at least appears to do so as far as an outside observer is concerned).
It was considered particularly important to be able to produce programs of high
integrity which are nevertheless efficient enough in speed and storage requirements
to run on small on-line computers.

This work had its origin in the development of SML (a simple variant of Algol) for
a Ferranti Argus 400 in 1967.   This was (and still is) used for the control of
laboratory processes.   As a consequence of experience with SML a formal project was
initiated in 1969 to develop a more general language and related basic software for
process control and similar on-line applications.   This work was undertaken in
stages and the language RTL/1 described by Barnes [1] was the result of the first
stage.   The successful use of RTL/1 to program the control of two ICI production
plants has been described by Law and Moloney [2];   experience derived from this led
to the development of the final language, RTL/2.

This paper contains a brief general outline of RTL/2 and then describes some
features in more detail with particular emphasis on their use in small on-line
computers such as are used for process control.

Design of RTL/2

The following were the main criteria for the design of RTL/2:

Conventional efficient high-level algorithmic features should be available.

Dynamic task creation, synchronisation and termination should be facilitated.

Subroutines should be re-entrant so that multitask programming is simplified.

It should be suitable for the writing of large parts of operating systems as well as application programs.

No unpredictable timing problems should arise (as might happen with storage controlled by a conventional garbage collector).

The language itself should be independent of particular operating systems and should be able to interface with existing systems.

The notation should be straightforward and easy to type on standard equipment.

Programs should be secure and the language should encourage the early detection of errors at compile time and enable efficient monitoring at run time.

The object code should be efficient in space and not call for extensive run time control routines.

The language should encourage precise and tidy program management.

The language should be as simple and familiar as possible within the above constraints so that training problems are minimised.

Some of these criteria are similar to those for RTL/1 (reference 1).   Experience with RTL/1 indicated that changes were necessary and it is worth emphasising the more significant ones:

It was considered important to keep the language separate from the operating system since system requirements are likely to change rapidly in the near future and we did not wish to build in unnecessary obsolescence.

The tendency to use smaller computers despite the fall in hardware costs has increased the emphasis on compact code.

A greater concern with human interfaces has led to increased emphasis on areas such as ease of typing, program management and program security.

Overall Structure

The RTL/2 unit of compilation is the module which is a collection of items known as bricks together with cross reference information required by the compiler. Bricks are of three types: procedures, stacks and data bricks.

Procedure brick: This is a read-only piece of coding describing an executable process. It may have parameters and local variables but the latter are restricted to be scalars (and not structures such as arrays). The entry mechanism and implementation of local variables is re-entrant. The coding of a procedure may directly access variables in a data brick, but not the local variables or parameters of another procedure. A procedure may not include internal procedures.

Data brick: This is a named global static collection of scalars, arrays and records.

Stack brick: This is an area used as workspace by a task for the storage of local variables, links and other housekeeping items such as the scratchpad.

RTL/2 thus has dynamic storage of the simplest kind with the only dynamic variables being the scalars (and parameters) local to procedures. This gives the re-entrancy required in most cases without the costs imposed by a fully block structured language. By making the stack quite explicit the nature of the language is clarified and the description and control of multi-tasking greatly simplified since each active task is uniquely associated with a stack.

Cross References

Cross referencing between modules (for compilation purposes) is at the level of bricks. Any brick may be specified as an entry and will then be accessible from within another module. Conversely in order to access a brick in another module an external description of that brick must be provided.

There are also two special classes of bricks which can be accessed via RTL/2 but not actually completely written in RTL/2. These are the SVC PROC brick (or supervisor call) which provide a communication link between the user and supervisor and the SVC DATA brick which is private to a task, housekept on task changes and which may therefore be used in a re-entrant manner.

Data Types

RTL/2 provides four types of numerical data. These are i) the BYTE, an 8 bit unsigned integer for character handling and the machine independent manipulation of small integers, ii) the INT, an integer or bit pattern occupying the normal word of the machine, iii) the FRAC, a fraction in the range -1 to +1 for use in fixed point arithmetic and iv) the REAL, a normal floating point number.

There are also three types of control data. These are i) the LABEL, whose value defines an address in a piece of code and also an activation of that code, ii) the PROC, a pointer to a procedure brick and iii) the STACK, a pointer to a stack brick.

There are two kinds of compound structures, arrays and records. An array is an indexable set of components of the same type, the lower bound is fixed (at 1) - this allows for efficient array parameter passing. A record is a group of items of different types gathered together for ease of reference.

RTL/2 also includes reference variables. These are useful for building up new structures such as lists and queues, and for indirect addressing generally.

The parameter mechanism is the simple one of assignment in which each actual parameter is evaluated as an expression and the value is assigned as the initial value of the corresponding formal parameter which behaves as a local variable of the called procedure.

Executable Statements

As well as the normal arithmetic operations, RTL/2 includes logical and shift operations to enable the efficient manipulation of bit patterns. A LENGTH operator for arrays is defined.

Control statements include assignments, program control (GOTO, SWITCH), conditional (IF), repetition (TO, FOR, WHILE) etc.

It should be noted that a GOTO statement may not only take a literal label as its destination in the usual way but may also be applied to a label variable. In this latter case successive existing procedure calls are 'unwound' until the level corresponding to the value of the label variable is found. Control is then passed to the actual label. This mechanism permits efficient error recovery which imposes no overhead until recovery is necessary.

Procedure variables as well as literal procedures may be called by appending a parameter list in the usual way. In the former case this means that an indirect call is performed; this technique is used widely in the basic input-output package for single character streaming.

Input-Output

The RTL/2 language as such contains no specific provision for input and output since to do so might prove an undesirable burden for very small systems. However, in order to aid transportability of programs between systems a recommended standard package for character streaming has been defined. The kernel of the standard is an SVC databrick containing two procedure variables thus:

```
DATA RRSIO;
   PROC( BYTE)IN;
   PROC(BYTE) OUT;
ENDDATA;
```

The procedure in IN, when called, will remove the next character from the current
input stream and return it as result.   The procedure in OUT will send the
character passed as parameter to the current output stream.   All streaming of
individual characters will be via IN or OUT as appropriate.

The switching of streams is very easily carried out by assigning different literal
procedures to the procedure variables IN and OUT.   Switching can be carried out by
the supervisor or by the user; it should be noted that a stream need not correspond
to a physical device but could be an internal array.

The standard package also includes a variety of procedures for the input and output
of text and numbers of various types.   These procedures are written entirely in
RTL/2 and being completely re-entrant may be used concurrently by all tasks in a
system.

The re-entrancy of the package and the ease of stream switching make possible a very
compact system whilst offering convenient facilities to the user tasks.
To illustrate the simplicity of the package the text of two of the procedures is
given below.   TWRT outputs a string (an array of bytes) and IWRT outputs an integer
unformatted.

```
PROC TWRT(REF ARRAY BYTE X);
   FOR I := 1 TO LENGTH X DO OUT(X(I)) REP;
ENDPROC;

PROC IWRT(INT N);
   IF N < 0 THEN OUT( '-');   N := -N END;
   IF N > = 10 THEN IWRT(N:/10) END;
   OUT(BYTE(N MOD 10 + '0'));
ENDPROC;
```

Typical calls of these procedures might be
         TWRT("VALUE OF P IS   ");   IWRT(P);

Character Set

In order to increase the portability and legibility of RTL/2 programs a simple
approach to the representation of RTL/2 text has been taken.   It is typed in a
specific subset of ISO7 and full use of layout characters is made in delineating
items.   Thus space characters are significant since they are significant to the
human eye and keywords are merely reserved identifiers.   This makes programs very
readable and because the number of keywords is small little problem is had with them
being ineligible as user identifiers.

Strings (enclosed in a pair of ") and comments (enclosed in a pair of %) must not extend over more than one line. This rule avoids the difficulties familiar to Algol and PL/1 users when a string or comment terminator is inadvertently omitted. Long strings are catered for by the rule that strings which are adjacent, apart from layout characters, are treated as one.

The character # is used to delimit sequences of numbers inserted into strings to denote non-printable characters. This technique is particularly useful when dealing with layout characters or unusual control characters on visual displays, operator control panels etc.

As a simple example the statement

TWRT ("#10#REACTOR#11#TEMPERATURE#11#PRESSURE #10# ");

would output the newline character (code 10), the letters REACTOR, the horizontal tab character (code 11), TEMPERATURE, another tab, PRESSURE, and finally a further newline.

RTL/2 has a simple replacement facility whereby these code numbers can be given names thus

LET   NL = 10;
LET   TAB = 11;

the above example then becomes more legible

TWRT ("#NL#REACTOR#TAB#TEMPERATURE#TAB# PRESSURE#NL#");

Tasking

RTL/2 does not contain specific built in real time statements; rather it contains primitive facilities with which such statements can be created. Experience with systems written in RTL/2 has not as yet led to a definite set of primitives which could be considered a standard. (This contrasts with the input-output case where a standard has in fact been superimposed on a similar basic philosophy.) However, it is possible to describe the usual relationships between bricks in a multitasking system and some of the supervisor procedures which could be available in a system of moderate size.

Whenever a new task is created a stack will be nominated as workspace and a procedure as the coding to be obeyed. This could be done via a procedure with external specification

SVC PROC(STACK, PROC(), INT) MAKETASK

via a call such as

MAKETASK(S,P,9);

where S is the identifier of a particular stack brick, P is the identifier of the parameterless procedure which denotes the actions to be performed and the integer is the initial priority. P can of course call other procedures in the course of its action and access variables in various data bricks as required.

Later operations on the task may then be made by reference to the stack thus
        STOP(S); or RESTART(S); or KILL(S)

Use of STACK variables ensures that the parameter passed to the supervisor is always
valid and does not need checking.   An alternative approach is to use an integer to
denote a task (perhaps returned as result of MAKETASK) but checks are then necessary
to ensure that when the integer is later used as a parameter (of STOP say) it does
in fact denote an existing task.

Error Recovery

The provision of well organised error recovery mechanisms is an important aspect of
the design of on-line systems.   In the course of the use of RTL/2 a simple standard
has emerged;   it has been deliberately kept simple so that it is viable on very
small systems and more elaborate mechanisms are built around it on larger systems.

Two types of error are distinguished - unrecoverable and recoverable errors.   An
unrecoverable error is one such that further processing of the task concerned might
destroy the structure of the system.   (Examples include array bound violations and
stack overflow.)   A recoverable error is one such that further processing of the
task can continue without danger to the structure of the system.

The kernel of the standard is an SVC databrick thus
    DATA RRERR;
        LABEL ERL:
        INT ERN;
        PROC(INT) ERP;
    ENDDATA;

ERL contains the unrecoverable error label, ERN the unrecoverable error number and
ERP the recoverable error procedure.

On detection of an unrecoverable error by the system, an appropriate error number is
assigned to ERN, any monitoring facilities invoked and control then passed to the
label in ERL.   A user task could simulate an unrecoverable error by merely
assigning a number to ERN and passing control to ERL.   However, this could bypass
the monitoring facilities and so the standard includes
    PROC RRGEL(INT N)
which when called assigns N to ERN, invokes the monitoring and finally transfers
control to ERL.

Detection of a recoverable error results in a call of the procedure contained in
ERP with the integer parameter indicating the cause of the error.   Recoverable
errors may be signalled by the system or the user.

It should be noted that the recoverable error mechanism is less fundamental than the unrecoverable one; it merely provides a convenient private postbox for communication between the user and system.

A task can create its own error recovery environment merely by directly assigning appropriate values to ERL, ERN and ERP. A procedure which wishes to set up its own error environment, whilst preserving the existing one, may do this by assigning the existing values of ERL, ERN and ERP to local variables on entry and restoring them on exit. Elaborate and flexible mechanisms can easily be created when necessary but little overhead is imposed on simple tasks for which it is unnecessary.

Fixed Point Arithmetic

Fixed point arithmetic is often used in process computers when floating point hardware is not available and time and space restrictions prevent the use of floating point software. One approach is to use integers with suitable scaling applied. Thus suppose we wish to store a temperature which may be up to $1000^{\circ}C$. In a 16 bit machine (maximum integer 32767) this could be done with reasonable accuracy by letting 32 units represent one degree. A more satisfactory approach is to use fractions. In this example one degree would be represented by 0.001.

The most important advantage of the use of fractions is that a knowledge of the word length of the machine is not necessary for the determination of scaling factors. Fractions are thus of great value in machine independent packages. A change of word length only changes the accuracy of the calculation; no changes in the overflow conditions arise.

The treatment of integers and fractions in RTL/2 is somewhat unusual in that the double length forms occurring naturally in some operations are explicitly defined. This approach makes the language somewhat elaborate but avoids the lack of clarity often encountered with simpler approaches. The main features will now be outlined.

In addition to the normal single length forms of integers and fractions, double length forms are defined which only exist as intermediate results in expressions and cannot be stored in variables. These double length forms are explained pictorially in figure 1. The big integer and fine fraction are conventional double length forms whereas the fine integer and big fraction are both represented by the same mixed form.

The monadic operator INT applied to a big fraction converts it to a fine integer and the operator FRAC converts a fine integer to a big fraction. These operations do not result in any code being generated but essentially tell the compiler to consider the current mixed form in the other way.

```
                    sign              binary point
big integer          □   ▭▭    ▭▭ •
normal integer       □           ▭▭ •
fine integer         □         ▭▭ • ▭▭
big fraction         □         ▭▭ • ▭▭
normal fraction      □             • ▭▭
fine fraction        □             • ▭▭   ▭▭
```

figure 1. forms of integers and fractions.

The multiplication operator * takes two normal forms and produces a double length
form according to the modes of the operands

```
INT  *  INT  ⟶ big INT
INT  *  FRAC ⟶ big FRAC
FRAC *  INT  ⟶ big FRAC
FRAC *  FRAC ⟶ fine FRAC
```

Note that multiplication is commutative but that there is a lack of symmetry in
that we have chosen the result of multiplying an integer by a fraction to be
thought of as a big fraction and not a fine integer.

Division is the inverse of multiplication but here we have different operators
according to whether the desired result is to be an integer or a fraction (:/ and
// respectively).

```
big INT   :/ INT  ⟶ INT
fine INT  :/ FRAC ⟶ INT
big FRAC  :/ FRAC ⟶ INT
```

and

```
fine INT  // INT  ⟶ FRAC
big FRAC  // INT  ⟶ FRAC
fine FRAC // FRAC ⟶ FRAC
```

Arithmetic shift operators enable binary scaling operations to be performed simply.
The operators SLA (shift left) and SRA (shift right) may be applied to either
integers or fractions.   If the first operand is already double length then the
appropriate double length shift is immediately applied.   If, however, it is a
normal integer or fraction then it will first be converted to the appropriate double
length form (big for left shift and fine for right shift).   The second operand, of
course, indicates the number of places of shift.

Finally, it should be remarked that where operators require their operands to be in
specific forms automatic transfers will be applied if possible thus

```
big ⟷ normal ⟷ fine
```

Implementation

RTL/2 has been implemented for the ICL System 4, the IBM System 360/370 and the DEC PDP-11. The compilers are written entirely in RTL/2 and have a common 'front-end'; the creation of new 'back-ends' for other machines is relatively straight-forward.

Standard packages (mostly written in RTL/2) allow programs to be executed under the J or OS operating systems on the System 4 and 360/370 respectively. These systems are used for program development and off-line cross-compilation for the PDP-11.

A family of operating systems is being written in RTL/2 for the PDP-11 and the simpler members of this family are currently in use on several on-line systems in ICI.

Acknowledgements

The author wishes to acknowledge the efforts of the RTL Project Team in defining and implementing RTL/2. This team has included staff from British Steel Corporation, Central Electricity Research Laboratory and International Computers Limited as well as Imperial Chemical Industries Limited.

References

1. Barnes, J G P: Real-time Languages for Process Control. Computer Journal, Vol 15, pp 15-17, 1972.

2. Law, W M, and Moloney, T: Computer Control of a Multitrain Batch Plant, Third IFAC Conference, Helsinki, 1971.

Author: Mr John G P Barnes,
Imperial Chemical Industries Limited,
Corporate Laboratory, Bozedown House,
Whitchurch Hill,
Reading, Berks., U.K.

PROZESSORIENTIERTE PROGRAMMIERSPRACHEN

FORMEN UND FUNKTIONEN

KOCH, G., KUSSL, V.

1. Die Stellung prozeßorientierter Programmiersprachen

1.1. Programmiersprachenklassen, Übersicht

Auch für die Anwendung der Prozeßrechner ist die Programmierung von entscheidender Bedeutung.

Einen Prozeßrechner programmieren heißt

a) die prozeßspezifischen Anwenderprogramme erstellen, und

b) das Betriebssystem generieren oder modular zusammensetzen.

Untersuchen wir zunächst, wie weit sich die bestehenden Programmiersprachen zur Programmierung der Prozeßrechner eignen.

Die heutigen Programmiersprachen können wir wie folgt klassifizieren (Bild 1):

Stufe 1: Maschinensprachen (Maschinencode MC). Identisch mit der Zielsprache aller weiteren Stufen.

Stufe 2: Assembler-Sprachen und Makro-Assembler. Durch Einführung symbolischer Adressen wird die Programmierung gegenüber den Maschinensprachen erleichtert.

Die Sprachen der nächsten beiden Stufen sind durch mathematische Sprach- und Programmelemente gekennzeichnet. Zusätzlich kann der Programmierer Prozeduren benutzen (prozedurorientierte Sprachen). Der Programmierer, der Sprachen dieser Klassen benutzt, ist weitgehend von Routinearbeit befreit. Im Programm ist Aufgabenstellung und Aufgabenlösung anschaulich formuliert.

Diese Sprachen werden problemorientierte oder anwenderorientierte Sprachen genannt (2).

Stufe 3: Sprachen vom Typus FORTRAN und ALGOL 60. Der voll ausgebaute arithmetische Sprachteil ist ein Kennzeichen dieser Sprachfamilie. Es fehlt jedoch die Kettenverarbeitung und die Verarbeitung von Adress-Variablen.

Stufe 4: Sprachen vom Typus PL/I und ALGOL 68.
Sprachen von diesem Typus erlauben eine volle Ausnutzung der

Bild 1

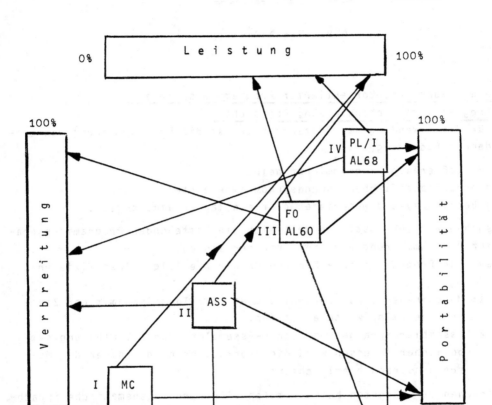

Klassifizierung der
Programmiersprachen

heutigen Datenverarbeitungsanlagen: Zahlenverarbeitung, Kettenverarbeitung; gesteuerte Speicherplatzverwaltung, Verarbeitung
von Adress-Variablen; Bearbeitung von Dateien, Datenmengen können als Bereiche oder Strukturen organisiert werden.

Die K r i t e r i e n zur Beurteilung einer Programmiersprache sind
(Bild 1):

a) Leistung (Sprachumfang),
b) Handhabbarkeit (Gängigkeit),
c) Verbreitung,
d) Abhängigkeit (Portabilität).

Eine volle L e i s t u n g erlauben Maschinensprachen (Stufe 1),
Assemblersprachen (Stufe 2) und Programmiersprachen der Familie PL/I
und ALGOL 68 (Stufe 4). Die Sprachleistung von FORTRAN und ALGOL 60 ist
dagegen stark eingeschränkt.

Die H a n d h a b b a r k e i t (Gängigkeit) zeigt jedoch eine andere Verteilung: am schwersten zu handhaben sind Maschinensprachen, ihr
folgen die Assembler-Sprachen. Gleichgut zu handhaben sind alle Sprachen
der Stufe 3 und 4. Unter Handhabbarkeit soll hier Erlernbarkeit und
Anschaulichkeit verstanden werden (Gängigkeit).

Völlig anders ist die V e r b r e i t u n g verteilt. Gegenüber
FORTRAN wird PL/I oder gar ALGOL 68 nur wenig benutzt. Die derzeitige
Verbreitung einer Sprache sollte für die zukünftige Anwendung nicht
hinderlich sein.

Die A b h ä n g i g k e i t eines Programms von Fabrikat und Typus
eines Rechners ist ebenfalls ein wichtiges Kriterium. Ein Programm sollte möglichst wenig von Fabrikat und Typ eines Rechensystems abhängig
sein. Assemblersprachen und Maschinensprachen (Stufe 1 und 2) sind vom
jeweiligen Rechner abhängig, Sprachen der Stufe 3 und 4 (FORTRAN, ALGOL
und PL/I) sind es nicht. Programm und Rechner sind jedoch nur austausch-
bar, falls entsprechende Programmiersysteme (Compiler usw.) existieren.

Da Assemblersprachen abhängig von Fabrikat und Typ eines Prozeßrechners
sind, wollen wir deshalb nur Sprachen der Stufe 3 und 4 betrachten. Alle
Sprachen dieser Sprachfamilie (FORTRAN, ALGOL und PL/I) sind jedoch zur
Prozeßautomatisierung nicht ausreichend, da sie nur die Art des Geschehens, jedoch nicht Zeit und Ort der Aktionen zu beschreiben gestatten.

1.2. Programmiersprachen für Prozeßrechner

Alle Sprachen, die zur Prozeßrechnerprogrammierung benutzt werden, nennt man Echtzeit-Sprachen (Real-Time-Sprachen). Man kann sie wie folgt klassifizieren:

Klasse A: Maschinenorientierte Sprachen (z. B. PROSA 300)

Klasse B: Erweiterungen problemorientierter Sprachen (z.B. FORTRAN-Erweiterungen)

Klasse C: Kombinationen zwischen maschinenorientierten und problemorientierten Programmiersprachen (z. B. POLYP (7))

Klasse D: Integrierte Sprachen, die problemorientierte Sprachen (z.B. ALGOL 68 oder PL/I) als Basissprachen benutzen, aber eigene Schlüsselworte und Anweisungen für prozeßspezifische Vorgänge besitzen (z.B. PEARL (1), (3) und (4))

Klasse E: Objektgebundene Sprachen (z.B. PROSPRO und MADAM für DDC (1)).

Die objektgebundenen Sprachen sind nur für ein spezielles Aufgabengebiet konstruiert. Wir wollen jedoch die Sprachen der Klasse D betrachten: Integrierte Sprachen, mit denen neben Art auch Ort und Zeit des Geschehens programmiert werden kann. Sie allein erlauben die uneingeschränkte Programmierung technischer Prozesse.

2. Aufgaben prozeßorientierter Programmiersprachen

Die primäre Aufgabe der Prozeßrechner ist es, die (Bild 2)

a) Mengenprozesse (z.B. chemische Industrie),

b) Fließprozesse (z.B. Hüttenwerke),

c) Stückprozesse (z.B. Hochregallager),

d) Teilnehmerprozesse (z.B. Bahnen)

zu automatisieren.

Diese primären Aufgaben sind jedoch aus Teilaufgaben zusammengesetzt (Bild 2), die wir   P r o z e ß a l g o r i t h m e n   nennen:

a) Verknüpfungsalgorithmen

a.1) Berechnen,

a.2) Optimieren,

a.3) Simulieren,

a.4) Protokollieren.

b) Erfassungs- und Versorgungsalgorithmen

b.1) Meßwerterfassung,

b.2) Stellgrößenausgabe.

c) Steuerungs- und Lenkungsalgorithmen

c.1) Zuordner,

c.2) Folgesteuerungen,

c.3) Parallelsteuerungen.

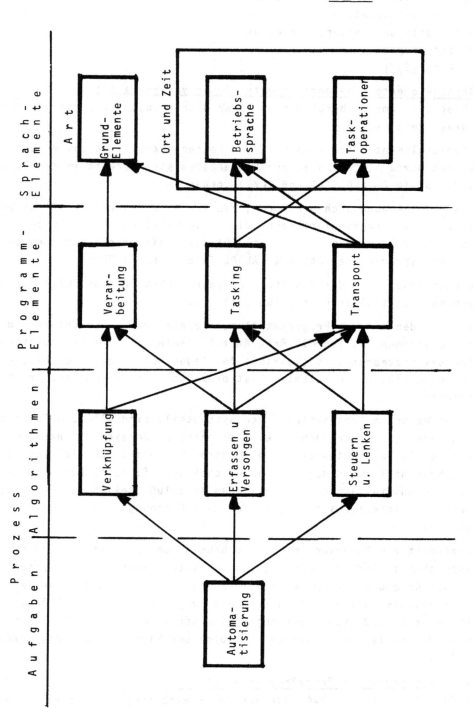

Funktionen und Elemente prozeßorientierter Sprachen

Diese Prozeßalgorithmen sind durch folgende P r o g r a m m e l e -
m e n t e darzustellen:

a) Arithmetik und Kettenverarbeitung,

b) Datentransporte,

c) Tasking (5) (6).

3. Sprachelemente prozeßorientierter Programmiersprachen

Die Programmelemente benötigen zu ihrer Beschreibung wiederum bestimmte Sprachelemente.

Die Sprachelemente für Arithmetik und Kettenverarbeitung sowie für
Datentransporte mit Ausnahme der Prozeßdaten sind bereits in den Sprachen der Stufe 4 (ALGOL 68 und PL/I) vorhanden.

Wenn wir jetzt auch noch verlangen, daß für eine neu zu schöpfende prozeßorientierte Programmiersprache die volle Leistung eines Digital-
rechners genutzt werden soll, so bleibt als Basissprache nur noch eine
der beiden Sprachen der Stufe 4 (ALGOL 68 oder PL/I) übrig.

Es genügt dabei, von der Basissprache (z.B. ALGOL 68 oder PL/I) nur eine
Untermenge (Subset) zu übernehmen (Bild 3).

Fest verbunden mit den Programmteilen, die die Art des Geschehens im
Prozeß bestimmen, sollen die Programmteile sein, die das Echtzeitverhalten des Prozeßrechners (Tasking) festlegen. Beide zusammen bilden
den Problemteil. Der Problemteil ist prozeßspezifisch und prozeßrechner-
unabhängig.

In einem weiteren Programmteil, dem Systemteil, sind alle die Funktionen
und Aufgaben unterzubringen, die im technischen Bereich der Datenverarbeitung die Betriebssprache (Job Control Language, JCL) leistet. In
diesem Systemteil wird der Ort des Geschehens definiert. Den im Problemteil benutzten Namen für Geräte und Anschluß-Stellen (z.B. Thermoelemente und Interruptsignale) werden hier Datenwege und Prozeßstellen
zugeordnet.

Da zumindest die Datenwege nicht unabhängig von Fabrikat und Typ des
Prozeßrechners sind, muß der die Konfiguration beschreibende Systemteil
bei einer Änderung der Prozeßrechner-Ausrüstung mit geändert werden.
Eine Programmiersprache, die diese Forderungen erfüllt, ist PEARL.
PEARL (Process and Experiment Automation Real-time Language) ist gemeinsam von deutschen Hochschulinstituten und Firmen entwickelt worden
(3), (4).

3.1. Vereinbarung der Prozeßrechner-Konfiguration

Eine explizite Beschreibung der hardware-Ausrüstung (Struktur) des Pro-

Bild 3

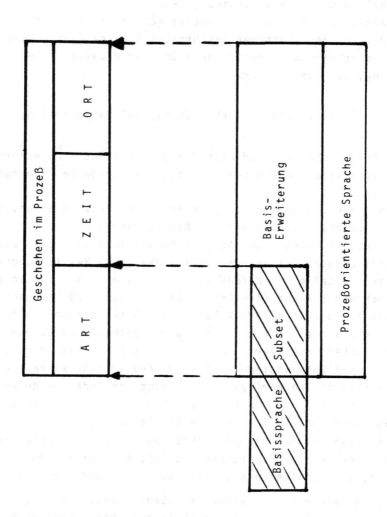

Gliederung prozeßorientierter Sprachen

zeßrechners hat folgenden Nutzen: Zuerst dient sie zur Formulierung der Prozeßrechner-Ausrüstung. Dann benötigt man sie zur optimalen Auswahl des Betriebssystems. Schließlich ist sie das Verzeichnis aller Prozeßstellen mit den dazugehörigen Namen. Die hardware-Beschreibung ist damit das verbindende Dokument für alle an der Prozeßrechner-Projektierung beteiligten Gruppen.

Die Beschreibung der hardware-Ausrüstung des Prozeßrechners ist dann übersichtlich und auch vollständig, wenn

a) baumartig verästete und vermaschte Konfigurationen in Etappen gegliedert werden (Datenweg-Beschreibung). Eine Etappe besteht aus zwei benachbarten Datenstationen und der dazwischenliegenden Verbindung, z.B. in der Form

datenstation verbindungssymbol datenstation;

b) Alle Datenstationen sind nach dem gleichen Modus zu vereinbaren. Die Vereinbarung muß dabei mindestens folgende Bestimmungsgrößen erfassen:

b.1) Namen der Datenstationen (wie Namen von Prozeßstellen, Namen von Ein-Ausgabewerken, Namen von Kanälen usw.)

b.2) Typenbezeichnungen der Datenstationen (entfällt bei Prozeßstellen)

b.3) Funktionsattribut der Datenstationen (z.B. Verstärkungsfaktor)

b.4) Anschlußstelle der Datenstation (falls mehr als ein Anschluß).

c) Für mehrere gleichartige Prozeßstellen (z.B. 100 Thermoelemente) und ebenso für die Anschlußstellen an der Datenstation sollte das D i m e n s i o n s a t t r i b u t   zulässig sein. Damit wird die Schreibarbeit reduziert und die Übersichtlichkeit erhöht.

d) Für mehrere Datenstationen gleichen Typus (z.B. mehrere Analogeingabewerke) sollte der Typenbezeichnung ein Index beigefügt werden.

e) Das   V e r b i n d u n g s s y m b o l   soll die Richtung des Datenflusses anschaulich darstellen (z.B. ->, <-, <->).

f) Die Reihenfolge der Niederschrift sollte bei den Prozeßstellen beginnen und bei der Zentraleinheit (ZE, CPU) enden. Die Richtung des Datenflusses sollte ohne Einfluß auf die Anordnung sein.

Bild 4 zeigt ein Beispiel einer Prozeßrechnerbeschreibung (Konfigurationsbeschreibung) nach obigen Richtlinien. Diese Beschreibung deckt sich weitgehend mit den Regeln von PEARL. Am linken Rand sind die Namen aller Prozeßstellen (z.B. TH1) aufgeführt und durch Doppelpunkt (:) von den Ein-Ausgabewerken getrennt.

Bild 4

```
/* VEREINBARUNG DER PROZESSRECHNER-KONFIGURATION           */
/* PROZESS-STELLEN :                                       */
TH1          : -> ANEIN(1) MOD1 * 1;  /* THERMOELEMENTE    */
TH2          :                   * 2;
TH(1:100)    :            MOD2 * 3(62) +
                ANEIN(2)        * 1(38);
TH2E         :            MOD1 * 39;
DRUME        :            MOD3 * 40; /* DRUCKMESSER         */

REL1         : <- DIGAUS * 1;            /* RELAIS          */
REL2         :           * 2;
ZIANZE       :           * 3(12);        /* ZIFFERNANZEIGE  */
VENTIL       :           * 15;

SCHREM1      : <-> SMST;                  /* SCHREIBMASCHINE */
/*   **********************************************        */

/* KANAELE :                                               */
ANEIN(1) <-> UK1; ANEIN(2) <-> UK1; DIGAUS <-> UK1;
UK1 <-> HK; SMST <-> HK;
HK <-> ZE;
/*   **********************************************        */


/* INTERRUPT-SIGNALE :                                     */
/* INTERRUPT-SIGNALE VON PROZESS-STELLEN :                 */
VERSINT      : -> PUG(2) * 1;  /* VERSORGUNGSSPANNUNGS-AUSFALL */
UEBTEMP      :           * 2;  /* UEBERTEMPERATUR         */
ENDLS1       :           * 3;  /* ENDLAGENSCHALTER 1      */
ENDLS2       :           * 4;  /* ENDLAGENSCHALTER 2      */
TAST         :           * 5;  /* SAMMELINTERRUPT DER TASTEN */
/* BEREICHSUEBERSCHREITUNGEN :                             */
BERAE1       : -> PUG(2) * 8;
BERAE2       :           * 9;
/* DEFEKTMELDUNGEN :                                       */
DEFAE1       :           * 2;
DEFAE2       :           * 3;
VERS         :           * 1;
/* ZAEHLERUEBERLAUF :                                      */
ZAEUEB       :           * 7;
```

Das Thermoelement TH1 ist an ein Analogeingabewerk vom TYP ANEIN angeschlossen. Von diesem Typ werden zwei Geräte benutzt. ANEIN(1) hat bestimmte Funktionsattribute, die durch MOD1 definiert sind. Auf diesem
Gerät belegt TH1 die Klemme 1. Das Werk ANEIN(1) ist wiederum an den
Unterkanal UK1 angeschlossen, UK1 selbst ist mit dem Hauptkanal HK verbunden, der wiederum mit der ZE gekoppelt ist. An der ZE endet nun der
eindeutig beschriebene Datenweg, der bei dem Thermoelement TH1 begann.

3.2. Prozeßlenkungsteil

Art und Zeit des Geschehens sind Sache des Prozeßlenkungsteils des
Programms (in PEARL Problem-Teil genannt). Schwerpunkte im Lenkungsteil
sind:

a) Grundalgorithmen,

b) Datenübertragungen und

c) Task-Steuerungen (Tasking).

3.2.1. Grundalgorithmen

Die Grundalgorithmen kann der Prozeßprogrammierer in einem Subset von
ALGOL 68 oder PL/I beschreiben. Algorithmen sind Operationen über Daten.
Wir müssen also zunächst den Umfang der Datenmengen und dann den der
Operatoren abgrenzen.

3.2.1.1. Datenarten und Datentypen

Ein Prozeß benötigt folgende Datenarten (Problemdaten):

a) Zahlen,

b) Texte (Zeichenketten),

c) Bitketten,

d) Zeiten,

d.1) Uhrzeit (CLOCK),

d.2) Dauer (DURATION),

e) Geräte (DEVICE, Interrupt, Datei).

Da der Zahlenbereich eines Prozesses von sehr kleinen bis zu sehr großen Werten reicht (Originalwerte der Prozeßgrößen), sind neben Fest-
punktzahlen (FIXED, INTEGER, RAT) auch Gleitpunktzahlen (FLOAT, REAL)
zuzulassen.

Ebenso wichtig wie Zahlen sind Texte und Bitketten (Kettendaten mit
den Attributen CHAR, BIT und STRING). Texte sind die Datenform der Berichte und Protokolle.

Bitketten werden in der Steuerungstechnik gebraucht (z.B. Zuordner,
Folgesteuerungen, Zustandsbeschreibungen von Lagerfächern usw.),

Die Zeiten (Uhrzeit und Dauer) benötigt der Prozeßprogrammierer, um das Echtzeitverhalten zu beschreiben, die Prozeßgeräte um den Ort des Geschehens zu bestimmen.

Neben diesen primären Problemdaten gehören noch die P r o g r a m m - s t e u e r u n g s d a t e n   zum Datenvorrat einer Sprache. Bedeutung und Umfang der Programmsteuerungsdaten (z. B. Marken, Tasknamen, Semavariable) sind aber sehr von den Datenoperationen (z.B. Sprunganweisung, Tasking) abhängig und sollen dann dort betrachtet werden.

In einer Ausbaustufe der prozeßorientierten Programmiersprache sollten Adress-Variable (BASED-Variable, POINTER oder Variable zur Referenzstufe 2) zugelassen sein. Diese Variable erlauben eine rationelle Ausnutzung des Speicherplatzes (indirekte Adressierung) und rasche Bearbeitung von Tabellen, Listen und Prozeßdatenbanken.

3.2.1.2. Operatoren und Standardfunktionen

Neben der vollen Arithmetik für Fest- und Gleitpunktzahlen sind einige Operatoren und Standardfunktionen wie SIN, COS, ABS, MAX, MIN und SIGN erwünscht. Die Text- und Bitkettenverarbeitung verlangen den Kettungsoperator und den Teilkettenoperator (SUBSTR). Weiterhin sind die Bitkettenoperatoren UND, ODER und NICHT vorzusehen.

Für die Zeitvariablen sind manche arithmetische und logische Verknüpfungen und Vergleiche zuzulassen (z.B. Addition, Subtraktion, Vergleiche).

3.2.1.3. Anweisungen

In einem Prozeßprogramm werden folgende Anweisungen benötigt:
a) Ergibtanweisung (Wertzuweisung),
b) Sprunganweisung (GOTO),
c) Verzweigung (IF-Anweisung),
d) Wiederholungsanweisung (FOR - BY - TO - WHILE) und den
e) Prozeduraufruf (CALL) mit Prozedurvereinbarungen.

Alle Parameter der Anweisungen, gleich ob auf Indexposition oder Argumentposition müssen mit Formeln (expression) besetzt werden können.
Z.B.: CALL UP(A+B/SIN(D-F), M/N, B&C&D);
      FOR LAUF := A*B BY K/L TO R+K   WHILE(B&F);

3.2.2. Ein- und Ausgabe von Daten

Beim Prozeßrechner sind Ein-Ausgabe-Transporte von
a) Prozeßdaten,
b) Benutzerdaten und
c) Speicherdaten
zu veranlassen.

Alle drei Klassen von Transporten unterliegen unterschiedlichen Gesetzen.
Prozeßdaten sind gleich den Benutzerdaten wortweise als auch blockweise
zu übertragen, Speicherdaten nur blockweise. Die Benutzerdaten sind aus-
serdem in eine vereinbarte Form (FORMAT, PICTURE) zu überführen.

3.2.2.1. Prozeßdaten Ein- und Ausgabe
Der Transport von Prozeßdaten ist eine Besonderheit der Prozeßrechner.
Entsprechende Transportaktionen sind im technisch-wissenschaftlichen
und kaufmännischen Rechnen unbekannt. Es ist deshalb zweckmäßig, für die
Transporte von Prozeßdaten besondere Schlüsselworte einzuführen, z.B.:

MOVE datenquelle TO datensenke;

Die MOVE-Anweisung transportiert Daten von Quelle zu Senke (Startort
zu Zielort).

Entweder Quelle oder Senke oder beide sind in der MOVE-Anweisung Prozeßstellen. Die Prozeßstelle wird durch ihren Prozeßstellen-Namen vertre-
ten, wie er im Systemteil der Prozeßrechner-Konfiguration bekannt gemacht wurde. Bei einer Eingabe ist die Senke eine Speicherzelle im Arbeitsspeicher, bei der Ausgabeanweisung liegt die Quelle im Arbeitsspeicher.

Beispiel:
MOVE THERMO TO TEMP;
MOVE TEMP TO ANZEIG;
MOVE KONT1 TO RELAIS;

THERMO (Thermoelement), ANZEIG(Ziffernanzeige), KONT1 (Kontakt 1) und
RELAIS(Stellglied) sind Prozeßstellen. Diese Namen müssen deshalb im
SYSTEM-Teil eines PEARL-Programms bekannt gemacht worden sein. Im
PROBLEM-Teil sind diese Namen als Geräte (Prozeßstellen) zu vereinbaren (DEVICE), damit der Compiler sie nicht mit den Versäumnis-Attributen
versieht (z.B. BIN FIXED (15)). TEMP (Temperatur) ist in unserem Beispiel eine Variable im Arbeitsspeicher.

3.2.2.2. Benutzerdaten Ein- und Ausgabe
Der Transport der Benutzerdaten wickelt sich zwischen Tastaturen, Konsol-
schreibmaschinen, Protokollschreibmaschinen auf allen Ebenen der Bedie-
nungshierarchie ab. In der Transportanweisung muß deshalb das Ziel genannt werden, auf dem ein Protokoll ausgegeben werden soll oder die Quelle,von der man Daten erwartet. Die Zuordnung zwischen den Namen von Ziel
oder Quelle und dem wirklichen Gerät (z.B. Protokollschreibmaschine oder
Bildschirm) ist im Systemteil anzugeben.

Da dieser Datentransport nicht prozeßspezifisch ist, sollte man hierfür die Anweisungen von PL/I oder ALGOL 68 übernehmen. In PL/I sind es
die Schlüsselworte GET und PUT (STREAM-Dateien), z.B. PUT FILE (KONSOL)
LIST ('Pumpstation 1 DEFEKT').

3.2.2.3. Speicherdaten-Transport

Speicherdaten sind Datenmengen, die zwischen dem Arbeitsspeicher der ZE
und einem externen Speicher (Band oder Platte) transportiert werden.
Speicherdaten bleiben im Gegensatz zu den Benutzerdaten und Prozeßdaten
"im System".
Für den Transport der Speicherdaten sind sowohl in PL/I als auch in
ALGOL 68 genügend leistungsfähige Anweisungen vorhanden (z.B. READ,
WRITE, REWRITE und DELETE in PL/I).

Im Prozeßrechnerbetrieb muß jedoch deutlicher als es in PL/I geschieht
zwischen Dateien (FILE) und Datenträgern unterschieden werden. Dateien
sind benannte Datenmengen, die gleichzeitig oder nacheinander auf verschiedenen Datenträgern untergebracht sind. Ein Datenträger dagegen ist
ein technisches Gerät oder ein Geräteteil (z.B. Platte 2, Zylinder 4,
Spur 6, Segment 7).

Übernimmt das Betriebssystem die Auswahl des Speicherplatzes auf der
Platte oder die Auswahl einer Platte von mehreren, so sollte es dem
Programmierer möglich sein vorzuschreiben, ob die Datei auf einer lang-
samen oder schnellen Platte unterzubringen ist (RESIDENT-Anweisung).

3.2.3. Tasking

Da der Prozeßrechner im Echtzeit-Betrieb mehrere Aufgaben gleichzeitig
zu erfüllen hat, muß die Task-Abwicklung leicht zu programmieren sein.
Start, Unterbrechung und Löschung einer Task sind anschaulich darzustellen.

Eine Task ist die Ausführung eines Programms (5). Eine Task verbraucht
Zeit und belegt Betriebsmittel.

Nur benannte Programmstücke mit dem Attribut TASK sollen als Task zugelassen sein, Prozeduren nicht. Aber Prozeduren können im Rumpf einer
Task aufgerufen werden.

Beispiel:

```
PALM: TASK;
      taskrumpf
      CALL UP2 (--, --, --);
      taskrumpf
      END;
```

```
...
UP2: PROCEDURE (--, --, --);
     prozedurrumpf
     END;
```

Folgende Taskklassen sollten vorgesehen sein:

a) Haupttask (Schlüsselwort TASK MAIN). Sie wird beim Prozeßstart mit gegebener Priorität von der Konsole gestartet.

b) Arbeitstasks (Schlüsselwort TASK). Sie werden von einer Ausführungs-bedingung einer Taskanweisung manipuliert.

Die Taskabwicklung wird das Kernstück jedes Prozeßprogramms sein. Die Taskabwicklung muß der Programmierer durch die Taskanweisungen fest-legen.

Die   T a s k a n w e i s u n g   erstreckt sich über:

a) Ausführungsbedingung,
b) Taskoperation,
c) Task-Priorität.

Beispiel:

AT 08:30 EVERY 1 MIN UNTIL 15:30 ACTIVATE PALM PRIORITY(47);

Die Task mit dem Namen PALM wird ab 8 Uhr 30 bis 15 Uhr 30 jede Minute mit der Priorität 47 gestartet.

3.2.3.1. Taskoperationen

Eine Task kann folgende Zustände annehmen (Bild 5):

a) nicht existent,
b) vereinbart.

Der Wechsel zwischen diesen beiden Zuständen wird durch den Eintritt und Austritt des taskumfassenden Blocks veranlaßt.

Ist die Task vereinbart, dann kann sie durch die Aktivierungsanweisung ACTIVATE in den Zustand verzeichnet (arranged) gelangen. Jetzt ist sie vom Betriebssystem in die Warteliste aufgenommen. Sie wird vom Betriebs-system gestartet und damit in den Zustand aktiv überführt, sobald die Task-Priorität dies erlaubt.

Der Aktiv-Zustand hat wiederum zwei Unterzustände:

a) ausführbar,
b) wartend.

Die Task kann nun durch die beiden Anweisungen SUSPEND (Zurückstellen)

Bild 5

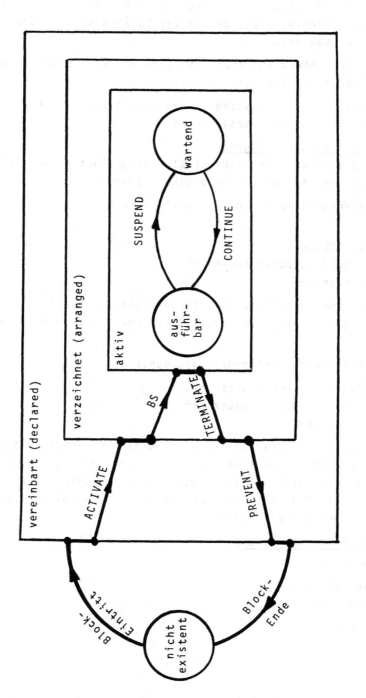

T A S K Z U S T Ä N D E

oder DELAY (Unterbrechen) in den Wartezustand übergehen.

Vom Wartezustand gelangt die Task wieder in den Zustand "ausführbar" durch die Anweisung CONTINUE (Weiterführen). CONTINUE hebt die SUSPEND-Anweisung auf. Der Wartezustand nach der DELAY-Anweisung wird durch das Eintreten eines Ereignisses, das in der DELAY-Anweisung als Parameter genannt wurde, beendet.

Ein vorzeitiges Abbrechen einer Task kann der Programmierer durch die Anweisung TERMINATE (Beenden) befehlen.

Der Start einer Task im Zustand "verzeichnet" kann durch die Anweisung PREVENT (Verhindern) unterbunden werden.

3.2.3.2. Ausführungsbedingungen

Zu welchem Zeitpunkt eine Taskoperation ausgeführt werden soll, bestimmt der Programmierer in den Ausführungsbedingungen.

Die Ausführungsanlässe einer Task sollten sein:

a) Zeiten,
a.1) Uhrzeit (CLOCK),
a.2) Zeitintervall, Dauer (DURATION),
b) Interruptsignale.

Für alle Ausführungsanlässe sind spezifische Schlüsselworte zu erstellen, die in den Programmiersprachen PL/I und ALGOL 68 nicht vorhanden sind.

In PEARL wird deshalb folgendes vorgeschlagen:

AT uhrzeitformel, AFTER dauerformel,
EVERY dauerformel, DURING dauerformel,
UNTIL uhrzeitformel.

Für viele Zwecke ist die Verknüpfungsfunktion CONJUNCT, DISJUNCT, JUNCTION zweckmäßig: JUNCTION zum Warten auf den letzten von mehreren Startereignissen, DISJUNCT zum Warten auf den ersten von mehreren Startereignissen. Die CONJUNCT-Funktion ist nur dann erfüllt, wenn alle Startereignisse gemeinsam eintreffen.

3.2.3.3. Interruptbehandlung

Wir müssen zwischen

a) Prozeßinterrupt und
b) Systeminterrupt

unterscheiden.

P r o z e ß i n t e r r u p t s   sind binäre Signale, deren Quellen
Prozeßstellen sind (Kontakte, Bereichsmelder, Überlaufimpulse von
Zählern usw.). Interruptquellen sind im Konfigurationsteil (SYSTEM-Teil
bei PEARL) zu vereinbaren (siehe Bild 4).

S y s t e m i n t e r r u p t s   sind rechnerinterne Interruptsignale
mit Standardcharakter (OVERFLOW,   ZERODIVIDE usw.).

Sowohl Prozeßinterrupts als auch Systeminterrupts sollen als Ausführungsbedingungen für Tasks zugelassen sein. Hier sind jedoch zwei Fälle zu
unterscheiden:

a) Auslösen einer Taskoperation (z.B. ACTIVATE, TERMINATE),
b) Verzweigen innerhalb einer Task.

Das Auslösen einer Taskoperation sollte durch   W H E N   gesteuert
werden, z.B.:

WHEN UEBTEMP ACTIVATE ...;
WHEN OVERFLOW TERMINATE...;

Wird innerhalb einer Task verzweigt, so ändert sich der Zustand der
Task nicht, lediglich der Inhalt der Task wird verändert.Das Verzwei-
gen sollte durch das Schlüsselwort   O N   gesteuert werden.
Z.B.:

TEMPAL: PROCEDURE;
    M1: ......
        ......
        ON OVERFLOW GOTO M1,
        ......

Verzweigt darf nur innerhalb einer Prozedur werden, nicht in einer Ausführungsbedingung zu einer Task.

3.2.3.4. Sperren von Interruptsignalen

Systeminterrupts können durch die üblichen Anweisungen wie NOOVERFLOW
gesperrt und durch REVERT wieder freigegeben werden.

Das Sperren der Prozeßinterrupts nennt man   M a s k i e r e n .

Die   ä u ß e r e   Maskierung (verlierbar) soll durch DETACH (Los-
lösen) die Interrupt-Signale sperren und durch ATTACH (Anheften) wieder
zulassen.

Die   i n n e r e   Maskierung (unverlierbar) wird durch DISABLE (un-
wirksam) eingeleitet und durch ENABLE (wirksam) wieder aufgehoben.

Der Programmierer muß die Möglichkeiten besitzen, den Zustand der Maskierung abzufragen. Dazu ist die auskunftgebende Standardfunktion

DISABLED(Interruptname) zweckmäßig.

Beispiel:
IF DISABLED(UEBTEMP) THEN MOVE TH23 TO TEMP;

3.2.3.5. Taskpriorität

Mit dem Namensaufruf einer Task kann gleichzeitig vom Programmierer die
Taskpriorität vorgeschrieben werden. Der Programmierer hat die Möglichkeit, ein Programm als Task niederer und später das gleiche Programm
als Task höherer Priorität aufzurufen. Eine programmierbare Prioritäts-
änderung wird auch bei prozeßorientierten Sprachen benötigt. Durch die
auskunftgebende Standardfunktion PRIORITY kann der Programmierer an be-
liebiger Stelle die aktuelle Priorität einer Task abfragen.

Z.B.:
IF PRIORITY (CHEFTASK) < PRIORITY (UNTTASK) THEN
PRIORITY(CHEFTASK) := PRIORITY(UNTTASK) + 10;

3.2.3.6. Koordinieren von Tasks

Unter Koordinieren von Tasks wollen wir das

a) Blockieren und
b) Synchronisieren

verstehen.

3.2.3.6.1. Blockieren von Tasks

Greifen mehrere Tasks gleichzeitig zu einem Betriebsmittel zu, dann
kann der Programmierer über unterschiedliche Prioritäten der einzelnen
Tasks ein Unheil nicht verhindern. Das geeignete Programmelement zum
Schutz von Betriebsmitteln ist die S e m a p h o r -Variable. Die
Semaphor-Variable muß im Problemteil vereinbart werden (Attribut SEMA).

Jedes Betriebsmittel (z.B. Speicherbereich, Datenbank, Protokollschreibmaschine),zu dem aus irgendwelchen Gründen mehrere Tasks nicht gleichzeitig Zugang erhalten dürfen, ist durch eine Semaphorvariable zu
schützen. Dem Zugriff muß die REQUEST-Anweisung "REQUEST(semavariable)"
vorangehen. Die REQUEST-Anweisung und alle folgenden Anweisungen werden
nicht ausgeführt, wenn die zugehörige Semavariable Null ist. Eine aus-
führbare REQUEST-Anweisung verringert die Semavariable um Eins.

Hat die zugreifende Task ihren Auftrag durchgeführt, so muß der Programmierer durch die Anweisung RELEASE (sema-variable) den nachdrängen-
den Tasks das Betriebsmittel wieder freigeben.

Haben mehrere Tasks auf die Freigabe gewartet, so startet jetzt das Betriebssystem die Task mit der höchsten Priorität.

Auch hier wäre eine auskunftgebende Standardfunktion (z.B. REQUESTED) zweckmäßig, um wichtigen Tasks in der Warteschlange eine höhere Priorität zu geben oder ein Ausweich-Betriebsmittel zu benutzen.

3.2.3.6.2. Synchronisieren von Tasks

Zum Synchronisieren von Tasks dienen binäre Variable, sog. Ereignisvariable (Attribut EVENT). Ereignisvariable sind Programmsteuerungsgrößen, die in beliebigen Tasks mit SET gesetzt und mit RESET wieder gelöscht werden können.

Die Ereignisvariable sind Argumente in den Ausführungsbedingungen CONJUNCT, DISJUNCT oder JUNCTION oder in einer Warteanweisung (WAIT). Die WAIT-Anweisung unterbricht die betroffene Task so lange, bis ihre Argumentformel erfüllt ist.

Z.B.:
JUNCTION(E1, E2, E3) ACTIVATE TASK13 PRIO(20);
WAIT(E1|E2&E3);

Die im Programm durch SET oder RESET bedienten Ereignisvariable können durch DISABLE und ENABLE gesperrt und freigegeben werden. Auch hier muß der Programmierer die Möglichkeit haben, rückzufragen, in welchem Zustand sich die Ereignisvariable befindet:
Auskunftgebende Standardfunktion DISABLED.

4. Form prozeßorientierter Programmiersprachen (Zusammenfassung)

Eine prozeßorientierte Programmiersprache muß folgende Forderungen erfüllen:

a) der Sprachumfang muß ausreichen, um beliebige Prozesse programmieren zu können.

b) Die Sprache soll portabel sein, d. h. die problemspezifischen Programmteile sollen unabhängig von der benutzten Prozeßrechner-Konfiguration sein.

c) Die Form der prozeßorientierten Programmiersprachen soll an die Form der Basissprache (z.B. PL/I oder ALGOL 68) angepaßt sein. Die einheitliche Form erleichtert das Lernen und schärft das Sprachgefühl.

d) Die Schlüsselwörter der Sprache sollen sprechbar und ihre Funktion erkennbar sein. Prozeßprogramme sind auf große Lebensdauer angelegt, sie müssen deshalb Dokumentcharakter haben. Solche Programme müssen sich selbst beschreiben. Das geht nur, wenn die Schlüsselworte ihren Sinn auf den ersten Blick erkennen lassen.

e) Im Vordergrund müssen die Belange und Gepflogenheiten der Anwender stehen. Die Automatisierung des Prozesses ist das primäre Ziel einer prozeßorientierten Programmiersprache.

Nur eine Programmiersprache, die diese Forderung erfüllt, sichert sich
eine weite Verbreitung, sie kann Wegbereiter einer internationalen
Normierung werden.

5. Literaturhinweise

(1) Binge, K. und Koch, G.: Interpretierende problemorientierte und
     objektgebundene Programmsysteme für Prozeßrechner, 5. INTERKAMA 1971

(2) Higman: Programmiersprachen für Digitalrechner, Carl-Hanser-Verlag,
     München, 1972

(3) K.H. Timmesfeld, B. Schürlein, P. Rieder, K. Pfeiffer, G. Müller,
     K. Kreuter, P. Holleczek, V. Haase, L. Frevert, P. Elzer,
     S. Eichentopf, B. Eichenauer, J. Brandes: PEARL - Vorschlag für
     eine Prozeß- und Experimentautomatisierungssprache, Gesellschaft
     für Kernforschung mbH, Karlsruhe, PDV-Bericht KFK-PDV 1, April 1973

(4) Eichenauer, B., Haase, V., Holleczek, Pl., Kreuter, K. und
     Müller, G.: PEARL, eine prozeß- und experimentorientierte Program-
     miersprache, Angewandte Informatik 9/73, Seite 363 bis 372

(5) Kussl, V.: Technik der Prozeßdatenverarbeitung, Carl-Hanser-Verlag,
     München, 1973

(6) Bauer, F.L. und Goos, G.: Informatik, Springer-Verlag 1971
     (Heidelberger Taschenbücher)

(7) Mußtopf, G.: Das Programmiersystem POLYP, Angewandte Informatik,
     Heft 10/1972, Seite 441 bis 448

Anschrift der Verfasser: Dipl.-Math. Gerhard Koch, BBC, 68 Mannheim,
Abt. ZEK-ED, und Dipl.-Ing. Volkmar Kussl, BBC, 68 Mannheim, Abt. ZAF/B

EIN VERGLEICH VON PROZESS-KONTROLL-SPRACHEN

ALS BASIS FÜR DEN NORMUNGSVORSCHLAG EINER

INTERNATIONALEN PROZESSRECHNERSPRACHE

K. F. KREUTER

Spätestens seit Erscheinen des Buches 'Programming Languages' von
Jane E. Sammet, das als Titelbild ein Babylonischer Turm ziert, dessen
Bausteine jeder einen anderen Programmiersprachen-Namen trägt, ist
sich die Welt der einschlägig belasteten Informatiker einig darin,
daß es zu viele Programmiersprachen gibt. Die Gebärfreudigkeit der
Spracherfinder hat indes seitdem keineswegs nachgelassen. Die Hilfsmittel, die zum Bau von Compilern mehr und mehr zur Verfügung stehen,
machen es im Gegenteil immer leichter, neue Sprachen nicht nur zu er-
finden, sondern womöglich auch zu implementieren.

Standardisierung und Normung

Es ist müßig darüber zu philosophieren, warum so viele Sprachen erfun-
den werden, warum jeder engagierte Informatiker lieber eine neue
Sprache entwickelt als die des Nachbarn zu benutzen. Man sollte sich
statt dessen fragen, warum es nur sehr schwer gelingt, einer Sprache
einen größeren Anwenderkreis zu erschließen und sie womöglich zu einem
anerkannten Standard zu erheben.

Die Tatsache, daß neben unzähligen Normen über Begriffe und Sinnbilder,
z.B. die Schaltzeichen der Analogrechentechnik, über Codierung, über
Maschinelle Zeichenerkennung usw. erst drei - gemessen am Stand der
Entwicklung - eigentlich schon historische Programmiersprachen
(ALGOL, FORTRAN und COBOL) in die Normenblätter aufgenommen wurden,
sollte nachdenklich stimmen. Es entsteht der Eindruck, daß die Krite-
rien der Normungsgremien auf diesem Gebiet unzureichend sind.

Immerhin zeigen das Beispiel PL/1 und die Bemühungen, die ANSI und
ECMA unternommen haben, daß das Kriterium: 'auf unterschiedlichen
Rechnern verschiedener Hersteller implementiert', aufzugeben ist zu-
gunsten des umgekehrten Verfahrens: Einigung auf einen Standard (für
PL/1 steht er vor der Tür) und dann Implementationen, um Doppelent-
wicklungen bzw. Unverträglichkeiten zu vermeiden. Dies ist das Ziel,
das den Normungswünschen in anderen Bereichen der Technik seit langem
zugrunde liegt.

Universelle Prozeßrechnersprache

Seit Jahren bemüht sich eine Arbeitsgruppe, die sich aus potentiellen
Anwendern einer Prozeßrechnersprache gebildet hat, eine solche Sprache
bis zum Normungsvorschlag voranzubringen. Wie schwer es aber ist, mit
Standardisierungswünschen zu konkreten Ergebnissen zu kommen, zeigt
das Schicksal des Long-Term-Procedural-Language-Committees des
'Purdue Workshops on Standardization of Industrial Computer Languages',
das sich seit 1969 darum bemüht, einen Sprachvorschlag für eine Prozeßrechnersprache zu erarbeiten - auf der Grundlage von PL/1 - und diesen
in der ANSI möglichst zusammen mit den dort laufenden Bemühungen um
eine Standardisierung von PL/1 selbst zu koordinieren. Trotz erheblichem personellen Engagement gelang es nicht, innerhalb des gesetzten
Zeitrahmens das gewünschte Ziel zu erreichen, so daß der Anfang nächsten Jahres zu erwartende PL/1-Vorschlag von seiten ANSI - ECMA ohne
jede Verzierung mit Prozeßsprachenelementen erscheinen wird.

Vorarbeiten für einen Standardisierungsvorschlag

Die Europäischen Teilnehmer an dem zweimal jährlich stattfindenden
Workshop der Purdue University in Lafayette/Indiana waren nicht ange-
tan von dem seitens der US-Amerikaner eingeschlagenen Weg, zu einem
Standardisierungsvorschlag zu gelangen. Sie bildeten deshalb die
Europäische Gruppe des LTPLC, und trafen sich etwa alle zwei Monate,
um die eigenen Vorstellungen zu diskutieren und möglicherweise zu
einem gemeinsamen Vorschlag zu kristallisieren.

Trotz erheblichen Einsatzes von Geist und Geld hat sich auch hier
noch kein greifbarer Erfolg eingestellt. Als Grundlage für einen möglicherweise zu verabschiedenden Sprachvorschlag wird zur Zeit eine

anspruchsvolle Studie betrieben, die anhand von umfangreichen Fragenkatalogen - orientiert an dem, was für eine Sprache allgemein, für
eine Prozeßsprache insbesondere, als notwendig erachtet wird - fünf
verschiedene Sprachen vergleicht. Dies geschieht zuerst durch Gegen-
überstellung der Antworten zu den verschiedenen Fragen. Es handelt
sich um die Programmiersprachen ALGOL 68, CORAL 66, PAS1 - BBC PL/1,
PEARL, PROCOL.

Die Auswahl der Sprachen ist in starkem Maße dadurch geprägt, daß die
Mitglieder der Arbeitsgruppe persönlich oder durch den Arbeitgeber veranlaßt, an den einzelnen Sprachen interessiert sind - von ALGOL 68 dabei abgesehen. Der Vollständigkeit halber seien die Absichten und Ziele, die den einzelnen Sprachen zugrunde liegen, kurz umrissen.

ALGOL 68 wurde von der Working Group 2.1 der IFIP entwickelt, die
damit ihren Glauben an den Wert einer universellen Programmiersprache
für viele verschiedene Anwender in vielen Ländern ausdrücken wollte.
ALGOL 68 ist dazu bestimmt, Algorithmen zu formulieren und weiterzuge-
ben, diese effizient auf einer Vielzahl von Computern ausführen zu können und den einschlägigen Unterricht zu erleichtern.

CORAL 66 ist eine universelle Programmiersprache, die auf ALGOL 60
basiert, die daneben Elemente von Jovial und FORTRAN enthält. Sie wurde entwickelt, um eine höhere Sprache zu haben, deren Übersetzung mit
geringster Anlagenausstattung einen effizienten Code zu erzeugen gestattet. Diese Zielvorstellung liegt heutzutage allgemein den sogenannten niederen Programmiersprachen zugrunde. Wichtig ist jedoch, daß
CORAL 66 in Großbritannien inzwischen als Sprachstandard für militäri-
sche Programmieraufgaben eingeführt ist.

PAS1 - BBC PL/1 ist ein Zweigespann von Sprachen, mit deren Hilfe
ohne Rückgriffe auf den Assembler Programmsysteme für Prozeßaufgaben
in Realzeitumgebung formuliert werden können. Dabei werden in den in
PAS1 geschriebenen Teilen das WANN, d.h. die Zeitbedingungen für die
Aktivitäten, und das WO, d.h. die Orte des Geschehens wie Meßstellen
und Datenwege, festgelegt. Das WIE, die Aktivitäten bzw. Algorithmen
selbst, werden in einem PL/1 Subset beschrieben. Beide Teile sind
über abgestimmte Nahtstellen miteinander verknüpft.

PEARL ist eine universelle Echtzeitsprache, entwickelt von einer Arbeitsgruppe in Deutschland, in der sowohl Industrie- wie auch Hochschulangehörige mitwirkten. Sie enthält Anregungen aus allen drei schon erwähnten Sprachen und darüber hinaus einen sehr vollständigen Komplex von Operationen zum Programmieren paralleler Prozesse. PEARL selbst sollte dem Wunsche seiner Autoren und deren Förderer entsprechend ein Sprachvorschlag für eine Standardisierung sein. Trotz staatlicher Förderung ist jedoch noch immer nicht zu erkennen, wie anders als über den üblichen Weg von Compilerangebot und Nachfrage diesem Sprachvorschlag das Gewicht eines Standards zukommen könnte.

PROCOL ist eine französische Entwicklung, ein Programmiersystem speziell für die Echtzeitanwendungen auf dem Prozeß-Kontrollgebiet geschaffen. Es soll dem Programmierer solcher Aufgaben ähnliche Hilfsmittel anbieten wie FORTRAN dem technisch-wissenschaftlichen Programmierer. Das System umfaßt in seiner Definition schon Realzeit-Betriebssystem (für eine spezielle Anlage), einen Compiler (der auf die Assemblersprache dieser Anlage zurückführt), einen Systemgenerator, der es gestattet, für eine bestimmte Konfiguration ein Betriebssystem maßzuschneidern und einen Systemlader, der unter anderem die Speicherbelegung durch residente und nicht residente Programme regelt.

Vergleich existierender Sprachvorschläge

Der Vergleich dieser Programmiersprachen mit dem Ziel, in irgendeiner Weise zu einem einheitlichen Standardisierungsvorschlag zu kommen,soll anhand von nebeneinander gestellten Antworten zu einer handvoll Fragenkatalogen erfolgen. Bisher hat die europäische LTPLC-Gruppe Fragenkataloge zu fünf verschiedenen Themengruppen aufgestellt: zum Komplex

TASKING,

wozu alle Sprachmittel gerechnet werden, die mit der Steuerung, Synchronisation und zeitlichen Einplanung paralleler Prozesse zu tun haben;

ALGORITHMISCHER TEIL,

wozu alle Sprachmittel gezählt werden, die allgemein in Programmiersprachen angeboten sind zur Formulierung von Algorithmen jeder Art;

EIN- und AUSGABE,

wozu neben der sogenannten Standard E/A, wie sie zum Betreiben von
Schnelldruckern, Lochkarten- und Lochstreifengeräten, Magnetbändern
und -platten nötig ist, vor allem die prozeßspezifische E/A gehört.
Hier soll imgrunde jede wie auch immer geartete Elektronik programmier-
bar sein, die an einen Rechner angeschlossen werden kann;

ANLAGENBESCHREIBUNG,

wozu der Teil der Programmiersprachen gehört, der dazu gedacht ist,
vom Compiler her eine Verknüpfung von symbolischen Namen im Programm
zu anlagenbedingten Schaltwegen und Datenendstellen zu knüpfen;

ERFAHRUNGEN mit der Sprache,

wozu allerdings nur dort Antworten erwartet werden können, wo aufgrund von Implementationen und einschlägigen Anwendungen Erfahrungen
gesammelt worden sind.

Die Fragen sind naturgemäß schneller gestellt als beantwortet. So sind
zur Zeit vollständig beantwortet nur die ersten zwei Komplexe, zu
einem großen Teil der dritte. Einen Eindruck von den Fragen selbst
und den dazu gegebenen Antworten und, soweit schon möglich, eine
Schlußfolgerung aus den mittels dieser Antworten angestellten Überlegungen soll der Vortrag selbst vermitteln.

Literatur

Sammet, J. E., Programming Languages, History and Fundamentals
        Englewood Cliffs, N. J., 1969
Deutscher Normenausschuß (DNA), Hrsg., Informationsverarbeitung,
        DIN Taschenbuch 25, Beuth-Vertrieb, Berlin 1972
ECMA and ANSI, Hrsg., PL/I ECMA.TC10/ANSI.X3J1 BASIS/1,
        BASIS/1-10 June 1973
Minutes of the Workshop on Standardization of Industrial Computer
        Languages, Purdue Lab. for Applied Industrial Control,
        Purdue University, West Lafayette, Indiana USA
Wijngaarden A. van (Editor), Mailloux, B. J., Peck J. E. L. and
        Koster C. H. A., Report on the Algorithmic Language
        ALGOL 68, Numerische Mathematik 14, 79-218 (1969)

Woodward P.M. and Bond S.G., ALGOL 68-R Users Guide, Ministry of
        Defence, London, Her Majesty's Stationery Office 1972

Ministry of Technology, Ministry of Defence (Editors), Official
        Definition of CORAL 66, London, Her Majesty's St.O. 1970

Kussl V., PAS1-Sprachbeschreibung, Brown, Boveri & Cie AG,
        Mannheim 1971

Abt. ZEK-ED (Hrsg.), BBC - PL/I - Subset Sprachbeschreibung,
        Brown, Boveri & Cie AG, Mannheim 1972

Timmesfeld K.H., B. Schürlein, P.Rieder, K.Pfeiffer, G.Müller,
        K.F. Kreuter, P. Holleczek, V. Haase, L. Frevert, P.Elzer,
        S. Eichentopf, B. Eichenauer, J. Brandes,
        PEARL - A proposal for a process- and experiment automa-
        tion realtime language, Ges. f. Kernforschung mbH,
        Karlsruhe, Report KFK-PDV 1, April 1973

Notice Technique, Systeme Procol T2000, STERIA, Le Chesnay, France
        1973 (TIA/PB/MP Réf. 1 162 220/00 39 00)

Expert Group, Tasking Comparative Study, LTPL-European Group,
        LTPL-E/105, Tandemlabor Universität Erlangen, April 1973

Heger, J., N.V. Jones, K.F. Kreuter, G. Louit, J.C. Wand,
        A comperative Study of the Algorithmic Parts of the Pro-
        gramming Languages ALGOL 68, CORAL 66, PAS1 - BBC PL/1,
        PEARL, PROCOL, edited by R. Rößler, LTPL - European Group,
        Tandemlabor Universität Erlangen, November 1973

Anschrift des Verfassers:
                    Dr.rer. nat.Konrad F.Kreuter
                    ESG - Elektronik-System GmbH
                    Postfach 86 0305
                    D-8000 München 86
                    Germany FR

Alphabetisches Verzeichnis der Autoren

*) Manuskript konnte vom Verfasser nicht fertiggestellt werden.

Lecture Notes in Economics and Mathematical Systems